Franz Delitzsch

Paulus des Apostels Brief an die Römer

Franz Delitzsch

Paulus des Apostels Brief an die Römer

ISBN/EAN: 9783743403284

Hergestellt in Europa, USA, Kanada, Australien, Japan

Cover: Foto ©ninafisch / pixelio.de

Franz Delitzsch

Paulus des Apostels Brief an die Römer

VORBERICHT

ZU DER

NEUEN UEBERSETZUNG DES NEUEN TESTAMENTS

IN DAS HEBRÄISCHE.

I. Der praktische und wissenschaftliche Zweck.

Mit guter Zuversicht tritt dieser Anfang einer hebräischen Uebersetzung der neutestamentlichen Schrift nicht allein christlichen, sondern auch jüdischen Lesern unter die Augen, und, offen gestanden, den jüdischen Lesern, die ihn der Beachtung würdigen, mit noch größerer Zuversicht als den christlichen. Denn jene Liebe zur jüdischen Literatur, welche in der Reformationszeit einen Sebastian Münster und Johannes Reuchlin, im Jahrhundert darauf die Buxtorfe, im vorigen Jahrhundert Männer wie Surenhuis, Lightfoot und Schöttgen zur Hervorbringung unübertroffener Meisterwerke begeisterte, ist jetzt in der Christenheit fast ausgestorben. Selbst ein David Strauß, welcher der jüdischen Literatur zur Begründung seines Mythicismus bedurfte, war ohne selbständige Einsicht in die Quellenwerke dieser Literatur lediglich auf die Arbeiten derer gewiesen, deren Glauben er verhöhnte, und Renan hat sich Ansichten Geigers angeeignet, die er nicht zu prüfen, hat sich der Hülfleistung Neubauers bedient, die er nicht zu controliren vermochte. Alle diejenigen, welche gegenwärtig über Entstehungsgeschichte des Christenthums und seiner Urkunden schreiben, meinen ans Werk gehen zu können, ohne sich die älteste Literatur des Volkes zugänglich gemacht zu haben, aus dessen Schoße die neue Religion hervorgegangen, welche der entbundene Geist der alttestamentlichen zu sein behauptet.

Jüdische Leser aber sollten und werden sich freuen, daß wieder einmal ein christliches Buch auftaucht, welches die jüdische Literatur in besserem als Eisenmengerschem Geiste ausbeutet. Aber ein neutestamentliches Buch in hebräischem Gewande! — Nun wir leben doch in einer Zeit, in welcher christliches Interesse an den jüdischen Religionsurkunden jüdischem Interesse an den christlichen zu begegnen hoffen darf. In unserer Zeit, in welcher

nicht allein das Buch Henoch, sondern auch der Koran, nicht
allein Goethe's Faust, sondern auch Eugène Sue's *Mystères de
Paris* jüdische Uebersetzer ins Hebräische gefunden haben, dürfte
wohl selbst ein jüdischer Gelehrter keinem Bannstrahl verfallen,
wenn er das Religionsbuch der Christen ins Hebräische zu über-
tragen unternähme. Denn die Entstehung des Christenthums gehört zur Geschichte des Judenthums. Die Kirche, deren Wipfel
jetzt die halbe Erde beschattet, ist ein Gewächs auf jüdischem
Boden. Capernaum und Jerusalem im Lande Israel und Pella in
Transjordanien sind die Hauptstationen ihrer Losringung vom
Mutterschoße der Synagoge. Das Judenthum sollte stolz darauf
sein, daß eine solche weltbewegende Macht aus ihm hervorgegangen, welcher trotz der Entstellung ihrer Ideale durch ihre
eignen Bekenner dennoch die Ehre gebührt, das Humanitäts-
princip in der Menscheit zur Geltung gebracht und die Scheide-
wände der Völker niedergeworfen und wahre Kultur mit den in
ihrem Lichte sich sonnenden Genien der Wissenschaft und Kunst
angebahnt, kurz die Weltgeschichte in zwei Hälften geschieden
zu haben.

Es ist mehr als eine Stylübung, mehr als ein Redekunststück,
um was es sich bei einer hebräischen Uebersetzung des Neuen
Testaments handelt. Vor allem ist es, wir verhehlen es nicht,
ein großer praktischer Zweck, dem dieses Unternehmen dient.
Allerdings nimmt innerhalb des jüdischen Volkes in dem Maße,
als Verweltlichung und Indifferentismus um sich greifen, auch die
Kenntniß der heiligen Sprache ab. Aber immer noch steht es so,
daß wer des Hebräischen mächtig ist keiner andern Sprache be-
dürfte, um die jüdische Diaspora von Spanien bis Kaukasien,
von England bis Innerarabien, von der Levante bis nach Iran
und Malabarien zu durchwandern und sich ihr verständlich zu
machen. Immer noch darf das Hebräische als die Sprache gelten,
in welcher die christlichen Religionsurkunden mit Einem Male
dem jüdischen Volke des ganzen Erdkreises zugänglich gemacht
werden können, und sofern die Uebersetzung unmittelbar von dem
authentischen griechischen Grundtext ausgeht, in einer um vieles
vertrauenerweckenderen und verständlicheren Weise, als sie
ihnen in den verschiedenen Landessprachen zugänglich sind. Der
große praktische Zweck, den wir dabei im Auge haben, ist der,
dem Israeliten Kenntniß und Prüfung der neutestamentlichen

Schriften in anziehenderer, leichterer, gründlicherer Weise als bisher zu ermöglichen. Freilich gibt es Viele, welche das Christenthum verurtheilen, ehe sie es quellenmäßig kennen gelernt, Manche die ein Buch wie dieses einem Götzenbilde gleich achten, welches sie nicht berühren, geschweige denn ihrem Hausrath zugesellen dürfen. Aber es gibt auch Andere, welche fühlen, daß die Entstehungsgeschichte des Christenthums ein Stück der Geschichte ihres eignen Volkes ist, daß sie uns in eine Zeit versetzt, bis in welche nur einige spärliche Notizen der Talmud- und Midrasch-Literatur zurückreichen, und daß es dem Denker und Forscher ziemt, die von Israel ausgegangene neue Religion, deren schlichtes, mit Blut besiegeltes Zeugniß den Götzendienst des römischen Weltreichs in Trümmer gelegt hat, religions- und culturgeschichtlich zu begreifen. Daß an einem oder dem andern dieser edleren Geister das in hebräischer Zunge redende Evangelium seine Ueberzeugungskraft bewähre, hoffen wir, überlassen es aber Gott und entsagen allen unwürdigen Künsten, solche Erfolge zu erzwingen.

Mit dem praktischen Zwecke aber verbindet sich ein wissenschaftlicher oder, damit ich es dem wirklichen Entstehungs-Hergang der Uebersetzung, von der ich hier eine erste Probe veröffentliche, entsprechender ausdrücke: das einem praktischen Zwecke dienende Unternehmen, welches die Vereine von Freunden Israels in Bayern, Sachsen und Norwegen mir anvertraut haben, kann nicht umhin, einen wesentlichen wissenschaftlichen Gewinn abzuwerfen. Ueberhaupt hat das Christenthum, indem es im Bewußtsein seines Weltberufes nach dem Geheiße des Herrn Volk um Volk für sich zu erobern gesucht hat, der Wissenschaft große Dienste geleistet und ihr hinwieder große Dienste zu verdanken gehabt. Es hat uns die Religionen und Gesittungen bisher unbekannter Völker erschlossen, und viele bisher unbekannte Sprachen, die es für den Zweck der Predigt und der Uebersetzung der heiligen Schrift beider Testamente zu handhaben lernen mußte, in den Gesichtskreis der Wissenschaft gerückt, welche hinwieder diesen Sprachen ihren Ort in der Sprachbildungsgeschichte des menschlichen Geistes angewiesen und sie grammatischer wie comparativer Untersuchung unterzogen hat. Eine Uebersetzung des Neuen Testaments ins Hebräische ist nun zwar keine solche Erweiterung des sprachwissenschaftlichen Gesichtskreises, aber

sie leistet ungleich mehr als das, weil sie nicht blos, wie die
Uebersetzung in andere Sprachen, gründliches Verständniß des
neutestamentlichen Textes voraussetzt, sondern selber das Verständniß desselben fördert, indem sie ihn in die Sprache zurückdenkt, welche das Denken und den Gedankenausdruck der heiligen Schriftsteller trotz dem daß sie griechisch schrieben beherrschte.

Der wissenschaftliche Gewinn, welchen die Uebersetzung der
neutestamentlichen Schrift und insbesondere der paulinischen
Briefe bringt, besteht vorzugsweise darin, daß sie die alttestamentlichen, die rabbinischen und die hellenischen Bestandtheile
der urchristlichen Denk- und Darstellungsweise ans Licht stellt.
Schon die Uebersetzung des Römerbriefs bewährt dies. Nehmen
wir z. B. die auf den Tag der ewigen Entscheidung bezügliche Gedankenkette 2, 4—11. Unter den hier gebrauchten Worten ist
προσωποληψία (προσωπολημψία) die Nachbildung des hebräischen
מַשּׂא פָנִים (2 Chr. 19,7) — ein ausschließlich neutestamentliches
und im nationalen Griechisch unerhörtes Wort. Ἡμέρα ὀργῆς sagt
Paulus nicht, ohne an יוֹם עֶבְרָה (Spr. 11, 4. Zef. 1, 15) zu denken.
In Paarung der Begriffe ὀργή καὶ θυμός (אַף וְחֵמָה Jer. 7, 20. 36, 7
LXX), θλίψις καὶ στενοχωρία (צָרָה וּצוּקָה Jes. 8, 22. 30, 6 LXX vgl.
Zef. 1, 15), δόξα καὶ τιμή (כָּבוֹד וְהָדָר Ps. 8, 6 LXX) folgt er alttestamentlichen Reminiscenzen. Der Ausdruck ἐπι πᾶσαν ψυχήν
ἀνθρώπου ist im Style der Thora (כָּל־נֶפֶשׁ אָדָם Lev. 24, 17. Num.
19, 11). In 2, 6 klingt Ps. 62, 13 wieder, und zwar ganz so wie dort
LXX übersetzt hat.[1] Auf die Wortbildung δικαιοκρισία ist die alttestamentliche Begriffsverbindung מִשְׁפַּט־צֶדֶק (Dt. 16, 18. Ps. 119,
160 u. ö.) von Einfluß gewesen, und ἀποκάλυψις δικαιοκρισίας
denkt sich nach Jes. 56, 1 leicht in alttestamentliches Hebräisch
zurück. Auch bei θησαυρίζεις liegt dem Apostel ein althebräisches
Wort im Sinne, jedoch nicht אצר (vgl. Dt. 32, 34), sondern צבר (Ps.
39, 7. Sach. 9, 3 LXX). Aber mitten in dieser Fülle alttestamentlicher Widerklänge begegnen wir zwei Ausdrücken, bei denen es
gar nicht möglich, daß der Apostel nicht die entsprechenden synogogalen im Sinne gehabt haben sollte. Μετάνοια ist das synogogale תְּשׁוּבָה und ζωή αἰώνιος das synogogale חַיֵּי הָעוֹלָם הַבָּא.
Ebenso ist ἀνάστασις νεκρῶν 1, 4 das תְּחִיַּת הַמֵּתִים des jüdi-

---

[1] Ἑκάστῳ ist die Uebersetzung des dortigen לְאִישׁ; die Londoner Rückübersetzung לְכָל־אִישׁ verkennt dies.

schen Credo und ὁ αἰὼν οὗτος 12,2 das jüdische הָעוֹלָם הַזֶּה. In Ἀβραὰμ τὸν πατέρα ἡμῶν 4,1 vernimmt man das in Benennung des Patriarchen stereotype אַבְרָהָם אָבִינוּ. Μόρφωσις 2, 20 gebraucht der Apostel ganz so wie in צוּרְתָא דִשְׁמַעְתָא Abriß (Lineamente) der Gesetzüberlieferung. Der Gebrauch mehrerer Verba und Redensarten bestimmt sich nach rabbinischen, die sich damit decken: βασιλεύειν 5,14 = מָשׁל oder שָׁלַט (s. Schöttgen, Horae p. 514); διδόναι τόπον 12,19 = נָתַן מָקוֹם; καταργεῖν theils = בָּטֵל 3,3.31. 4,14. 6,6 theils = פָּטַר 7,2.6; κράζειν 9,27 = צָוַח; πράττειν νόμον 2,25 = עָשֹׂה אֶת־הַתּוֹרָה; προηγεῖσθαι 12,10 = הִקְדִּים; συνεργεῖν 8,28 = dem hebräoaramäischen סַיַּע.

Ein spezifisch hellenischer Begriff ist συνείδησις. Die Thatsache des Gewissenszeugnisses findet im Alten Testament mannigfachen Ausdruck [1], aber ein eigenthümliches Wort ist dafür noch nicht ausgeprägt. Und auch der nachbiblische Hebraismus hat dies nicht nachgeholt. Es entspricht dem Sachverhalt, daß man in dem lateinischen Index des Buxtorfschen Lexikons das Wort *conscientia* vergeblich suchen wird. Die Art und Weise, wie der Syrer das Wort wiedergiebt, zeigt daß auch ihm seine Sprache trotz ihrer Christianisirung kein sich damit deckendes bot. Einmal 9,1 übersetzt er συνείδησις mit ܗܘܢܐ, was aber das Denken und die Denkweise (den Sinn) bedeutet, zweimal (2,15. 13,5) mit ܬܐܪܬܐ, was wenn nicht stamm- doch sinnverwandt mit dem von Gewissensschärfung üblichen talmudischen הַתְרָאָה (s. Levy, Chald. WB unter תְּרֵי).[2] Wir haben es alle drei Mal mit דַּעַת übersetzt, denn συνείδησις ist Bewusstsein d. i. beiwohnendes Wissen (συν = עִם Iob 15,9 u. ö.), und zwar gemäß sprachgebräuchlicher Besonderung des an sich allgemeinen Wortbegriffs das dem Menschen eingegründete Wissen um das was sittlich gut und sittlich verwerflich ist. Im Hinblick auf die alttestamentliche Ausdrucksweise z. B. Iob 27,6 vgl. 1 Joh. 3, 21 hätte sich noch mehr לֵב (לְבָב) empfohlen, aber Stellen wie Hebr. 10, 22 zeigen[3], daß man für καρδία und συνείδησις verschiedener Wörter bedarf. Für letzteres empfiehlt sich דַּעַת auch deshalb, weil מַדָּע Koh. 10,20 von LXX mit συνείδησις übersetzt wird.

---

1) s. meine Biblische Psychologie S. 134.
2) Schaaf in seinem *Lex. Syriacum* combinirt jenes *tirto* mit תְּאָר: *conscientia quasi forma mentibus impressa*.
3) Vgl. Linder, *De via ac ratione συνειδήσεως*, Lund 1866 S. 9.

In Citation der heiligen Schriften (γραφαὶ ἅγιαι 1,2 = כתבי הקדש Schabbath XVI, 1. Jadajim III, 5 u. ö.) ist καθὼς γέγραπται die stehende Formel des Apostels, die er im Römerbrief vierzehn Mal gebraucht. Sie entspricht dem talmudischen ככתוב[1], welches vorzugsweise bei Citaten aus den Kethubim üblich ist, wie כמו שנאמר bei Citaten aus der Thora und den Nebiîm. Der Apostel macht keinen Unterschied. Seine Formel γέγραπται γάρ 12,19. 14,11., welche sich mit dem talmudischen דכתיב deckt, dient auch im Talmud der Einführung biblischer Schriftworte ohne allen Unterschied der Bücher. Jedoch bleibt λέγειν אמר in der Citationsweise des Paulus nicht unverwendet. Seine Formel τί ἡ γραφή λέγει 4,3. 11,2 fällt mit dem talmudischen מהו אומר (mit dem weggelassenen Subjekt הכתוב) und λέγει γὰρ ἡ γραφή 9,17. 10,11 mit dem bei Schriftcitaten aus allen Büchern gebräuchlichen talmudischen שנאמר, näher noch mit הֲאָמַר קְרָא (z. B. Erubin 58ᵃ) zusammen. Mit κατὰ τὸ εἰρημένον 4,18 ist nicht ככתוב zu vergleichen, sondern es deckt sich mit dem midrasischen לפי שנאמר oder בענין שנאמר z. B. Sifri zu Dt. 33, 23 f. Das ἐν in ἐν Ἠλίᾳ 11,2 ist das gleiche, wie z. B. in נאמר באנשי כזרה Taanijoth II, 1., במיכאל (d. i. Jes. c. 6), בגבריאל (d. i. Dan. c. 9) oder גבי גבריאל (vgl. Mr. 12, 26 ἐπὶ τοῦ βάτου) Berachoth 4ᵇ, vgl. das ebenso häufige רכך מצינו בערודה Aboth de-Rabbi Nathan c. 9.[2] Diese Bezeichnung des Schrifttheils oder Schriftzusammenhangs, aus welchem heraus ein Schriftwort citirt wird, mit ἐν findet sich auch bei Philo. Daß sie jüdischer Sitte folgt, ist bereits von Surenhuis in seinem Βίβλος καταλλαγῆς p. 31 bemerkt worden.

Daß die Dialektik des Paulus, der zu den Füßen Gamaliels I, des Enkels Hillels, gesessen, sich mannigfach mit der Schulsprache der ältesten Tannaim (Mischnalehrer) berühren werde, ist von vornherein anzunehmen und bestätigt sich auch. Eine ungemein häufige Formel in Talmud und Midrasch ist ולא עוד אלא (z. B. Maccoth 5ᵃ ולא עוד אלא אפילו אמרו und Tanchuma Par. תצוה: ולא עוד אלא שהוא מוציא הוצאות und nicht allein das,

---

1) So haben wir auch überall wo die Citationsformel den Schriftworten vorausgeht übersetzt, und כְּמוֹ שֶׁכָּתוּב nur da wo die Citationsformel ihnen nachfolgt.

2) Auch ἐν τῷ Ὡσηέ 9, 25 ist nicht nach בַּהוֹשֵׁעַ Hos. 1, 2 vgl. Hebr. 1, 1., sondern nach Mr. 1, 2 zu verstehen, vgl. den Midrasch zu את יפה Hohesl. 6, 4 (= ה"חד בהושע) הדא הוא דכתיב) das ist was bei (im Buche) Hosea geschrieben steht.

Berührungen mit rabbinischer Dialektik. 13

sondern er macht sich auch Kosten), welcher sich das paulinische
οὐ μόνον δὲ ἀλλά 5,3.11. 8,23. 9,10 vergleicht, obwohl wir in der
Uebersetzung dieser paulinischen Lieblingswendung das mischnisch gefärbte וְלֹא זֹאת בִּלְבַד כִּי־גַם (vgl. z. B. *Berachoth* I,1) bevorzugt haben. Ebenso glaubten wir in Uebersetzung des zehnmal
im Römerbrief vorkommenden μὴ γένοιτο das überall gleich pas-
sende biblische חָלִילָה den nachbiblischen Formeln vorziehen zu
sollen; aber sicher haben diese das Ihrige dazu beigetragen, dieses μὴ γένοιτο zu einer gewohnten dialektischen Formel des Apostels zu machen, vgl. das targumische חַס z. B. 1 S. 20,2 חָס לָא
תְמוּת fern sei es, du wirst nicht sterben; das talmudische חַס וְשָׁלוֹם
z. B. *Edijoth* V, 6 חס ושלום שעקביה נתנדה fern sei es daß Akabja
in den Bann gethan worden und *Sanhedrin* 11ᵃ (wo wie erklärend
hebräisches μὴ γένοιτο folgt) חס ושלום לא תהא כזאת בישראל;
das dem biblischen חלילה nachgebildete חוּלִּין הוּא לָךְ fern sei es
dir z. B. *Berachoth* 32ᵃ (ähnlich wie im Römerbrief 9,14). Eine
Stelle, wo auf diese Formeln אֶלָּא folgt, ist mir nicht zur Hand,
aber das einmal auf μὴ γένοιτο folgende ἀλλά 3,31. 7,7.13. 11,11
ist dem talmudischen Gebrauche des אלא vollkommen gemäß.
Auch das bei Paulus beliebte fragende μή 3,3.5. 9,14.20. 10,18.
11,1. 11 steht gewiß nicht außer Zusammenhang mit dem fragenden talmudischen מִי; ein junger jüdischer Gelehrter sprach im
Hinblick auf dieses paulinische μή sogar die Vermuthung aus, daß
jenes מי griechisch sei und מֵי vocalisirt werden müsse. Aber
1) hat Paulus sein μή nicht mē, sondern dem damals schon herrschenden Itacismus gemäß mī gesprochen; 2) decken sich dieses
μή und jenes מי doch nicht völlig; denn das fragende μή bedeutet
num forte mit dem unterliegenden Gedanken des Unstatthaften
oder des umgekehrten Sachverhalts, während מִי nicht immer eine
verneinende Antwort erwarten läßt z. B. *Mezia* 2ᵃ רמי מציית אמרת
wie aber kannst du sagen .. da doch .. Antwort: Ja, ich kann es,
denn .. Aber allerdings läßt מי sich häufig genug durch μή übersetzen, wie מי כתיב steht etwa geschrieben (= μὴ γέγραπται
z. B. *Sanhedrin* 8ᵃ), מי אמרינן sagen wir etwa (= μὴ λαλοῦμεν
1 Cor. 9,8), מִי יְדַעְיָּן wissen wir etwa, מִי שָׁמִיעַ לָךְ hast du je gehört, und wir dürfen also annehmen, daß in jenem fragenden μή
dieses מי der Schule wenigstens nachklingt.

Eine Nachwirkung der rabbinischen Schulsprache ist auch in
dem Wohlgefallen des Paulus an dem Schlusse דיך κατ' ἐξ., näm-

lich dem קל וחמר oder der Schlußform *a minori ad majus* zu erkennen; seine Formeln πόσῳ μᾶλλον 11,12.24 vgl. πολλῷ μᾶλλον 5,15. 17 erinnern an die Formel כל שכן z. B. *Berachoth* 48ᵇ: „Wenn man wegen dessen was das zeitliche Leben betrifft den Segen spricht, על חיי העולם הבא לא כל שכן so sollte man nicht um so viel mehr den Segen sprechen wegen dessen was das ewige Leben betrifft?!" die Formel על אחת כמה וכמה z. B. *Maccoth* I,7: „Wenn die Schrift über den der sich den Uebertretern zugesellt die gleiche Strafe verhängt wie über die Uebertreter selber, על אחת כמה וכמה שישלם שכר כנטפל לעושי מצוה כעושי מצוה um wie vielmehr ist anzunehmen, daß sie dem welcher sich den Gesetzübenden zugesellt gleichen Lohn zuspricht, wie den Gesetzübenden selber!" und die Formel אינו דין z. B. *Menachoth* VIII, 5: „Wenn der Leuchter, obwohl nicht dem Genusse dienend, reines Olivenöl fordert, המנהרות שדין לאכילה אינו דין שיטענו שמן זית זך sollte da in Betreff der Speisopfer, die für den Genuß bestimmt sind, nicht der Schuß gelten, daß sie reines Olivenöl um so viel mehr fordern!" Und daß dem Apostel, indem er 11,22 ἴδε οὖν χρηστότητα . . θεοῦ niederschreibt, das rabbinische בא וראה (aramäisch תא חזי oder auch תא חמי) im Sinne liegt, beweisen nicht allein formell, sondern auch inhaltlich ähnliche Stellen wie *Sifri* zu Dt. 20,8 בוא וראה כמה חס המקום על כבוד הבריות komm und siehe wie schonend Gott auf die Ehre der Geschöpfe bedacht ist, und das öfter z. B. *Debarim rabba* c. 7 vorkommende בוא וראה ענוותנותו של הקבה komm und siehe die Herablassung (Demuth) Gottes.

Eine andere Gruppe von Formeln ist die welche mit λέγειν und ἐρεῖν, dem in seiner Häufung spezifisch jüdischen אָמַר (אָמַר), gebildet wird. Hier würde λέγω γάρ 12,3 mischnisch שאני אומר, λέγομεν γάρ 4,9 שאנחנו אומרים, λέγω οὖν 11,1.11 מכאן אני אומר lauten, ohne daß sich diese Formeln als solche aus der Mischna belegen lassen. Dem einen Selbsteinwurf einführenden ἀλλὰ λέγω 10,18. 19 (wollt' ich dagegen sagen . . so widerlegt sich dies . .) vergleicht sich das talmudische אילימא (wenn man sagen oder annehmen wollte) z.B. *Berachoth* 5ᵇ und unzählige Mal; das zunächst zur Vergleichung sich darbietende אלא אימא z. B. *Pesachim* 68ᵃ. *Schabbath* 55ᵃ bedeutet: doch nein, ich sage oder: aber ich habe zu sagen, und fällt also nicht damit zusammen. Paulus löst hier auf, wo die Gemara mit אילימא, ואי תימא oder וכי תימא

(und wenn du einwenden wolltest) z. B. *Kamma* 2ᵇ und der Tosaphoth-Styl mit תאמר ואם (wenn du sagen wolltest), abgekürzt ר״את z. B. *Kamma* 76ᵃ (Schlagwort שחיטה), periodisirt. Das bloße תאמר in der Bedeutung: du wirst etwa sagen, du meinst vielleicht, welches sich häufig in *Pesikta de-Rab Cahana* (118ᵃ 128ᵇ 135ᵇ der Ausgabe von Buber) und hie und da auch in *Sifra* findet, deckt sich mit dem paulinischen ἐρεῖς 9,19. 11,19. Gleicher Art ist das eine Streitfrage (*Kaschja*) aufwerfende תימא des Tosaphoth-Styls, worauf mit לומר יש Bescheid gegeben wird, und ähnlich das einen Fall setzende hypothetische אימא z. B. *Jalkut Schimoni* 166ᵈ: אימא דיתיב בשמשׁא ורקא חיים ליה לא לימא ליה קום ותיב בטולא angenommen daß er in der Sonne sitzt und es ihm heiß wird, soll man ihm nicht sagen: stehe auf und setze dich in den Schatten.

Dem τί ἐροῦμεν 3,5 vergleicht sich das am Schlusse des Fragsatzes stehende מדו z. B. *Aboda zara* 46ᵇ: Wenn jemand den noch auf dem Felde stehenden Weizen angebetet hat, למנחות מדו wie verhält es sich damit hinsichtlich der Mehlopfer? Ebenso würde nach talmudischer Wortfolge 3,3 zu sagen gewesen sein: εἰ γὰρ ἠπίστησάν τινες τί; was aber ungriechisch wäre. Der Apostel hat also auch hier das talmudische מדו oder הוי מאי mit dem Genius der griechischen Sprache ausgeglichen. Mit τί οὖν 3,9. 6,15. 11,7 klingt das gleichbedeutende כדון מאי des palästinischen Talmud zusammen.[1] Dagegen findet sich zu τί οὖν ἐροῦμεν 6,1. 7,7. 9,14 (vgl. auch 4,1 nach unserer Uebersetzung) keine gleichlautende talmudische Wendung. Das οὖν aber entspricht dem אם כן der Mischna und Tosifta: wenn es nun so ist, welche Folgerung ist daraus zu ziehen z. B. *Berachoth* I,1. *Peah* VII,7., und im Ganzen vergleicht sich das talmudische אַבַּעְיָא לְהוֹ (es warf sich ihnen die Frage auf), welches der Briefform gemäß in אַבַּעְיָא oder מִבַּעְיָא לָן (es wirft sich uns die Frage auf) umgesetzt ist. Anderer Art sind 8,31 τί οὖν ἐροῦμεν πρὸς ταῦτα und 9,30 τί οὖν ἐροῦμεν, welche sich als Erweiterungen jenes dem מאי כדון entsprechenden τί οὖν (wie nun?) geben.

---

1) s. Frankels Einleitung in den Jerusalemischen Talmud (1870) 12ᵃ. Das τί an sich ist wie in dem einen Schluß *a minori ad majus* eröffnenden häufigen מה אם Wie? wenn .. (vgl. oben das Beispiel aus *Menachoth* VIII, 5 מה אם (המורה וכו׳) und in מה ראיה Wie? ein Beweis (soll von willkürlichen Verrichtungen für gesetzlich gebotene entnommen werden?) in der Mischna *Pesachim* VI, 2.

Vielleicht könnten wir manche dieser Wendungen besser belegen, wenn wir über den in der Schule Gamaliels des Alten üblichen Discussionsstyl durch unmittelbarere Beispiele unterrichtet wären[1] und wenn überhaupt die Mischna, welche fast durchweg fertige Gesetzbestimmungen codificirt, mehr Discussion (*Pilpul*) enthielte. Aber auch schon obige Vergleichungen rechtfertigen den Eindruck, den jeder in Talmud und Midrasch bewanderte Leser des Römerbriefs empfängt, daß der Apostel mit hellenischer Denk- und christlicher Anschauungsweise nicht allein jüdische Argumentationsweise[2], sondern auch ihre dialektischen Formen verschmolzen hat.

II. Rückblick auf die Vorarbeiten vom ersten bis ins neunzehnte Jahrhundert.

Der älteste Versuch einer hebräischen Uebersetzung des Neuen Testaments ist das Hebräerevangelium (*evangelium juxta Hebraeos*), denn angenommen auch, daß es eine hebräische Urschrift des Matthäus gegeben habe, hat dieses Hebräerevangelium doch nichts mit dieser Urschrift zu schaffen — es ist die hebräische oder hebräoaramäische Uebersetzung des griechischen Matthäus, welche seit den letzten Jahrzehnten des ersten Jahrhunderts unter den Hebräern d. i. Judenchristen Palästina's und der Nachbarländer cursirte und je nach den verschiedenen Richtungen, in welche das Judenchristenthum auseinanderging, mancherlei Wandelungen durchgemacht hat.[3] In dieser Uebersetzung, von der sich Hieronymus bei den Nazaräern Beröa's (*Βέροια* Syriens) eine Abschrift nahm, war an die Stelle des falschen *Βαραχίου* Mt. 23,35 das richtige יוידע gesetzt, und in dem Geschlechtsregister er-

---

1) Wir haben nur einige Notizen über Rabban Gamaliels Verhalten in Sachen des Ritualgesetzes und über einige von ihm ausgegangene Verordnungen, welche sich auf Ehe und Zurückerstattung beziehen, s. Grätz, Geschichte der Juden Bd. 3 und Frankels Mischna-Hodegetik.

2) Ein frappantes Beispiel für Ersteres liefert die Mischna *Sanhedrin* IV, 5., wo wie Gal. 3, 16 aus dem Singular בזרעך umgekehrt aus dem Plural דמי Gen. 4, 10 argumentirt wird: „Er sagt nicht דם das Blut deines Bruders, sondern דמי deines Bruders d. i. sein Blut und das Blut זרעיותיו seiner Nachkommenschaften (*σπέρματα*).“

3) s. meine Neuen Untersuchungen über die Entstehung und Anlage der kanonischen Evangelien. Th. 1: das Matthäus-Evangelium 1853.

gänzte sie die zwischen Joram und Uzia fehlenden drei Könige (Ahazja, Joas, Amazia), ohne jedoch die dieser Einschaltung widersprechende Vierzehn in der Summirung zu ändern.[1] Hieronymus sagt, daß sie *chaldaico quidem syroque sermone, sed hebraicis literis* geschrieben war.[2] Hienach könnte die im Talmud *Schabbath* 116[b] citirte chaldäische Uebersetzung von Mt. 5, 17 ihr entnommen sein, welche freilich nichts weniger als treffend ist, und das vom Grafen Miniscalchi ans Licht gezogene palästinisch-syrische *Evangelistarium Hicrosolymitanum* (1861—64) könnte in Beziehung zu ihr stehen. Sie taugte wenig. Der Uebersetzer war des Griechischen so wenig kundig, daß er *Βαραββᾶν*, vielleicht nach der Lesart *Βαρραββᾶν, filius magistri eorum* interpretirte, selber mißverstanden von Hieronymus (zu Mt. 27, 16), welcher in בר רבן das *än* für ein Pronominalsuffix hielt. Der Name *Βαραββᾶς* ist die Transscription von בר אבא, und Anger[3] irrt wenn er meint, daß im Hebräerevangelium wahrscheinlich בר אבא דהוא בר רבהון zu lesen war, denn auch diese Erklärung hätte nur, wenn der Namen בַּר רַבָּךְ umschrieben war, Sinn und Zweck gehabt. Wie wenig geistliches Verständniß diese Uebersetzung verrieth, geht daraus hervor, daß sie, wie Hieronymus zu Mt. 6, 11 berichtet, das ἐπιούσιον der vierten Bitte des Vaterunsers mit *mahar* d. i. מחר, also entweder לַחְמָנָא דְמָחָר oder לָחְמֵנוּ לְמָחָר oder auch לָחְמֵנוּ מָחָר übersetzte, in jedem Falle in Widerspruch mit der Mahnung des Herrn (Mt. 6, 34): Sorget nicht für den andern Morgen. Auch die Wiedergabe des ἐν ὑψίστοις 21, 9 mit ברמה oder ברמא, wenn Hieronymus zu d. St. dieses BARAMA aus dem Hebräerevangelium hat, ist nicht sonderlich. In Mt. 3, 4 entfernte sie die Heuschrecken und übersetzte: seine Nahrung

---

1) Dies geht aus der von Cureton 1858 herausgegebenen alten syrischen Uebersetzung der vier Evangelien hervor, deren Matthäus sich durch diese Einschaltung und andere Anzeichen als den nach dem Zeugniß Barsalibi's „aus dem Hebräischen des Apostels übersetzten" bekundet. Cureton schmeichelte sich wirklich, die syrische Uebersetzung der hebräischen Urschrift in Händen zu haben, aber der zu Grunde liegende hebräische Matthäus ist der welchen Hieronymus bei den syrischen Judenchristen copirte. Daß die Syrer mit dem Hebräerevangelium unmittelbar bekannt waren, zeigt die von Lee 1842 herausgegebene syrische Uebersetzung der Theophanie des Eusebius, s. Ewald, Jahrbücher 6, 40. Fritzsche in der Züricher Monatsschrift 1856 S. 56.
2) *Adversus Pelagianos* III, 2.
3) In seiner trefflichen *Synopsis* (1852) p. 275.

war wilder Honig, dessen Geschmack der des Manna war, wie mit Honig gesüßte Krapfen ὡς ἐγκρὶς ἐν μέλιτι.[1] Diese Verwandlung der ἀκρίδες in ἐγκρίδες (nach Ex. 16,31 LXX) hängt mit der ebionitischen Selbstbeschränkung auf pflanzliche Nahrung, worauf der Römerbrief 14,2 Bezug nimmt, zusammen.

Trotz dieser Unvollkommenheit und Eigenmächtigkeit wäre diese Uebersetzung, wenn wir sie noch besäßen, dennoch ein urkirchliches Denkmal von höchster Bedeutung. Pantänus fand nach Eusebius *hist. eccl.* V, 10 den hebräischen Matthäus bei den Iudern, denen er angeblich vom Apostel Bartholomäus gebracht worden war. Und im J. 485 unter Kaiser Zeno sollen sich bei Salamis auf Cypern die Ueberreste des h. Barnabas gefunden haben, auf seiner Brust eine Abschrift des hebräischen Matthäus, welche von seiner eignen Hand auf Tafeln von Thuia-Holz geschrieben war.[2] Die Glaubhaftigkeit dieser zweiten Nachricht ist noch fraglicher als die der ersten. Der hebräische Matthäus erhielt sich so lange, als die Judenchristen eine gewisse Selbstständigkeit gegenüber der katholischen Kirche behaupteten. Seit sie in dieser aufgegangen oder in die Synagoge zurückgefallen sind, ist auch der hebräische Matthäus verschollen. Tryphon im Dialog Justins bezieht sich, wie es scheint, auf die Bergpredigt dieses Evangeliums, wenn er sagt: „Was in eurem sogenannten Evangelium gefordert wird, das sehe ich für so wunderbar und groß an, daß es mir unmöglich scheint, es zu halten."

Hebräische Uebersetzungen des Johannes-Evangeliums und der Apostelgeschichte wurden noch im 4. Jahrhundert in den geheimen Schatzkammern der Juden von Tiberias aufbewahrt. Epiphanius *adv. haereses* I, 30 erzählt das mit dem Bemerken, daß Viele, welche durch Zufall oder List dieser Uebersetzungen habhaft werden konnten, dadurch zur Erkenntnis, daß Jesus der Messias, gekommen seien.

Was so in den ersten Jahrhunderten, als der Zusammenhang des Christenthums mit seinem jüdischen Mutterboden noch nicht durchschnitten war, seinen Anfang genommen hatte, das hat erst

---

1) Daß ἐν μέλιτι, nicht ἐν ἐλαίῳ nach Num. 11,8 zu lesen ist (s. Anger, *Synopsis* p. 19), bestätigt auch das Targum zu Ex. 16,31.

2) Ausland 1868 S. 1100. Die nordafricanische θυία jener Tafeln ist wahrscheinlich *Callitris quadrivalvis*, eine mit *cupressus* und *thuia* verwandte Cupressinee.

in der Reformationszeit, als Liebe zu der hebräischen Sprache und mittelbar zu dem Volke dieser Sprache wiedererwachte, seinen Fortgang gefunden. Erst Sebastian Münster, den die Inschrift seines Grabes in Basel *Germanorum Esdras et Strabo* nennt, nahm die Versuche, die neutestamentliche Thora in die Sprache der alttestamentlichen überzutragen, wieder auf. Sein hebräisches Matthäusevangelium (1537), zu welchem später (in der bereicherten Ausgabe 1557) der hebräische Hebräerbrief hinzukam, erschien unter der sinnigen Aufschrift תורת המשיה. Das hebräische Matthäusevangelium, unter dem Titel בשורת מתי und mit dem Bemerken *recens e Judaeorum penetralibus erutum* von Tillet herausgegeben (Paris 1555), erregte solches Aufsehen, daß Viele die Urschrift des Apostels in Händen zu haben meinten. Mit wetteifernder Lust übersetzte man im 16. Jahrhundert auserlesene Stücke des Neuen Testaments, nicht ohne Bewußtsein des wissenschaftlichen Zwecks, *ut Prophetica dictio illustret Apostolicam et Apostolica Propheticam, cum correlative se habeant vetus et novum Testamentum*. Frid. Petri übersetzte das Lucasevangelium und die Sonntagsevangelien, Conr. Neander die Sonntagsepisteln, Jo. Clajus die Sonntagsevangelien nebst Luthers Katechismus und Liedern, Theodos. Fabricius die Passions- und Auferstehungsgeschichte nebst des Matthäus Judex *Compendium Theologicum*. Aber einen ebenbürtigen Fortsetzer fand das von Sebastian Münster begonnene Werk erst an Elias Hutter, dessen bewunderungswürdiger Unternehmungsgeist die Idee der Polyglottenbibel zuerst in Wirklichkeit umgesetzt hat. Er nahm unter die 12 Sprachen, in denen er das Neue Testament 1599 (Nürnberg, aus eigner Druckerei, 2 Foll.) herausgab, und unter die 4 der Handausgabe 1602—3 (ebend., in 4⁰) auch das Hebräische auf; auch die kirchlichen Perikopen gab er 1601 (ebend., in 8⁰) in vier Sprachen heraus. Seine hebräische Uebersetzung bekundet eine unter Christen seltene Fähigkeit der Handhabung dieser Sprache und verdient auch jetzt noch Berücksichtigung, weil sie in vielen Fällen mit glücklichem Takt das Richtige getroffen.[1] Von da an bis in die Neuzeit begegnet uns nur die hebräische Uebersetzung der vier Evangelien aus dem Lateinischen der Vulgata von dem

---

1) Eine hie und da verbesserte Ausgabe von G. Robertson erschien London 1661, 8⁰. R. Caddick in seinem *Corrected New Testament in Hebrew*, London 1798, 8⁰, kam nicht über den Marcus hinaus.

römischen Convertiten Johannes Baptista Jona (Rom 1668, Fol.), welche weniger leistet, als man von dem in Safet in Obergaliläa geborenen nicht unbedeutenden jüdischen Gelehrten erwartet, und die Uebersetzung des Hebräerbriefs von dem protestantischen Convertiten F. A. Christiani (Leipzig 1676. 4.), welche die Vorgänger kaum übertrifft. Die hebräischen Uebersetzungen des Neuen Testaments von Dominico Jeruschalmi und Johannes Kemper (Mose b. Ahron Cracau) liegen, ohne je ans Licht getreten zu sein, in den Bibliotheken von Rom und Upsala.[1]

Einen neuen Aufschwung nahm der Uebersetzungstrieb, als Joh. Heinr. Callenberg in Halle 1728 sein *Institutum Judaicum* begründete. Alles was bisher auf dem Uebersetzungsgebiete geleistet worden war überbot die mit hebräischem Commentar versehene Uebersetzung des Lucasevangeliums von dem Proselyten Immanuel Frommann, welcher, obwohl Mediciner, sich in geistiger Arbeit für sein Volk verzehrte, an das ihn heilige Liebe fesselte. Dieser hebräische Lucas, welcher leider nie vollständig (nur bis 22,14) erschienen ist und besonders die angekündigten Prolegomenen (הקדמות) vermissen läßt, ist das Beste, was je ein Judenchrist in hebräischer Sprache geschrieben hat.[2] Auch die Apostelgeschichte hatte Frommann ins Hebräische übersetzt und gleichfalls hebräisch erläutert; sie ist aber nicht zum Drucke gelangt. Es wäre ein großer Gewinn, wenn irgendwo jene fehlenden Stücke des Lucas und diese hebräisch erläuterte Apostelgeschichte von einem glücklichen Finder entdeckt würden.

Im J. 1792 erlosch das *Institutum Judaicum*, und die deutsche evangelische Kirche, deren Schöpfung es war, ließ sich von der anglicanischen überflügeln. Im J. 1809 ritt ein reicher englischer Geistlicher, Lewis Way, an einem seltsam verwilderten Park der Grafschaft Devonshire vorbei. Ein Freund erzählte ihm, daß vor vielen Jahren die Besitzerin dieses Parks in ihrem Testamente festgesetzt, daß er unangetastet bleiben soll, bis Israel bekehrt ist zu Jesus dem Messias und bis es sein Erbland und die heilige Stadt wieder in Besitz genommen. Da erfaßten diese stummen Bäume mit ihrem geisterhaften Rauschen und ihren ausgestreck-

---

1) s. Wissenschaft Kunst Judenthum S. 293. 304.

2) Biesenthal hat ihn 1855 mit Ergänzung des Fehlenden herausgegeben; er war vor Andern dazu berufen und befähigt, s. auch seine Biographie Frommanns in Jahrgang 6 von Saat auf Hoffnung.

ten kahlen Aesten die Seele Way's und er gelobte sich und all das Seine der Hingabe für Israel. Im J. 1809 entstand die Londoner *Society for promoting Christianity amongst the Jews*. Way schenkte ihr die vielen Tausende seines Vermögenscapitals und warb mit großem Erfolg um Theilnahme und freie Bahn für sie in Deutschland und Rußland.

Nur kurze Zeit verging, bis die Londoner Gesellschaft die Uebersetzungsaufgabe als eine noch nicht vollkommen und vollständig gelöste und doch unendlich wichtige ins Auge faßte und in edlem Eifer für dieses Werk entbrannte. Wir selber würden nicht eine neue Uebersetzung versuchen wenn wir meinten, daß die Londoner Gesellschaft in den drei Stadien ihres Anlaufs zum Ziele gelangt sei. Wir sind nicht dieser Ansicht, und können die Berechtigung unseres Unternehmens nicht ohne Kritik der dreimal revidirten Londoner Uebersetzung begründen. Aber ich bitte alle englischen wie deutschen Leser, durchweg die Kehrseite dieser Kritik, nämlich meine Bewunderung der dem Uebersetzungswerke gebrachten Opfer und meine Anerkennung des darauf verwandten rastlosen Eifers, im Gedächtnisse zu behalten.

III. Geschichte der Londoner Uebersetzung.

Die Londoner Uebersetzung begann mit dem im J. 1813 (London, Druck von Goakman) erschienenen hebräischen Matthäus-Evangelium. Einen wohlthuenden Eindruck macht es, daß diese erste Uebersetzungsprobe von Thomas Fry und William B. Collyer, deren Händen das Uebersetzungswerk anvertraut war, mit einem lateinischen Widmungsschreiben und Vorwort ausgestattet ist — alle Fortsetzungen und Neugestaltungen der Uebersetzung, welche die *Society for promoting Christianity amongst the Jews* weiterhin veröffentlicht hat, lassen den Leser ohne alle Orientirung und Rechenschaft über die Unterlagen, Grundsätze und Entstehungsweise der Arbeit. Der hebräische Matthäus aber kommt in seinem Eingange dieser berechtigten Anforderung entgegen. ‚Von dem Matthäusevangelium — sagen die Herausgeber — sind mehrere Uebersetzungen vorhanden, welche wir benutzt haben; vollständig aber ist das Neue Testament bis jetzt nur zweimal

---

1) s. den *Catalogue of the Hebrew books in the Library of the British Museum* (1867) p. 150.

übersetzt worden, nämlich von Elias Hutter und von einem Juden in Trankebar (*a quodam Judaeo Travancorensi*) in einer Handschrift, welche Claudius Buchanan aus Ostindien mitgebracht und der *London Society* geschenkt hat.[1] Aber diese Uebersetzung verstößt häufig gegen den hebräischen Styl und verfehlt zuweilen auch den rechten Sinn, jene Huttersche aber, obschon sinngemäßer, gilt den abendländischen Juden für gänzlich mißlungen und ist wegen ihrer vielen rabbinischen Wörter für die morgenländischen Juden untauglich.' Die Herausgeber gehen dabei von der Ansicht aus, daß der Wortschatz des nachbiblischen Hebräisch den karäischen Juden der Krim und den morgenländischen Juden z. B. Indiens unbekannt sei, was eine falsche Voraussetzung, und bekennen sich deshalb möglichste Vermeidung aller nichtbiblischen Wörter zur Pflicht gemacht zu haben — ein falscher Grundsatz, den die Herausgeber selber, um den auf der Wesentlichkeit des Untertauchens für den Taufritus bestehenden Dissenters keinen An-

---

[1] Was mein verehrter Freund Becker in Saat auf Hoffnung 5, 260 über diese Uebersetzung sagt, verhält sich richtig; die Bibliothek der *London Society* hat nie das Original besessen, sondern Claude Buchanan schenkte ihr nur eine Abschrift desselben als Vorarbeit für Veranstaltung einer neuen Uebersetzung des N. T. ins Hebräische; diese Abschrift der Uebersetzung des ostindischen Rabbi lag nicht allein den Mitarbeitern an der im J. 1817 fertig gewordenen ersten Londoner Uebersetzung, sondern auch noch ihren Revisoren im J. 1836 vor, *but examining the MS.*, schreibt mir *Rev.* J. Chr. Reichardt — *it was found to be a very indifferent production of no value*. Buchanan selbst sprach sich darüber folgendermaßen aus (s. Thomas D. Halsted's Geschichte der Londoner Gesellschaft, betitelt *Our Missions*, London 1866 p. 41 s.): „Man erzählte mir, daß vor vielen Jahren ein Jude das N. T. ins Hebräische übersetzt habe, um es zu widerlegen und um die Beweise seiner Nachbarn, der syrischen Christen, zurückzuschlagen. Das Manuscript fiel in meine Hände und ist jetzt in der Universitäts-Bibliothek in Cambridge. Es ist des Verfassers Autograph und kann bei Bewerkstelligung einer neuen Uebersetzung von großem Nutzen sein. Die Arbeit wurde bei vorläufiger Prüfung treu befunden, gegen Ende aber, als der Verf. zu den paulinischen Briefen kam, gerieth er, vielleicht wegen der ihm unbequemen kühnen Dialektik des, wie er ihn nennt, gelehrten Benjaminiten, außer Fassung und verwünscht in einer Beischrift das Andenken des Apostels. Doch siehe Gottes providentielles Walten! Der Uebersetzer wurde selber christlicher Convertit. Sein eignes Werk überwand seinen Unglauben. In dem Löwen fand er Süßes, und er lebte und starb im Glauben an Christus. Unter den Eingebornen seiner Heimath [nämlich Trankebar, engl. *Travancore*, altindisch *Turangawâri*] ist seitdem der Aberglaube verbreitet, daß ein Jude, welcher die neutestamentlichen Bücher eigenhändig abschreibt, durch dämonischen Einfluß sicher ein Christ wird."

stoß zu geben, durch Einführung eines Verbums בַּפְטֵם oder בַּפְטֵז (so mit *Dagesch* geschrieben!) in häßlicher Weise durchlöchert haben, so daß z. B. 20, 22 die Worte: und (könnt ihr) getauft werden mit der Taufe mit welcher ich getauft werde übersetzt sind וּלְהִבָּפְטִיר בַּבַּפְטִיסְמָא אֲשֶׁר אֶפָּפֵטִיז, was an sich (da טָבַל sich mit βαπτίζειν vollständig deckt) unnöthig war und so sehr gegen alle Punktations- und Laut- und Transscriptionsgesetze verstößt, daß ein Jude der das liest von Entsetzen über dieses Kauderwelsch ergriffen werden muß. Uebrigens sei es ferne von uns, den redlichen Fleiß zu erkennen, welcher auf diese Arbeit verwendet worden ist; nicht weniger als 50 des Hebräischen kundige Männer wurden zur Durchsicht und Besserungsvorschlägen herangezogen. Durchdrungen vom Bewußtsein der dennoch der Arbeit noch anhaftenden Unvollkommenheit ließen die Herausgeber nur eine kleine Auflage veranstalten: sie bezeichnen die Arbeit als noch rohes schlackichtes Erz, welches der Schmelze bedürfe, und versprechen dankbare Hinnahme und Benutzung jedes berechtigten Tadels. Noch in dem selben Jahre 1813[1] erschien das hebräische Marcusevangelium. Im J. 1816 folgte ein drittes Bändchen mit Lucas, Johannes und Apostelgeschichte, und ein viertes vom J. 1817, Römerbrief bis Apokalypse[2] enthaltend, brachte die immerhin schnell fortgeschrittene Arbeit zum Abschluß.

Eine zweite Ausgabe der nun fertigen Uebersetzung erschien im J. 1821 (London, Druck von Macintosh), sodann in zwei von der Britischen Bibelgesellschaft veranstalteten Abdrücken 1831 in Duodez (Druck von Bagster)[3] und 1835 in Octav (aus derselben Officin). Sie ist hie und da verbessert. Der Titel ist vereinfacht und die Gesellschaft figurirt darauf nicht mehr mit dem unverändert verwendeten Philisternamen (Gen. 26, 26) אֲחֻזַּת מֵרֵעֵהוּ לְאַבְדָן (wofür אֲחֻזַּת מְרֵעִים בְּלֹא אֲבַדָן gesagt werden mußte). Aber noch immer heißt Matthäus מתיא (wofür מתאי richtiger wäre), Marcus mehr englisch als hebräisch מרק, Lucas nach dem eng-

---

1) Das *Jubilee Memorial* 1858 gibt in dem Verzeichnis der von der Gesellschaft ausgegangenen *Hebrew Scriptures* das J. 1815 an, aber das mir vorliegende Exemplar hat die oben angegebene Jahreszifler.

2) So verbessern wir das *Jubilee Memorial*, welches angibt: *Epistle to the Romans, and the Revelation of St. John*.

3) Sie kennzeichnet sich durch das komische האב בגסטר למען (d. h. für Bagster *sen.*) auf dem Titel, vgl. übrigens *Our Missions* p. 44 s.

lischen *Luke* לוּק, die Magier מַהְגִּים (Murmeler), Johannes der Täufer הַבַּפְטִסְטִיס יוֹחָנָן u. s. w., und der Römerbrief beginnt wie alle paulinischen Briefe noch immer מִפָּאוּל ohne daß man begreift, wodurch sich dieses angeflickte מִן so sehr empfohlen hat. Das falsche מִתְיָא und das falsche פָּאוּל hat sich bis auf die Gegenwart fortgeerbt, aber weiterhin lesen wir für מרק das richtige מרקוס (sprich *Markos*), für לוּק das richtige לוּקס (= לֻקַס); der Täufer heißt הַמְטַבֵּל (wofür הַמְמַבֵּל die bessere Punctation und הַמַּמְבִּיל der richtigere Ausdruck wäre[1]) und der Apostel nicht mehr הַמֻּלְאָךְ, sondern richtig הַשָּׁלִיחַ.

Einen gewaltigen Ruck vorwärts that das Uebersetzungswerk, als der Text vom J. 1821 im J. 1837/8 einer durchgreifenden Revision unterzogen wurde. Die Männer, die damit beauftragt wurden, waren D. A. M'Caul, der als Freund Israels und Kenner des Judenthums bewährte Verfasser der zuerst im J. 1836 erschienenen *Old Paths* (נתיבות עולם); der mit reicher Missionserfahrung im Morgen- und Abendlande ausgerüstete J. C. Reichardt; der Proselyt S. Hoga, welcher sich durch seine Uebersetzung der *Old Paths* und des Bunyan'schen *Pilgrim's Progress* als gewandter hebräischer Stylist bewährt hat, und der (aus Rogasen im Großherzogthum Posen nach England gekommene) Proselyt M. S. Alexander, welcher bald darauf im J. 1841 erster evangelischer Bischof in Jerusalem wurde. Die Commission war trefflich zusammengesetzt. Heidenchristliches Verständniß des neutestamentlichen Grundtextes und judenchristliche Fähigkeit stylistischer Handhabung der alttestamentlichen Sprache waren darin gleichmäßig vertreten. Die Arbeit wurde energisch angegriffen und schnell gefördert. Die Vergleichung der von Buchanan geschenkten Uebersetzung des ostindischen Rabbi leistete geringe oder gar keine Dienste. Noch im J. 1837 erschienen die vier Evangelien und schon im Sept. 1838 war die Revision des ganzen Neuen Testaments beendet. Eine Ausgabe im kleinsten Format erschien 1840 und ein neuer Abdruck derselben 1846, eine Ausgabe in Duodez (*Miss Cook's Edition*) 1852. Als Herausgeber ist auf dem Titel einiger dieser Drucke Johann Christian Reichardt bezeichnet.[2]

---

1) s. *Massecheth Gerim*, wo הטביל die Taufe vollziehen und טבל untertauchen = getauft werden bedeutet.

1) In dem Pamphlet *An important Correspondence etc.* von Alex. Levie (1866, aber ohne Jahrzahl) wird dies bitter getadelt: *Mr. Reichardt had the*

Die revidirte Ausgabe vom J. 1838.

Im Allgemeinen muß dieser *revised edition* vom J. 1838 nachgerühmt worden, daß sie die Aufgabe, das Neue Testament in sprachrichtiges, ansprechendes und durchsichtiges Hebräisch umzugießen, um vieles annähernder gelöst hat. Wir bemerken beispielsweise, daß die Magier nun nicht mehr מַהְגִּים, sondern חֲכָמִים (freilich ein Quidproquo) heißen; daß das abscheuliche בפטש und בפטז nun aus dem Text hinausgeworfen ist; daß in Wiedergabe der alttestamentlichen Citate jene Pedanterie aufgegeben ist, welche ἰδοὺ ἡ παρθένος ἐν γαστρὶ ἕξει, diese vollkommen richtige Uebersetzung von Jes. 7, 14, durch הִנֵּה הָעַלְמָה הָרָה wiedergeben zu müssen meinte; daß die gedankenlose Ueberschrift der Evangelien (מתיא כפי) ברית חדשה nun in הבשורה, (למתיא) הקדושה umgesetzt ist (obwohl dieses הקדושה ein willkürlicher Zusatz ist und jenes כפי, besser על־פי, vor dem ל *auctoris* den Vorzug hat); daß der erste Corintherbrief nicht mehr אגרת הראשנה מפאול המלאך וכו', sondern האגרת הראשונה מאת פאול השליח überschrieben ist (obwohl dieses מאת nicht viel besser ist als jenes häßliche מן) u. s. w. Wir begegnen einer großen Menge wirklicher Verbesserungen, und an vielen Stellen hat diese Uebersetzung das für immer Richtige getroffen. Die unausführbare Maxime, durchaus *in Biblical Hebrew* zu übersetzen, ist aufgegeben. Wenn Isaak Salkinson[1] in seiner dankenswerthen

---

modesty to ignore all the labourers in that work, aber das הובא לדפוס ביד besagt nur, daß er die typographische Ausführung des Werks bewirkt und überwacht hat — gewiß eine verantwortungs- und mühevolle Arbeit. Und die Ausstattung ist wirklich geschmackvoll, der Text so correct wie nur immer eines hebräischen Buches. Nur hätte der Herausgeber seinen Namen nicht רייהרדט schreiben sollen, das semitische ה findet im Jüdisch-Deutschen keine Verwendung, aber auch רייררט oder besser רייכרט gibt seinen Namen nicht wieder, denn das hieße Reichert, wogegen Reichardt רייכארט zu schreiben war, wie Stadt שטאט geschrieben wird. Und warum erschien das Werk ohne ein Rechenschaft gebendes Vorwort? Hierin fügte sich Reichardt dem Zwange eines nicht zu billigenden Herkommens. Sogar sein Name verschwand von den späteren Drucken.

1) Seine Berechtigung, an dem neutestamentlichen Uebersetzungswerk mitzuarbeiten, hat dieser (jetzt in Preßburg stationirte) wackere Missionar der *British Society* durch sein schönes Buch סוד הישועה (Altona 1858), die Uebersetzung des *Philosophy of the Plan of Salvation by an American citizen* (Walker in Newyork), eines in Nordamerika noch immer berühmten theologischen Nationalwerks, und durch seine als Manuscript gedruckte poetische Uebersetzung des ersten Gesangs des Milton'schen *Paradise lost* erwiesen.

Arbeit *The Epistle of Paul the Apostle to the Romains translated into Hebrew* (Edinburgh, 1855) den Tadel ausspricht: *it abounds unduly with Aramaean forms, vulgar expressions and Rabbinical idioms, all of which appear to the lover of genuine Hebrew incompatible with the character of inspired Scripture,* so müssen wir hinwieder an seiner Uebersetzung tadeln, daß er zu viel biblische Eleganzen und klassische, aber dem Wortlaut ungemäße Phrasen hineingebracht hat, wie z. B. Röm. 1, 8 אֲמוּנַתְכֶם עֲשֵׂיתָה שֵׁם (wo das rabbinische מְפוּרְסֶמֶת entsprechender wäre) und ebend. 14, 10 כִּי הַמֻּשָּׁיָה (für: Richterstuhl Christi). Rabbinisches hat der Uebersetzer nicht zu meiden, wenn es die Wörter und Wendungen bietet, in welche sich das paulinische Griechisch für den Kenner der nachbiblischen Literatur unwillkürlich zurückdenkt, aber unbrauchbar sind alle mittelalterlich philosophischen Ausdrücke wenn auch in biblischen Wörtern z. B. Röm. 1, 3., wo Salkinson (noch dazu ohne Noth) κατὰ σάρκα mit לְפִי הַחֹמֶר übersetzt, oder ebend. 1, 19., wo die Londoner Uebersetzung τὸ γνωστὸν τοῦ θεοῦ mit הַמּוּשָּׂג בֵּאלֹהִים gibt. Aber überzeugt von der unendlichen Schwierigkeit des Unternehmens und der nur allmählich möglichen Lösung seiner Aufgabe erkennen wir der revidirten Uebersetzung von 1838 das Verdienst einer wesentlichen Förderung zu, und wagen ihr nichts zur Last zu legen, als daß sie Fehler enthält, welche vermieden werden konnten. Wir nehmen beispielsweise das erste Capitel des Römerbriefs. Die jüdischen Mitarbeiter mußten wissen, daß Rom, welches in Talmud und Midrasch unzählige Mal vorkommt, nicht רוֹם heißt. Sie hätten in Correktur des alten falschen בַּכְּתוּבִים הַקְּדוֹשִׁים nicht auf halbem Wege stehen und dafür בִּכְתָבִים הַקְּדוֹשִׁים schreiben sollen. In v. 18 sollte nicht עַל־כָּל־רֶשַׁע וְעַוְלַת אֲנָשִׁים, sondern רִשְׁעָתָם וְעַוְלָתָם geschrieben sein. In v. 21 mußte die außer Pausa unstatthafte Pausalform הֶהָבְלוּ getilgt werden. Dagegen steht v. 28 יָאֲתָה am Versende falsch für יָאֲתָה. Und sprachwidrig ist v. 26 בְּלֹא־הַדֶּרֶךְ für εἰς τὴν παρὰ φύσιν. Die ältere Uebersetzung hatte verhältnißmäßig erträglicher בַּאֲשֶׁר לֹא הַדֶּרֶךְ (mit dem was nicht der Weg ist). Das mit dem folgenden Worte Einen negativen Begriff bildende לֹא (z. B. Nicht-Weg = Nicht-Brauch) hat nie den Artikel nach sich.

Im J. 1856 beschloß das Committee eine neue Revision ins Werk zu setzen. Diesem Beschluß war eine Umfrage, die Uebersetzung von 1838 betreffend, vorausgegangen. Die Antworten der Missionare und anderer Vertrauenspersonen lauteten dahin, daß in dieser Uebersetzung zwar eine tüchtige und durch viele gesegnete Erfolge geheiligte Grundlage gewonnen, daß die Aufgabe einer solchen Uebersetzung aber noch lange nicht gelöst sei. *Rev. J. C.* Reichardt ward in der nun beginnenden Herstellung einer von neuem revidirten Ausgabe die leitende und entscheidende Hauptperson. The *Committee requested me*, sagt er im *Report* 1862 p. 32, *to prepare such an edition in conjonction with Dr. Biesenthal.* Seine eiserne Arbeitskraft und seine gewissenhafte Strenge gegen sich selbst und seine Mitarbeiter kamen auch diesmal dem Werke zugute. Dr. Biesenthal wurde nach London beschieden. Er brachte den größten Theil der Jahre 1856 (Spätherbst) bis 1860 (Sommer) in London zu, arbeitete die Ausgabe von 1838 prüfend und bessernd durch, und conferirte darüber mit Reichardt. Die Ergebnisse dieser Conferenz, welche später mit einem national belesenen und kundigen Hülfsarbeiter auf dem Missionsgebiet, Mr. Ezekiel Margoliouth, fortgesetzt wurden, sollten dann weiterer unparteiischer Prüfung unterstellt werden. Es war gewiß eine nach Beweggrund und Zweck gute Maßnahme, daß das Committee im April 1857 ein Heft *Suggested Alterations in the Gospel of St. Matthew* an seine Missionare und andere Fachmänner versendete und diese um ihr Urtheil über die vorgeschlagenen Verbesserungen anging. Dieser Weg wurde aber nicht verfolgt, weil er, wie sich herausstellte, nur wenig förderte. Und warum nicht? Deshalb nicht, weil die Kritik sich Erfolg nur versprechen konnte, wenn das Revisionswerk in den Händen eines Hebraisten von anerkannter entscheidungsfähiger Autorität geruht hätte. Nur vor das Forum einer solchen konnten, um aus der Menge der Mißgriffe der zu revidirenden Ausgabe nur einige Beispiele aufzugreifen, Bemerkungen gebracht werden wie daß *Ναζαρέτ* nicht צָרְיָה umschrieben werden dürfe, weil das eine Unform ist, sondern נָצְרַת, indem das erste *α* wie in *Ζαβουλών* nur ein colorirtes *Schebâ* ist; daß *Γεννησαρέτ* hebräisch nicht גְּנֵיסָרֶת lautet, sondern גְּנֵיסָרֶת (Fürstengärtenlandschaft), wofür in den ältesten jüdischen Quellen entweder גֵּנֵיסָר (גיניסר) oder auch גַּנּוֹסָר (גינוסר) z. B. *Megilla* 6ᵃ, griechisch *Γεννησάρ*, gesagt wird; daß *Μαγδαλά* nicht gräcisirtes מַגְדָּלָה, sondern das gräcisirte aramäische מַגְדְלָא ist, wie man sich aus Relands *Palaestina* p. 884

belehren konnte, und daß *Μαγδαληνή* (eine aus Magdala) auf hebräisch weder מַגְדָּלִית noch מַגְדַּלַּיִת, sondern entweder מַגְדָּלִית oder מַגְדְּלָנִית lautet; daß die Magier weder הֲכָמִים noch מָגִים, sondern מְגוּשִׁים nach Targum und Talmud zu nennen sind[1]; daß der Hohepriester *Καϊάφας* sich nicht כֵּיפָא oder כַּיָּפָא wie Petrus, sondern nach *Para* III, 5 (s. *Aruch* u. קייף) קַיָּפָא geschrieben hat; daß *Ζεβεδαῖος* nicht durch זַבְדִּי, sondern wie in der Ausgabe von 1838 durch זַבְדַּי wie *Ματθαῖος* durch מַתַּי (מתאי), *Ζακχαῖος* durch זַכַּי (זכאי) wiederzugeben ist[2]; daß, wenn nun einmal „zweifeln" 28, 17 mit ספק gegeben werden soll, הִסְתַּפֵּק besser ist als das vorgeschlagene סָפֵק und das aufgenommene סָפֵק. Wenn diese und hundert andere Erwiederungen und Aufschlüsse gegeben werden konnten, so hätte man die Freudigkeit zu dieser mühsamen Dienstleistung doch nur in Voraussetzung voller Competenz der entscheidenden Instanz gewinnen können. Dieses Vertrauen aber war nicht vorhanden. So hat die accentuirte Ausgabe z. B. für „zu Menschen-Fischern" Mt. 4,19 לְדַיְּגֵי אָדָם, obwol die *Suggestions* דַּיָּגֵי verbesserten. Jenes לְדַיְּגֵי ist entschieden falsch. Wer die entsprechende arabische Form نجّار Zimmermann, سفّان Schiffsbauer, صبّاغ Färber u. s. w. kennt, der weiß auch daß das *Kamez* ein festes ist, welches keine Verkürzung zuläßt.

Im J. 1863 erschien als erstes Specimen dieser neu revidirten Ausgabe das Matthäus-Evangelium und zwar עם נקודות וטעמים nicht nur vocalisirt, sondern auch accentuirt. Wir erschracken, denn erstens hielten wir bei der überwiegend musikalischen und nicht blos interpunktionellen Function des alttestamentlichen Accentsystems diese kostspielige Ausstattung, mit welcher Mr. Ezekiel Margoliouth beauftragt war, für unnütz, und zweitens traten uns auch aus dieser neu revidirten Ausgabe immer noch

---

1) Dieses semitische מגוש خُوس ist das ins Semitische und von da aus sogar ins Persische eingebürgerte *μάγος*, denn die altpersische Bezeichnung ist مَغ מָג (*mā́g*). Der Uebersetzer des Neuen Testaments aber hat das in der unchristlichen Zeit gangbare Wort zu wählen.

1) Das מתיא der Londoner Uebersetzung kann durch den talmudischen Namen מתיא בן חרש z. B. *Joma* 4ᵇ gerechtfertigt scheinen, aber *Mathja* ist *Ματίας*; der Apostel *Ματθαῖος* wird im Talmud selbst *Sanhedrin* 43ᵃ (vgl. Menschen *Novum testamentum ex Talmude illustratum* p. 8) מתי oder מתאי geschrieben.

so manche falsche Vocalisationen wie 13, 28 עֵשָׂה זֹאת, 22, 21 לָאֱלֹהִים, 24, 42 אִי־הוּ (als Fem.) und, abgesehen von den sachlich falschen Benennungen wie der Dekapolis mit קִרְיַת־עֶשֶׂר, des Jairus mit הַמִּשֵׁל, des Pilatus mit פֶּחָה, so viele stylistische Mißgriffe wie 17, 20 עָתַק מִזֶּה, 20, 34 רָאוּ עוֹד, 26, 11 אִכִי יֵשׁ und andere Sonderbarkeiten wie 6, 9 לֹבֶן בֵּן (für לֹבֶן בֹּה), 6, 19 אַל־תֶּאֱצְרוּ neben der Pausalform בַּכֶּתֶר für בַּכֶּתֶר unmittelbar vorher entgegen, daß die Accentuation dieses Textes wie eines fortan unverletzlichen und unveränderlichen den Eindruck einer auf Ueberschätzung beruhenden Voreiligkeit machen mußte. Das Werk wurde trotz des von vielen Seiten laut gewordenen Widerspruchs dennoch in dieser Weise fortgeführt. Dem Matthäus folgte eine Separatausgabe der vier Evangelien 1865, Taschenausgaben, welche nicht allein der Officin (der *Operative Institution* des *Palestine Place*), sondern auch den Correktoren alle Ehre machen. Am 12. April 1865 war die Revision zu Ende geführt. Und es erschien nun das ganze revidirte und accentuirte Neue Testament, gleichfalls auf *Palestine Place* gedruckt, 1866 in einer Octavausgabe mit schönen großen Typen — ein Werk Reichardts mit Beihülfe weniger des *D.* Biesenthal, dessen Besserungsvorschläge meistens nicht durchgingen, als vielmehr des Mr. Margoliouth, welcher vorzugsweise Beirath des Herausgebers war.

IV. Kritik der letztrevidirten Londoner Uebersetzung von Röm. c. I.

1. פָּאוּל. Diese Umschreibung ist zwiefach falsch, denn 1) hieß der Apostel nicht *Paul*, sondern *Paulos* (*Paulus*) und 2) hieß er Παῦλος (was man schon damals *Pawlos* sprach) und nicht Παοῦλος, s. übrigens die Erläuterungen hinter unserer Uebersetzung.[1]

— מִקְרָא שָׁלִיחַ (berufen zum Apostel), syntaktisch unmöglich und obendrein inconsequent, da in v. 7 הַקְּדוֹשִׁים הַמְקֹרָאִים übersetzt ist, wonach es auch hier umgekehrt שָׁלִיחַ מְקֹרָא heißen müßte.

---

1) Ueberhaupt ist die Umschreibung der griechischen Eigennamen in der Londoner Uebersetzung nichts als eine buchstäbische Transscription, welche den hebräischen Lautgesetzen Trotz bietet und die in Talmud und Midrasch an vielen Beispielen ersichtliche Hebraisirungsweise mißkennt. Solche Namensformen wie פּוּיבָא, פַּטְרֹבַּס sind Monstra. Nicht einmal daß η wie *i* gesprochen wurde (vgl. Lc. 2, 2 Κυρήνιος = *Quirinius*), ist beachtet.

2. בְּכְתָבִים הַקְדוֹשִׁים, ein Stylfehler für בְּכִתְבֵי הַקֹּדֶשׁ nach bekannter Regel (Gesenius §. 106, 1).

3. וְהַמְפֹרָשׁ (wofür וְהַמְפֹרָשׁ punktirt sein sollte) bed. „erklärt" im Sinne von *explicatus*, nicht *solenniter declaratus*.

7. לְכֻלְּכֶם אֲשֶׁר יֶשְׁכֶם בְּרוֹמָא. Hier ist das in v. 6 zulässige יֶשְׁכֶם zu streichen, denn das Verbum des Seins ist hier ohne Emphase[2], und statt רוֹמָא (welches Umschreibung des lateinischen *Roma*) muß es, wie fast überall in Midrasch und Talmud, רוֹמִי = Ῥώμη heißen (nicht רוֹמֵי, wie Buxtorf irrig vocalisirt).

8. בָּרִאשׁוֹנָה אָמְנָם = πρῶτον μέν. Diese Uebersetzung des hier unübersetzbaren μέν ist sklavisch und falsch, denn das neutestamentliche μέν ist nirgends affirmativ. — בְּכָל־הַתֵּבֵל unbiblisch, denn תֵּבֵל gehört unter die antiken Wörter, welche nie den Artikel annehmen.

9. בִּלְתִּי חָדֹל ohne Aufhören, falsch, denn das präpositionale בִּלְתִּי nimmt nie den Infinitiv zu sich.

10. אִם־אוּכַל עַתָּה בָּאַחֲרִית Germanismus: ob ich vielleicht endlich einmal, und hätte ein jüdischer Mitarbeiter sich nicht aus Raschi zu Gen. 1,1 erinnern sollen, daß רֵאשִׁית und אַחֲרִית nie mit dem Artikel, sondern immer nur als relative Begriffe vorkommen?

11. רוּחֲךָ immer noch seit 1817 falsch vocalisirt für רוּחֲךָ (syrisch *ruchono* oder *ruchonojo*). — לְהִתְפּוֹלְנֶכֶם (damit ihr befestigt werdet), unverständlich und schlecht, denn ein passiv gebrauchtes *Hithpaël* wird nicht mit Suffix verbunden, es mußte לְמַעַן תִּפּוֹנָנוּ heißen.

12. לְנָחֵם (um getröstet zu werden) unstatthaft, denn im ganzen A. T. kommt kein *inf. Pual* mit לְ vor. Also ist auch das ohnehin garstige לִלְווֹת (um geleitet zu werden) 15, 24 verwerflich.

13. לֹא אָבָה (ich will nicht). Es müßte wenigstens אִינִי אָבֶה heißen. — בִּלְתִּי־יוֹדְעִים (nicht wissend). Dieser Ausdruck des verneinenden Adjektivs ist nach 1 Sam. 20, 26 zulässig und im Rabbinischen (sogar mit der incorrekten Determination הַבִּלְתִּי נִרְאִים d. i. die unsichtbaren) üblich, die Uebersetzung häuft ihn aber, als gäbe es keinen andern (allein in c. 1 sechsmal). — לִפְעָמִים „oft"

---

2) Ebenso unüberlegt steht das יֵשׁ 11, 17: אֲשֶׁר רֹשֶׁה זַיִת יַעֲרִי (der du ein wilder Oelbaum bist), noch dazu auch insofern syntaktisch falsch, als auf יֵשׁ wohl ein Particip, nicht aber ein Substantiv als Prädicat folgen kann.

(rabbinisch) bedeutet manchmal, nicht vielmal (wofür פְּעָמִים mit hinzugefügtem רַבּוֹת wie in Ausg. 1838 oder הַרְבֵּה oder כַּמָּה zu sagen ist).

15. כְּפִי אֲשֶׁר בִּי (so viel an mir ist), unhebräisch.

18. הָאֹחֲזִים bed. nicht „welche aufhalten (niederhalten)", sondern: welche ergreifen (festhalten).

19. אֲשֶׁר נוֹדָע עַל־הָאֱלֹהִים (was von Gott bekannt ist), Germanismus.

20. הַדְּבָרִים אֲדוֹתָיו die ihn betreffenden Dinge — schlechtes Deutsch und kein Hebräisch. — הַדְּבָרִים הַנַּעֲשִׂים bedeutet eher „das alltägliche Geschehen" als die Creaturen, welche הַנִּבְרָאִים heißen. Besser Ausg. 1838 בַּמַּעֲשִׂים. — הַצִּדְקָתוֹ וֶאֱלֹהוּתוֹ. Während אֱלֹהוּת (אֱלֹהוּת) nicht zu beanstanden ist, war צִדְקוֹ als mittelalterlich-philosophisch zu vermeiden.

21. הָבְלוּ so im Perfekt unbiblisch und unverständlich. — לְבָבָם הָאֱוִילִי beispiellose Verbindung; auch ist אֱוִילִי (Hapaxlegomenon Zach. 11, 15) für ἀσύνετος zu stark und vom Herzen gesagt so taktlos wie יַעֲרִי (wild) vom Oelbaum 11, 17.

22. בְּהִתְאַמְּרָם für φάσκοντες, aber הִתְאַמֵּר (Ps. 94, 4) hat nichts mit אָמַר „sagen" zu thun, sondern bedeutet „sich erheben, stolziren", und gesetzt daß es hier so verstanden sein wollte, warum für das Hapaxlegomenon nicht lieber בְּהִתְהַלְלָם oder (nach *Pesachim* 66ᵇ) בְּהִתְיַהֲרָם, aber freilich mit folgendem לֵאמֹר. — נִסְכְּלוּ (sie sind zu Thoren geworden), zweideutig, denn dieses biblische *Nifal* bed. nie passiv: zum Thoren werden, sondern reflexiv: sich als Thor benehmen.

25. וַיִּרְאוּ וְעָבְדוּ אֶת־הַבְּרִיאָה. Der hebräische Styl fordert וַיִּרְאוּ אֶת־הַבְּרִיאָה וַעֲבָדוּהָ.

26. הַטִּבְעִי (den natürlichen) ist mittelalterlich philosophisch, s. die Erläuterungen. — בְּאֲשֶׁר נֶגֶד הַטֶּבַע für נֶגֶד הַטֶּבַע. Das späte טֶבַע hätte in Pausa nach Analogie von בֶּטַח, לֶקַח, נֶצַח und vieler anderer solcher Segolata unverändert bleiben sollen, und hebräischer wäre gewesen הִתְנַשְּׂמִישׁ בְּטִבְעוֹ בְּלֹא כְטִבְעוֹ.

27. תְּעוּתָם falsch für תָּעוּתָם, was den Accentuator nicht entgehen durfte, vgl. dagegen 2, 5. 11, 22 קְשׁוּתוֹ קָשׁוּתְךָ; das *Kamez* dieser Nominalform bleibt bei hinzutretendem Suffix wie בְּלוּתִי, חֲזוּתְכֶם. Für טָעוּת תָּעוּת ist dies obendrein sicher überliefert. — גְּמוּל תְּעוּתָם אֲשֶׁר הָיָה רָאוּי (den gebührenden Lohn ihres Irrsals) unhebräische Umschreibung; es genügte הָרָאוּי.

28. בָּחֲרוּ לָנְצֹר eine Construction ohne Beleg. — נָאִים, warum nicht lieber, da נָאִים im A. T. nicht vorkommt, das nachbiblische נָאִים?

29. חֶמְדַּת בֶּצַע Gewinnsucht, besser wäre אַהֲבַת בֶּצַע, aber בֶּצַע bed. Gewinnsucht schon für sich allein.

30. מֹרִים בְּיוֹלְדִים den Eltern ungehorsam, unhebräisch für בְּיוֹלְדֵיהֶם.

31. חֲסָרֵי אַהֲבָה טִבְעִית heißt auf deutsch: die der physischen Liebe Ermangelnden. Nirgends war dieses philosophische Wort unstatthafter als hier.

32. שׂוֹיִם לַמָּוֶת des Todes würdig, unhebräisch für בְּנֵי מָוֶת oder nachbiblisch חַיָּבֵי מִיתָה. — נָאוֹתִים billigend, ein weder biblisches noch dem nachbiblischen Hebraismus bekanntes Particip, obendrein falsch vocalisirt, denn die erste Sylbe fordert als Ersatz der Verdoppelung *Zere* wie in נֵאָרִים, נֵחָמִים.

Wir tadeln es nicht, daß uns in dieser Uebersetzung von Röm. c. 1 dreizehn dem nachbiblischen Hebraismus entnommene Ausdrücke begegnen; nur Wörter wie טֶבַע und טִבְעִי, welche dem Apostel nicht bekannt sein konnten, weil sie der Terminologie des moslemischen Kelâm (Scholastik) nachgebildet sind[1], waren zu vermeiden. Aber schon dieses Eine Capitel weist so viel Stylfehler und Wörter in falschen Bedeutungen und ungrammatische Vocalisationen auf, daß es keines weiteren Beweises bedarf, wie wenig ein noch so verbesserungsbedürftiger Text als ein Seiten-

---

[1] In dieselbe Kategorie fällt נִבְחָרִים Gegenwärtiges 8, 38., welches eine der mittelalterlichen Bezeichnungen des grammatischen Präsens ist, und Salkinsons חֹמֶר für σάρξ, welches das mittelalterliche philosophische Wort für Materie. Wenn Salkinson auch γράμμα 2, 29 חֹמֶר הַכָּתוּב übers., so ist das zwar eine treffende Definition des Begriffs, aber eine Wortverbindung die für Paulus wenn er hebräisch schrieb unmöglich war. Aber auch אוֹת ist als Uebersetzung von γράμμα im Gegensatz zu πνεῦμα nicht verwendbar. Zwar ist אוֹת Buchstabe ein mit seinem Plur. אִיתִיּוֹת schon in der Mischna z. B. *Schabbath* XII, 3 vorkommendes und Gal. 6, 11. wenn da großgeschriebene Buchstaben gemeint sind, zu gebrauchendes Wort, aber Röm. 2, 27. 29 taugt es schon deshalb nicht, weil die Beschneidung ein אוֹת Zeichen heißt und מִילַת הַלֵּב בְּרוּחַ לֹא בָאוֹת (so die Londoner Uebersetzung) mindestens zweideutig ist; Salkinsons אוֹתִיּוֹת הָעַתִּיקִים 7, 6 bedeutet geradezu etwas Anderes als das Gemeinte, näml. alte (monumentale) Schriftcharaktere. So bleibt also nur das von Salkinson 2, 27 verwendete כְּתָב übrig, welches nicht den einzelnen Buchstaben wie אוֹת, sondern die Gesammtheit der Schriftzüge, die Buchstabenschrift, die Aeußerlichkeit des versichtbarten Worts bezeichnet (s. die talmudischen Belege im *Aruch*).

stück des alttestamentlichen der Accentuation werth war[1] — eine
überdies unnütze Ausstattung, denn die Accente sind nicht blos
Sinnzeichen, sondern ihre interpunktionelle Function wird von
der musikalischen überwogen, wie schon daraus hervorgeht, daß
der trennenden Accente sonst nicht eine so große, über Punkt,
Kolon, Komma weit hinausgehende Anzahl zu sein brauchte, und
daraus, daß die verbindenden Accente bei verschiedenem Notenwerth gleichen Interpunktionswerth haben und dieser nur durch
das Eine Gesetz abgestuft wird, daß da wo zwei verbindende
Accente einander folgen der erste enger verbindet als der zweite.[2]
Der Accentuator, welcher dermaßen diese Uebersetzung nicht
blos lesbar (was sie ohnehin war), sondern auch singbar gemacht
hat, ist nun zwar, wie seine Leistung zeigt, auf accentuologischem Gebiete kein Fremdling, aber das Zeugniß, daß er seiner Aufgabe vollkommen gewachsen gewesen, können wir ihm
nicht ausstellen.

V. Kritik der Accentuation und Punktation der Londoner Uebersetzung.

Als zunächst der accentuirte Matthäus 1863 erschien, unterzogen wir diese Arbeit sorgfältiger Prüfung und zeigten in einer
kritischen Denkschrift, daß nicht selten trennende Accente gesetzt seien, wo verbindende, und verbindende, wo trennende erforderlich waren; daß sich *Paschta* findet wo *Rebia, Athnach* wo
Zakef stehen sollte; daß ganze Sätze unrichtige Accentfolgen aufweisen und einmal sogar (21, 42) ganz und gar gegen biblische
Sitte prosaische Accente mit poetischen gemischt sind; daß auch
andere mit der Accentuation zusammenhängende Unrichtigkeiten
vorkommen, wie z. B. 13,26 (וְעָשָׂה פְרִי) 28. 58. 14, 23 und anderwärts Tonrückgang mit folgender Dagessirung (אָתִי מֵרָחִיק) beim
nackten Verbum in Anwendung gebracht ist, wo eine feststehende
Regel dies ausschließt. Diese Denkschrift haben wir nicht ver-

---

1) Wir verweisen nur noch auf הָמֵא 7, 13 und auf חֲשׁוּבַל הַבָּשׂוֹר 8, 7 —
arge Fehler, denn הָעָאִים hat zu seinem Singular חָמֵא und der *infin. absolutus*
kann keinen Genitiv zu sich nehmen. Auch הַהִבָּטִיחַ 14, 19 für οἰκοδομή (Erbauung) ist eine Unmöglichkeit, denn solche Bildungen von *inf. Nifal* sind
nicht gebräuchlich: es mußte entweder הִבָּנוֹ oder הִבָּנוֹת (ohne Artikel) heißen.

2) s. meine Schrift über Physiologie und Musik in ihrer Bedeutung für
die Grammatik, besonders die hebräische 1868 S. 24.

Falsche Accentfolgen.

öffentlicht und nur im Allgemeinen das Ergebniß unserer Prüfung kundgegeben, indem wir hofften, daß man bei Matthäus stehen bleiben und diese kostspielige Ausstattung nicht auf den ganzen neutestamentlichen Text ausdehnen würde. Nachdem dies dennoch geschehen, wollen wir wenigstens das gute Recht unserer damaligen Warnung begründen. Den Matthäus beiseitelassend fassen wir die Accentuation des Römerbriefs und vorzugsweise des ersten Capitels ins Auge, wobei sich folgende Beobachtungen ergeben.

1. Vor *Athnach* und *Silluk* ist *Tifcha* gesetzt, wo es nach den Accentgesetzen nicht stehen durfte z. B. וּנְמַעֲתִי עַד־עָתָה (1,13) חַיִּים וְשָׁלוֹם (8,6) מִי נֶגְדֵּנוּ (8,31) חָטָא מֵת (7,8) הַרֹב אָנִי (1,14) יְשַׁעְיָהוּ אָמַר (15,12). In allen diesen und ähnlichen Stellen ist Tifcha nicht zulässig, weil das ihm folgende Wort nicht zwei Silben vor seinem Tone hat; es muß dafür ein verbindender Accent eintreten, wonach dann aber auch die vorhergehende Accentfolge sich als falsch erweist. Das Richtige wäre: שָׂמַתִי בְלִבִּי לַחֲכָמִים וְגַם־לְבִלְתִּי נְבוֹנִים חִיָּב — לָבוֹא אֲלֵיכֶם וּנְמָעֲתִי עַד־עָתָה אַמ־ — וְהַשְׂכֵּל הָרוּחַ חַיִּים וְשָׁלוֹם — כִּי בִּבְלִי תּוֹרָה חָטָא מֵת — אָנִי וְעוֹד יְשַׁעְיָהוּ אוֹמֵר — הָאֱלֹהִים בְּעַדֵּנוּ מִי נֶגְדֵּנוּ.

2) Andererseits kommen vor *Athnach* und *Silluk Munach* und *Mercha* vor, wo regelrecht *Tifcha* zu setzen war z. B. בַּכְּתָבִים (1,30) מוֹלִיבֵךְ (1,16) מִרְיָם בּיוֹלְדִים (1,2) מְבַשֶּׂרֶת הַמָּשִׁיחַ (הַקְּדוֹשִׁים (6, 12) לִתְשׁוּבָה (2,4) אִשְׁמָה לֵאלֹהִים (3, 19) בִּגְוִיַּתְכֶם בַּת־תְּמוּתָה מֵאַהֲבַת הַמָּשִׁיחַ (8,8) לְהִרְצוֹת לֵאלֹהִים (6, 18) הִפְשִׁיעוֹתָם מִן־הַחֵטְא (16,26) לְמִשְׁמַעַת הָאֱמוּנָה (14,13. 15,14) אִישׁ אֶת־רֵעֵהוּ (8,35) und anderwärts. Es versteht sich von selbst, daß solche falsche Setzung verbindender Accente auch für die vorhergehenden Wörter des Satztheils unrichtige Accentuirung nach sich zog. Richtig sollte so accentuirt sein: הַבְטִיחַ אוֹתָהּ מִקֹּדֶם עַל־פִּי נְבִיאִים בַּכְּתָבִים —
כִּי — חֶרְפָּתֵי רָעוֹת מִרְיָם בְּיוֹלְדִים — כִּי אֵינֶנִּי בוֹשׁ מִבְּשׂוֹרַת הַמָּשִׁיחַ —
אָל־ — וַתִּהְיוּ כֹּל־הַתֵּבֵל אַשְׁמָה לֵאלֹהִים — טוֹב הָאֱלֹהִים מוֹלִיבֵךְ —
לֹא יוּכְלוּ לְהִרְצוֹת — אַךְ הִפְשִׁיעוֹתָם מִן־הַחֵטְא — יִמְשֹׁל הַחֵטְא בִּגְוִיַּתְכֶם —
לָכֵן לֹא־נִשְׁפְּטָה עוֹד אִישׁ אֶת־רֵעֵהוּ — מִי יַפְרִיד אוֹתָנוּ מֵאַהֲבַת — מוֹדִיעַ לְכָל־הַגּוֹיִם לְמִשְׁמַעַת הָאֱמוּנָה —

3) Vor dem *Sakef* ist *Paschta* oder *Jethib* gesetzt, wo wegen Kürze des Sakefwortes das *Munach* stehen müßte z. B. בְּתִקְוָה

Verstöße in der Accentuation.

שְׂמֵחִים (12, 12) כִּי לְזֹאת (14, 9) statt בְּתִקְוָה, כִּי. Umgekehrt steht *Munach* vor *Sakef*, wo der Trenner *Paschta* hingehört z. B. מִתְעַבִּים אֶת־הָרֵעַ (8, 27) וְהַחֵקֶר הַלְּבָבוֹת (2, 22) הַמִּתְעֵב אֶת־הָאֱלִילִים statt (16, 16) כָּל־קְהִלּוֹת הַמָּשִׁיחַ (12, 9) הַמִּתְעֵב אֶת־הָאֱלִילִים, מִתְעַבִּים, וְהַחֵקֶר כָּל־קְהִלּוֹת.[1]

4) Im Sakefworte selbst ist das *Metheg* beibehalten, wo *Munach* an dessen Stelle zu treten hatte z. B. אֶת־ (2, 8) אֶל־הָאֱמֶת statt (15, 14) עַל־אוֹדוֹתֵיכֶם (4, 24) הַמַּאֲמִינִים (2, 22) הָאֱלִילִים, אֶל־הָאֱמֶת, עַל־אוֹדוֹתֵיכֶם, הַמַּאֲמִינִים, הָאֱלִילִים.

5) Viele Wörter sind makkefirt, denen ein Accent zukam, und hinwieder andere mit Accent versehen, welche zu makkefiren waren z. B. 1, 31 בִּלְתִּי־מְתֻרְצָצִים בִּלְתִּי־מְרֻחָמִים für בִּלְתִּי מְתֻרְצָצִים. 14, 1 אַף לֹא für בִּלְתִּי מְחֻנֶּפֶת. 12, 9 בִּלְתִּי־מְחֻנֶּפֶת für בִּלְתִּי מְרֻחָמִים. 3, 1 אַךְ־לֹא לְהַבְחַנַת für מַה־תּוֹעֶלֶת מָה תּוֹעֶלֶת.

6) Es begegnen uns auch andere unrichtige, sinnstörende und regelwidrige Accentuationen und Betonungen. So z. B. gleich zu Anfang אֲשֶׁר בְּתוֹכְם יֹשְׁבִים גַּם־אַתֶּם קְרוּאֵי (1, 6). Da *Rebia* ein größerer Trenner ist als *Tebir*, so ist hier בְּתוֹכְם von dem unzertrennlich dazu Gehörigen losgerissen. Richtig wäre אֲשֶׁר בְּתוֹכָם יֹשְׁבִים גַּם־אַתֶּם. — 1, 13 hat אֲחִי *Segolta*, ohne daß ein Grund zu diesem Großtrenner vorhanden ist, da der Satz sich erst durch das Folgende vollendet und die Haupttrennung erst bei אֲלֵיכֶם statt hat. Die rechte Accentfolge wäre אַךְ לֹא־אָבִיתָ לַהֱיוֹתְכֶם בִּלְתִּי —. וִידָעִים אָחִי כִּי לִפְעָמִים שַׂמְתִּי בְּלִבִּי לָבוֹא אֲלֵיכֶם וּכְמִנְעָתִי עַד־עָתָּה 1, 20 ist dem Verse durch die falsche Accentuirung des Wortes בִּלְתִּי־נִרְאִים mit *Geresch* ein ganz verkehrter Sinn gegeben. *Geresch* trennt nämlich weniger als das ihm folgende *Paschta* bei הָעוֹלָם, und so ergibt sich der Sinn: „denn seine Eigenheiten die aus der Schöpfung der Welt nicht erkannt werden" etc., also gerade das Gegentheil dessen was gesagt sein will. Es müßte accentuirt werden אֲשֶׁר בִּלְתִּי נִרְאִים. — 1, 23 ist כִּי הַדְּבָרִים אֲדוּתָיו die Accentuation des ganzen Verses eine falsche. Das Wort וְהֶמִירוּ bezieht sich hier nicht blos auf בִּדְמוּת צֶלֶם אָדָם נְשֻׁחַת

---

[1] s. Baer, *Thorath emeth* p. 44 Anmerkung.

sondern auch auf alles Folgende, es durfte daher dem אָדָם נִשְׁחָת kein *Athnach* gegeben werden; vielmehr war zu setzen וְהִמִּירוּ אֶת־כְּבוֹד הָאֱלֹהִים בִּלְתֵּי נִשְׁחָת אָדָם בְּדִמְיוֹת צֶלֶם נִשְׁחָת וְצֶלֶם עוֹף וּבַעֲלֵי אַרְבַּע רַגְלַיִם וּרְמֶשׂ. — 3,27 hat לְפָעֳלִים den Trenner *Paschta*, welcher zu schwach für die dortige große Trennung ist; das Rechte war אָסוּר לִפְעָלִים לֹא. — 7,2 ist קְשׁוּרָה הִיא richtig auf *ultima* (als נְסוּג אָחוֹר) betont, weil hier wegen Zusammenstoßes zweier Gutturale die Ultimabetonung bleiben muß (vgl. בְּרוּכָה אַתְּ 1 Sam. 25, 33. Ruth 3, 10). Aber übrigens ist die Accentuation des ganzen Satztheils irrig, sie sollte lauten: קְשׁוּרָה הִיא בְּאִישָׁהּ הַחַי עַל־פִּי הַתּוֹרָה. — 8,8 hat בִּבְשׂוֹרוֹ *Sakef*, wo ihm dafür *Athnach* zukäme: וַאֲסוּר הֵם בִּבְשׂוֹרָ. — 9,20 ist לָמָה doppelt fehlerhaft: das Wort müßte wegen des folgenden Gutturals von עֲשִׂיתָנִי den Ton auf *ultima* haben und ebendeswegen לָמָה ohne *Dagesch* geschrieben sein. — 9,30 ist לֹא רְדָפוּ mit *Darga* vor *Tebir* versehen, gegen die Regel daß wenn zwischen *Tebir* und seinem Diener nur Eine Silbe liegt, welche geschlossen ist und nicht mit *Scheba* beginnt, der Diener *Mercha* sein muß, also לֹא רְדָפוּ wie אֲשֶׁר פְּקָדְתִּי (Num. 26,64). כִּי עָזְבֵנִי (Jer. 17,13) וְלֹא יָכְלוּ (Richt. 14,14). 10, 12 bezieht sich in לְכֹל הַקֹּרְאִים אֵלָיו das הַקֹּרְאִים mehr auf אֵלָיו als auf לְכֹל und sollte also לְכֹל הַקֹּרְאִים אֵלָיו accentuirt sein. 12,11 ist בְּרוּחַ חַיִּים mit *Tifcha* vor *Athnach* nicht zulässig (s. oben unter No.1); aber auch das Athnach selbst steht nicht am richtigen Orte: es sollte בְּזַרְזִיּוֹת בִּלְתֵּי עֲצָלִים בְּרוּחַ חַיִּים accentuirt sein. 14,4 hat הַשֹּׁפֵט *Paschta*; damit ist das Wort mehr getrennt als das folgende עָבַד und der Sinn des Verses gestört; das Rechte war הַשֹּׁפֵט mit Gerschaim. — 15,5 hat וֵאלֹהֵי den Trenner *Legarme*. Vor *Telischa* jedoch darf das *Legarme* gar nicht eintreten. Es sollte daher das Pasekzeichen weggelassen, oder aber besser וֵאלֹהֵי הַתּוֹחֶלֶת וְהַנֶּחָמָה יִתֵּן לָכֶם לְהַשְׂכִּיל accentuirt sein. — 16,19 ist הַכֹּל mit *Athnach* und בַּעֲבוּרְכֶם mit *Sakef* bezeichnet; die größte Trennung im Satze ist aber bei בַּעֲבוּרְכֶם und daher die ganze Accentuation fehlgegriffen. Es müßte accentuirt sein wie folgt: כִּי מִשְּׁמַעְתְּכֶם הַגִּיעָה אֶל־הַכֹּל לָכֵן שָׂמֵחַ אֲנִי בַּעֲבוּרְכֶם אַךְ חָפֵץ אֲנִי לִהְיוֹתְכֶם חֲכָמִים לַטּוֹב וּפְתָאיִם לָרָע. — 16, 27 hat לוֹ הַכָּבוֹד *Rebia*. Die Accentgesetze verbieten aber, einem *Sakef*, welchem *Paschta* voraufgeht, ein *Rebia* folgen zu lassen, also vielmehr: לִי הַכָּבוֹד בִּישׁוּעַ הַמָּשִׁיחַ לְעוֹלְמִים אָמֵן. —

7. Auch übrigens laufen in der mit der Accentsetzung zusammenhängenden Punktation allerlei Irrthümer unter. Das sogenannte *Gaja* ist ganz vernachlässigt, aber auch das den Stämmen היה und חיה zukommende *Metheg* z. B. 1,17 יְחִיֶה statt יְחִיֶה, 2,25 תְּהְיֶה statt תִּהְיֶה, 8,12 לַחֲיוֹת statt לִחְיוֹת, 8,13 תַּחֲיוּן statt תְּחַיּוּן u. dgl. Die determinirten Participien des *Piël* und *Pual* sind irrig mit *Dagesch* im Präformativ punktirt z. B. (1,4) וְהַמְפֹרָשׁ הַמְּקֹרָאִים (2,21) הַמְּלֻמָּד (2,22) הַמְּתֹעָב (2,18) הַמְּעֹלִים (2,6) הַמְּבֻקָּשִׁים (1,7) הַמְּבֻקָּשִׁים, הַמְּקֹרָאִים, וְהַמְפֹרָשׁ statt (14,14) לַמֻּחְשָׁב (9,22) הַמֵּתְכֻנִּים u. s. w.[1] Ebenso falsch ist das *Dagesch* in יִקְּדָהוּ (13,2) und תַּעֲלֻמוֹת (2,16). 5,7 ist בְּקוֹשִׁי eine Pausalform, wo keine Pause statt hat, also entweder בְּקֹשִׁי oder besser בְּקָשִׁי. 15,17 sollte statt יֶשׁ־לִי vielmehr יֶשׁ־לִי mit Segol punktirt sein (vgl. Gen. 33,9).

8) Aber auch sonst treffen wir innerhalb der außer Zusammenhang mit der Accentuirung stehenden Vocalisirung auf allerlei Ueberlieferungs- und Gesetzwidriges. Der Gottesname אלהים ist bei hinzutretendem *Lamed* durchweg לֵאלֹהִים mit *Kamez* punktirt z. B. 3,19. 6,10—13. 7,4. 8,7.8. 11,30. Aber nur wenn אלהים Wesen außer Gott (wie Engel oder Götzen) bezeichnen soll, erhalten dessen Präfixa ל, כ und ב *Kamez* (Ex. 22,19. Ps. 86,8), während wenn Gott, der wahre, gemeint ist, consequent לֵאלֹהִים (*Lamed* mit *Zere*) ausgesprochen wird. Von sonstigen falschen Punktationen sind uns die Unform מְשָׁרְתַת 13,4., הַבְּטָחוֹת für הַבְּטָחוֹת 15,9., וְחַיָּבֵיהֶם für וְחַיָּבֵיהֶם 15,27 aufgefallen.

Wir würden die Rüge solcher Punktationsfehler lieber unterdrücken, wenn nicht die Accentuation, welche in vielfachem Verhältniß der Wechselbedingung zur Punktation steht, uns dazu herausforderte. Dennoch sind wir nicht ohne Widerstreben an diese Kritik gegangen, denn wir verkennen weder den an der Londoner Uebersetzung haftenden Schweiß der Arbeit noch den durch viele Thatsachen erwiesenen Segen, den Gott auf sie gelegt hat. Daß auch wir die hohe Aufgabe nicht vollständig lösen werden, wissen wir invoraus. Es genügt uns, wenn unsere Arbeit als ein Schritt weiter zum Ziele erkannt wird. Das aber

---

1) s. die Regel in der Abhandlung über die Metheg-Setzung in Merx' Archiv 1868, 2, 195.

38 Unwissenschaftliche Entstehung des Textus receptus.

wird sie hoffentlich schon deshalb sein, weil sie hundert und aberhundert Mängel, welche der Londoner Uebersetzung von wegen ihrer grundsätzlichen Gebundenheit an den *textus receptus* ankleben, vermeiden wird. Und auch in Behandlung der neutestamentlichen Citate aus dem Alten Testament gelingt es uns vielleicht richtigere Wege einzuschlagen, obwohl diese principielle Vorfrage die allerdisputabelste ist.

VI. Die zu Grunde zu legende Textgestalt des Neuen Testaments.

Eine für unser Uebersetzungswerk wichtige Vorfrage war die, welcher griechische Text ihr zu Grunde zu legen sei. Die Londoner Uebersetzung folgt dem Texte der *Elzeviriana* (1624. 33), so aber daß sie in drei Stellen des Römerbriefs auf die dritte *Stephaniana* (1550) zurückgreift[1] — sie gibt also den *textus receptus* wieder, aber nicht ohne da wo dessen zwei grundlegliche Drucke von einander abweichen das Gewicht innerer Gründe entscheiden zu lassen. Eine neue Uebersetzung, wenn sie den Namen einer wissenschaftlichen Arbeit verdienen soll, kann sich unmöglich mit diesem Verfahren begnügen. Die dritte Ausgabe des Robert Stephanus vom J. 1550 adoptirte den erasmischen Text, und auch die auf den Ausgaben Beza's fußende *Elzeviriana* vom J. 1624 kam über diesen nicht wesentlich hinaus; der erasmische Text aber ist aus zwei Baseler Minuskelhandschriften entnommen, deren Entstehung nicht weit rückwärts vom Reformationsjahrhundert liegt und welche Erasmus obendrein nicht ohne willkürliche Eingriffe abdrucken ließ; in der Apokalypse folgte er dem von mir wieder aufgefundenen *Codex Reuchlini* und über-

---

1) Innerhalb des Römerbriefs weichen diese zwei Ausgaben (ς und ςe) in sechs Stellen von einander ab. Die Londoner Uebersetzung hat 12,11 mit ςe κυρίῳ (schlecht durch יְהוָה übersetzt, was im N. T., ausgenommen die alttestamentlichen Citate, unberechtigt ist) gegen ς καιρῷ und 16, 20 mit ςe ἀμήν, was ς wegläßt. Dagegen hält sie sich 7, 6 gegen ςe ἀποθανόντος (ein Fehler) an ς ἀποθανόντες, 8, 11 gegen ςe διὰ τοῦ ἐνοικοῦντος αὐτοῦ πνεύματος an ς διά (בַּעֲבוּר) τὸ ἐνοικοῦν αὐτοῦ πνεῦμα, 9, 19 gegen ςe τῷ βουλήματι an ς τῷ γὰρ βουλήματι. Die sechste Variante: ςe σεαυτόν, ς σαυτόν ist für den Uebersetzer ohne Bedeutung. Die neueste griechische Duodezausgabe des N. T., welche die *British and Foreign Bible Society* veranstaltet hat (*Coloniae Agrippinae* 1866), reproducirt in allen diesen Stellen die *Elzeviriana*.

setzte die sechs letzten Verse, welche er in dem gegen Ende vom Buchbinder verbundenen Buche nicht finden konnte, aus dem Lateinischen der Vulgata.[1] Mit diesem von Erasmus, nicht vom Apokalyptiker herrührenden Schlusse der Apokalypse von ὁ ἀστὴρ (ὁ) λαμπρὸς καὶ ὀρθρινὸς an schließen auch die obgenannten zwei Quellenausgaben des *textus receptus*, welcher unter vielen bis jetzt nur innerhalb der Apokalypse aufgedeckten Eigenmächtigkeiten des Erasmus aus Handschriften geflossen ist, denen dem jetzt möglichen Zeugenverhör gegenüber keine Bedeutung für Feststellung des authentischen Textes zukommt.

Daß die Britische Bibelgesellschaft dennoch fortfährt, keinen andern Text zu vervielfältigen, als diesen auf ungenügenden Hülfsmitteln mit principloser Oberflächlichkeit und Zufälligkeit geschöpften *textus receptus* — sie tischt uns sogar im Römerbrief 7,6 immer wieder die von aller handschriftlicher Bezeugung verlassene sinnlose Lesart ἀποθανόντος auf — entschuldigt sich gewissermaßen damit, daß die neuere Kritik es noch zu keiner einfürallemal feststehenden Textrecension gebracht hat. Aber welches Recht hatte denn die Elzevir'sche Ausgabe vom J. 1633, den Text den sie bietet mit *textum ergo habes ab omnibus receptum* anzupreisen, da mit Walton, Fell und Mill nicht lange darauf die kritische Abwägung dieses Textes begann und ihn an vielen Hundert Stellen unprobehaltig befand? Nachdem durch Cardinal Ximenes (1514) und Erasmus (1516) der erste Versuch gemacht worden war, die neutestamentliche Schrift in ihrem griechischen Wortlaut ans Licht zu ziehen, begann auf Grund dieser Anfänge die immer weiter und weiter fortschreitende kritische Arbeit, auf deren Wege die Ausgaben von Stephanus und Elzevir nur die ersten Stationen bezeichnen. Mit Bentley und Lachmann aber ging der neutestamentlichen Textkritik ein neues Licht über das auf, was sie zu leisten hätte und zu leisten vermöchte. So lange sie sich die Aufgabe stellte, überall den apostolischen Wortlaut in seiner Unmittelbarkeit wieder aufzufinden, befand sie sich in einem unsicheren Schwanken zwischen äußeren und inneren Gründen, zwischen handschriftlichen Zeugnissen und subjektivem Dafürhalten. Bentley aber, indem er sich das Ziel steckte, den Text wie er dem Origenes und Hieronymus vorlag wiederherzustellen, und Lachmann, indem er mit ebenbür-

---
1) s. meine Handschriftlichen Funde. Heft 1. 1861. Heft 2. 1862.

tiger Genialität diesen Gedanken zu wirklicher Durchführung brachte, haben Kritik und Exegese zuerst gründlich geschieden: die Exegese mag, indem sie äußere und innere Gründe gegen einander abwägt, den genuinen Wortlaut ermitteln, die Aufgabe der Kritik dagegen ist eine rein historische. So historisch faßt sie auch von Tischendorf, und erst seine denkwürdigen Funde und großartigen Arbeiten haben die Lösung dieser historischen Aufgabe der Kritik um so viel näher gerückt, daß er in der jetzt erscheinenden *Editio octava* das was Bentley und Lachmann zu leisten beanspruchten weit überbieten kann, indem er den neutestamentlichen Urtext nicht blos in der Gestalt, in welcher er zur Zeit des Nicänischen Concils cursirte, sondern in der Gestalt, wie er der Kirche zur Zeit des Irenäus vorlag, darzubieten verheißt.

Die Auffindung des Sinai-Codex hat die Erreichbarkeit dieses Zieles entschieden. In dem *Sinaiticus* und *Vaticanus* haben wir nun zwei Handschriften aus der Mitte des vierten Jahrhunderts, denen Handschriften des fünften Jahrhunderts: *Codex Ephraemi* und *Alexandrinus*, nebst mehreren gleichalterigen Fragmenten, namentlich für die Evangelien, sich anschließen. Diese ältesten Uncialen, in Zusammenhalt sowohl mit der alten lateinischen Uebersetzung (*Itala*), für welche zwei griechisch-lateinische Handschriften des sechsten Jahrhunderts, der Cambridger Codex mit Evangelien und Apostelgeschichte, der als *Claromontanus* benannte Pariser der Paulinischen Briefe Haupturkunden sind, als auch mit der syrischen, deren ältester, von der Peschitto schon vorausgesetzter Evangelientext in einer nitrischen Handschrift des *British Museum* vorliegt[1], und nicht minder mit den ältesten patristischen Zeugnissen, wie denen von Irenäus, Clemens, Origenes, Eusebius, sind die für sich allein schon hinreichenden Erkenntnißquellen des ältesten, auf Grund äußerer Bezeugung herstellbaren neutestamentlichen Textes. Im vierten Jahrhundert trat das Pergament an die Stelle des Papyrus. Daß sich noch eine Papyrushandschrift finde, ist nicht glaublich. Der *Sinaiticus* und *Vaticanus* aber bekunden durch sichere Zeichen ihre Abstammung aus einem Original auf Papyrus.[2]

---

1) So eben hören wir, daß Brugsch das Glück gehabt hat, in Kairo noch einige Blätter dieses sogen. *Syrus Curetonianus* zu erlangen.
2) s. Tischendorfs Vorrede zu seiner *Conlatio critica Codicis Sinaitici cum textu Elzeviriano* 1869. 12.

Wir haben in einem Aufruf vom J. 1864, unser Uebersetzungswerk betreffend, uns anheischig gemacht, nicht den unvollkommenen *textus receptus*, sondern „den jetzt durch die ältesten Zeugen, zu denen der Codex vom Sinai hinzugekommen, beglaubigten authentischen Text der griechischen Urschrift zu Grunde legen zu wollen." Inmitten der Arbeit ist es uns als das Zweckmäßigste erschienen, geradezu den Text des *Sinaiticus* zu Grunde zu legen. Es empfahl sich schon deshalb, weil es als ein providentielles Ereigniß erscheint, daß aus einem verborgenen Winkel jenes Gebirgs, von welchem die alttestamentliche Thora ausgegangen, auch diejenige Urkunde der neutestamentlichen Thora hervorgezogen worden ist, welche alle anderen Handschriften und sowohl an Zeugnißgewicht als an Vollständigkeit sogar den gleichalterigen *Vaticanus* überragt, und daß nun ein Codex vom Sinai ganz so eine Hauptinstanz der neutestamentlichen Textkritik ist, wie die alttestamentliche Masora bei schwankenden Lesarten auf ein ספר סיני als eine entscheidende Hauptinstanz zurückgeht.[1] Diesen Einen Text zur Grundlage nehmend sind wir auch des immerhin noch möglichen Schwankens in Abwägung der ältesten kritischen Zeugnisse, da wo sie nicht übereinstimmen, überhoben. Dieses Schwanken ist zwar, wenn die Textkritik ihre Aufgabe mit Ausschließung der inneren exegetischen Gründe als eine rein historisch-diplomatische betrachtet, bei dem uns gegenwärtig vorliegenden Apparat auf ein Minimum reducirt, aber doch nicht ausgeschlossen. Wir werden auf dem Wege der Zeugen-Abhörung immer nur einen nahezu unveränderlich feststehenden Text erhalten; Tischendorfs *editio octava*, welche leider zur Zeit noch nicht bis zum Römerbrief fortgeschritten ist, thut nach Maßgabe des neuen Zuwachses an Hülfsmitteln einen riesigen Schritt vorwärts nach diesem Ziele. Indem wir aber unserer Uebersetzung

---

[1] Diesen Sinai-Codex citirt die kleine Masora z. B. zu Ex. 18, 1.5 und nennt ihn schlechtweg סיני. Auch in dem von Baer zu unseren Separatausgaben der Psalmen und der Genesis benutzten Codex vom J. 1294 findet sich häufig die Bemerkung בסיני מלא (im Sinai-Codex *plene*) oder בסיני חסר (im Sinai-Codex *defective*). Ein Personname ist סיני nie gewesen, denn wenn nach *b. Berachoth* 64ᵃ Rab Joseph so genannt wurde, so war das nur ein auf die Fülle seiner traditionalistischen Kenntnisse bezüglicher Ehrenbeiname. Der Name ספר סיני geht also auf den Stamm- oder Fundort, wie die masoretischen Handschriftennamen ספר ירושלמי, ספר ירחו, ספר דמשקי u. dgl., s. Fürst, Geschichte des Karäerthums bis 900 der gew. Zeitrechnung (1862) S. 22 und 138.

den Text des Sinai-Codex unterlegen, haben wir den Vortheil, auf einem schlechthin feststehenden überlieferten Texte zu fußen und in Ausnahmsfällen, wo wir ihn verlassen zu müssen glauben, dies leicht und allverständlich notiren zu können, für solche die uns controliren wollen nichts als daß sie sich im Besitze einer der Sinaitext-Ausgaben oder Sinaitext-Collationen befinden voraussetzend.[1]

Eine Menge von Lesarten der ältesten Handschriften, durch welche das neutestamentliche Griechisch in Schreibungen und Wortformen sein eigenthümliches Colorit und seinen besonderen dialektischen Charakter zurückgewinnt, ist selbstverständlich für den Uebersetzer ins Hebräische ohne allen Belang. Es ist für ihn gleichgültig, ob 2,11 προσωπολημψία (אABD*G) oder προσωπολημψία, und ob 8,27 ἐραυνῶν (so allein א) oder ἐρεύνων geschrieben wird, und auch verschiedene Wortstellung, wie 1,13 τινα καρπὸν statt des von Erasmus beliebten καρπόν τινα oder 1,19 ὁ θεὸς γὰρ (אABCD*EG) für ὁ γὰρ θεός, ist häufig auf die Uebersetzung ohne Einfluß. Nicht selten aber ist sie auch für den Uebersetzer wichtig. So z. B. in dem Wechsel der Messiasnamen Ἰησοῦς Χριστός und Χριστὸς Ἰησοῦς. Dieser Wechsel ist bedeutsam und läßt sich auch wiedergeben. Die Londoner Uebersetzung aber hat für Χριστὸς Ἰησοῦς (z. B. in dem hymnischen Finale 8,49) wie für Ἰησοῦς Χριστός nur יְשׁוּעַ הַמָּשִׁיחַ, als ob sich nicht auch umgekehrt הַמָּשִׁיחַ יְשׁוּעַ (wie דָּוִד הַמֶּלֶךְ) sagen ließe.

Ein großer Gewinn der über den *textus receptus* hinausgeschrittenen Textkritik ist der, daß sie diesen mit steigender Evidenz vieler Zusätze entlastet hat, welche dem Texte des Paulus nicht ursprünglich angehören, sondern spätere Glossen oder auch falsche Correkturen sind, welche sich mit demselben verschmolzen haben. Was nach dem bisherigen Stande der Bezeugung schon fest stand, ist durch den Sinaiticus nur noch fester gewor-

---

1) Der Text des Sinai-Codex, von dem glücklichen Entdecker herausgegeben, erschien zuerst in der großen Leipzig-Petersburger Facsimile-Ausgabe in vier Bänden 1862; dann mit Wiedergabe der Columnen und Zeilen, aber in Minuskelschrift für den Handgebrauch 1863; drittens, nachdem diese Quartausgabe vergriffen war, in einer Octavausgabe mit den Varianten des Vaticanus und der Elzeviriana 1865, wozu 1870 ein zumeist auf die Lesarten des Vaticanus bezügliches *Supplementum* hinzukam. Die *Conlatio* 1869 haben wir bereits oben genannt.

Wichtige Herstellungen der urspr. Textgestalt. 43

den, daß folgende Zusätze des *receptus* zu streichen sind: 1,16 (τὸ εὐαγγέλιον) τοῦ χριστοῦ 1,29 πορνείᾳ (vor πονηρίᾳ) 1,31 ἀσπόνδους (vor ἀνελεήμονας) 7,18 εὑρίσκω (nur οὔ, nicht οὐχ εὑρίσκω) 8,1 μὴ κατὰ σάρκα περιπατοῦσιν ἀλλὰ κατὰ πνεῦμα 10,15 εἰρήνην τῶν εὐαγγελιζομένων. In 8,26 ταῖς ἀσθενείαις sind wenigstens vier Buchstaben als eingeflickt hinauszuwerfen; Paulus schrieb nach אABCD Syrer und Lateinern τῇ ἀσθενείᾳ.[1]

Aber der Sinaiticus entscheidet auch mehrere Weglassungen, welche Tischendorf in seiner *editio* VII noch nicht vollzogen hat: 4,19 οὗ (κατενόησεν), zu streichen nach אABC *SyrAm*, wo ohnehin die Einfügung sich als nahe gelegene Correktur gibt. 11,6 εἰ δὲ ἐξ ἔργων οὐκ ἔτι ἐστὶ χάρις ἐπεὶ τὸ ἔργον οὐκ ἔτι ἐστὶν ἔργον wo Tischendorf in *editio* VII bemerkt: *verba ista minime produnt interpolatorem*, nun aber א nebst ACDEFG (gewissermaßen auch B) und den lateinischen Documenten gegen *Syr*, wo dieser Satz eine Interpolation aus der *Philoxeniana* sein mag, die Unechtheit außer Zweifel setzt. 14,6 καὶ ὁ μὴ φρονῶν τὴν ἡμέραν κυρίῳ οὐ φρονεῖ, wo אABC*DEFG und die lateinischen Documente gebieterisch die Streichung fordern. Ebenso 15,24 ἐλεύσομαι πρὸς ὑμᾶς, wo Tischendorf in *editio* VII bemerkt: *non possum quin verba consulto omissa credam*, wo aber mit ABCDEFG, dem Syrer und den lateinischen Documenten nun auch א die Streichung gebietet.[2]

Wie wir hier überall der Autorität des Sinai-Codex folgen konnten, so ist es auch consequenterweise an folgenden biblischtheologisch wichtigen Stellen geschehen: 8,11 διὰ τοῦ ἐνοικοῦντος αὐτοῦ πνεύματος, wo Tischendorf in *editio* VII διὰ τὸ ἐνοικοῦν αὐτοῦ πνεῦμα hat und in der That das Gewicht der Zeugen für

---

[1] Die Londoner Uebersetzung hat עֵזֶר עִם רִפְיוֹנֵינוּ, aber hier, wo nicht fördernder, sondern abhelfender Beistand gemeint ist, paßt die Redensart עָזַר עָם (1 Chr. 12,21) nicht; Lc. 10,40 wäre sie anwendbar.

[2] Uebrigens haben wir die Genugthuung anmerken zu dürfen, daß auch Tischendorfs *editio octava* in keiner der angeführten Stellen von der Lesart des *Sin.* abweichen wird, und ebensowenig in den folgenden von uns gleichfalls gemäß der Autorität des *Sin.* gelesenen Stellen, die wir als solche von besonderer biblisch-theologischer Wichtigkeit bezeichnen. Mit Recht bezeichnet eine jüngst erschienene Schrift über eine Revision der englischen Bibelübersetzung — *The Bible in Convocation* von G. Vance Smith (London 1870) — Tischendorfs *editio octava* als *the maturest fruit of many long years of labour* und den Text derselben als die Basis, von der die Revision der englischen Uebersetzung des N. T. ausgehen müsse.

diese Lesart nicht minder groß ist. 10,17 (*διὰ ῥήματος*) *Χριστοῦ*, wo in *editio* VII *θεοῦ* beibehalten ist, nun aber א für jene von BC*DE und den Lateinern gebotene Lesart entscheidet. 12,11 *κυρίῳ* wo schon Hieronymus (s. Tischendorf zu d. St.) das altlateinische *tempori* als irriges Quidproquo verwirft. Nur an zwei Stellen haben wir uns für Aufnahme von Correkturen der fast gleichalterigen ersten Hand im Sinai-Codex entschieden, nämlich 1,8 wo wir *διὰ Ἰησοῦ Χριστοῦ* und 15,2 wo wir *εἰς τὸ ἀγαθόν* als von der ersten Hand nur versehentlich weggelassen mit übersetzt haben. Dagegen waren wir 8,35 an (*ἀπο τῆς ἀγάπης*) *τοῦ θεοῦ* trotz der Menge der Gegenzeugen gebunden, der Zusatz in B *τῆς ἐν χω ιυ* ist der Heraufnahme aus 8, 39 verdächtig. Auch 10,5 mußten wir den Text des Sinaiticus *μωϋσῆς γὰρ γράφει ὅτι τὴν δικαιοσύνην τὴν ἐκ νόμου ὁ ποιήσας ἄνθρωπος ζήσεται ἐν αὐτῇ* gelten lassen. B stellt das *ὅτι* anders und hat *ὁ ποιήσας αὐτὰ* statt des absoluten *ὁ ποιήσας*.

VII. Regeln in Betreff der Citate aus dem Alten Testament.

Eine sehr schwierige Frage ist die, wie sich der Uebersetzer den alttestamentlichen Citaten des Apostels gegenüber zu verhalten hat. Unter den 82 alttestamentlichen Citäten in den paulinischen Schriften stimmen 34 genau mit dem Septuagintatext überein; 36 weichen nur unbedeutend davon ab; 10 weichen stärker ab, so aber daß die Freiheit, mit welcher der Apostel citirt, als Erläuterungsgrund ausreicht und ein geflissentliches Zurückgehen auf den Grundtext nicht angenommen zu werden braucht; nur 2 Citate aus Iob Röm. 11,35. 1 Cor. 3,19 stehen außer aller Beziehung zu der uns vorliegenden alexandrinischen Uebersetzung dieses Buches (vgl. jedoch Phil. 1,19 mit Iob 13,16 LXX).[1] Daß Paulus des Grundtextes mächtig war und ihn genau kannte, ergibt sich nicht nur aus dem in seinen Schriften niedergelegten Schriftverständniß, sondern auch schon daraus, daß er als Jude der Pharisäer-Partei, welche das Gesetzstudium als einen Hauptbestandtheil des Gottesdienstes ansah, angehörte und überdies in der berühmtesten Rabbinenschule seiner Zeit gebildet war. Die

---

1) s. Kautzsch, *De Veteris Testamenti locis a Paulo apostolo allegatis*, Lipsiae 1869.

Septuagintaübersetzung muß aber damals in einem so hohen Ansehn gestanden haben, daß wer griechisch schreibend sich auf das Alte Testament zurückbezog, nicht umhin konnte, sich dieser autorisirten Uebersetzung anzuschließen. Diese war auch wirklich ein Glied in der Kette der auf die neutestamentliche Zeit abzielenden Veranstaltungen Gottes, ein Schritt vorwärts zu der messianischen Entschränkung des Heils. Erst als das Christenthum sich dieser Uebersetzung zur Erweisung seiner erfüllungsgeschichtlichen Berechtigung bediente, ward die Synagoge ihr so gram, daß sie den Tag ihrer Entstehung als Unglückstag mit dem Tage der Entstehung des goldnen Kalbes verglich[1] und am 8. Tebeth als Fasttag[2] unter der Klage feierte: „Der König Javans hat mich genöthigt, das Gesetz auf Griechisch (דת יונית) zu schreiben: auf meinem Rücken ackerten Ackerer, zogen lang ihre Furchen."[3] Aber andererseits gilt diese Uebersetzung auch im Talmud als ein Wunder Gottes[4], und aus dem Worte Noahs יפת אלהים ליפת וישכן באהלי־שם (Gen. 9, 27) wird das Recht der griechischen Sprache als des Schönsten was Jafet besitzt (של יפיפיתו של יפת), in die Zelte Sems einzugehen d. i. ihre Berechtigung als Sprache der Uebersetzung der h. Schrift und als Sprache israelitischen Gottesdienstes gefolgert.[5]

Paulus that also, indem er, griechisch schreibend, die alttestamentlichen Stellen nach LXX citirte, das was er thun mußte und was ihm damals jüdischerseits Niemand verargte. Aber freilich, wenn er hebräisch geschrieben hätte, würde er sich an den Grundtext gehalten haben. In vielen der nicht weniger als 50 alttestamentlichen Citate des Römerbriefs deckt sich LXX mit diesem (4, 18 = Gen. 15, 5; 8, 36 = Ps. 44, 23; 9, 7 = Gen. 21, 12; 9, 12 = Gen. 25, 23; 9, 13 = Mal. 1, 2f.; 9, 15 = Ex. 33, 19; 9, 26 = Hos. 2, 1; 10, 13 = Jo. 3, 5; 10, 16 = Jes. 53, 1; 10, 18 = Ps. 19, 5; 13, 9ᵇ = Lev. 19, 18; 15, 3 = Ps. 69, 10; 15, 9 = Ps. 18, 50; 15, 11 = Ps. 117, 1., zu geschweigen der Worte des Dekalogs 7, 7. 13, 9ᵃ); in

---

1) *Sofrim* I, 7. *Sefer Thora* I, 8.
2) *Halachoth gedoloth* (ed. *Zolkiew* 1811) 25ᵃ: בשמנה בטבת נכתבה התורה יונית בימי תלמי המלך ובא חשך לעולם שלשה ימים.
3) So lautet eine Stelle in den *Selichoth* dieses Tages.
4) Im babylonischen Talmud *Megilla* 9ᵃ.
5) Ebend. 9ᵇ. *j. Megilla* I, 7 vgl. das auf Aquila als Uebersetzer angewandte יפיפית *Bereschith Rabba* c. 36.

anderen ist die Abweichung so gut wie keine (4,3 = Gen.15,6; 4,7f. = Ps.32,1f.; 4,17 = Gen.17,5; 10,21 = Jes.65,2., wo der Zusatz καὶ ἀντιλέγοντα ein im Grundtext vorgefundener Zusatz sein kann); in vielen andern ist die Abweichung von Bedeutung, aber nur von Bedeutung an sich, nicht für die Beweisführung des Apostels. Wir folgern daraus als erste Regel für den Uebersetzer, daß er überall da, wo der Wortlaut des hebräischen Grundtexts der citirten Stelle gleich gut in den Zusammenhang paßt wie die mehr oder weniger ihm incongruente griechische Uebersetzung, ohne weiteres den hebräischen Grundtext an deren Stelle setze. Hienach sind wir 1,17 (Hab.2,4); 3,4 (Ps.51,6); 9,17 (Ex. 9,16); 9,29 (Jes.1,9); 11,9f. (wo der Apostel den LXX-Text von Ps.69,23f. beibehält und nur für leichteres Verständniß zurechtrückt); 11,34 (Jes.40,13); 12,19 (Dt.32,35); 12,20 (Spr.25,21f.); 15,10 (Dt.32,43); 15,12 (Jes.11,10); 15,21 (Jes.52,15) verfahren.

Da aber auch wenn Paulus hebräisch geschrieben hätte ohne Zweifel etwas von jener Erhabenheit über den Buchstaben hervorgetreten sein würde, mit welcher der Gesetzesmittler im Deuteronomium den Dekalog reproducirt, und da es überhaupt (wie das Verhältniß der ältesten Kirchenschriftsteller zu den neutestamentlichen Schriften zeigt) im Charakter der Zeit lag, in Wiedergabe alter Schriftworte sich frei zu bewegen und mehr auf den Sinn und Geist derselben, als auf die äußere Einkleidung zu achten: so ergibt sich für den Uebersetzer die zweite Regel, daß er überall da, wo Gedächtniß oder Wille des Apostels den alttestamentlichen Text modificiren, dieses geistlich freie, nicht buchstäbisch gebundene Verhalten unverwischt lasse. Ohne Frage hat die hebräische Uebersetzung sich nach dem griechischen Wortlaut in solchen Stellen zu richten, wo der Apostel alttestamentliche Schriftworte nicht eigentlich citirt, sondern nur seiner eigenen Rede einflicht wie 10,5 (nach Lev.18,5); 10,6—8 (Dt.30,12—14); 11,35 (Iob 41,3), oder da wo er mehrere Schriftworte in Ein Citat verschmelzt wie 2,24 (Jes.52,5 vgl. Ez.36,20); 9,9 (Gen.18,10. 14); 9,25 (Hos.2,25 und 2,3); 9,27f. (Jes.10,22f. vgl. Hos.2,1); 9,33 (Jes.28,16 und 8,14); 11,8 (Jes.29,10 und Dt.29,3), oder da wo er Schriftworte aus verschiedenen alttestamentlichen Büchern mosaikartig zusammenfügt wie 3,10—18. Aber es hat auch da zu geschehen, wo er die Schriftworte abkürzt wie 10,15 (Jes.52,7) oder umstellt wie 10,20 (Jes.65,1) und 11,3 (1 K.19,10), vielleicht

um den Text den er citirt verständlicher zu machen wie 11,4
(1 K. 19,18), wo er gegen LXX das והשארתי des Grundtexts wiedergibt. Desgleichen hat der Uebersetzer kein Recht, die Form der Anrede 10,19 (Dt. 32,21), die der Apostel beliebt hat, indem er Mose als Propheten redend einführt, in Aussage umzusetzen oder 10,11 (Jes. 28,16) das für den Zusammenhang wichtige πᾶς wegzulassen. Auch sind wir nicht befugt, das ζῶ ἐγώ (חי אני), in welches sich dem Apostel 14,11 das κατ᾽ ἐμαυτοῦ ὀμνύω (בי נשבעתי) von Jes. 45,23 umsetzt, hinwegzucorrigiren, und auch übrigens ist Grund vorhanden (s. die Erläuterungen hinter unserer Uebersetzung), die Abweichungen des Citats von dem Grundtext unausgeglichen zu lassen. Auch 11,26 f., wo Jes. 59,20 f. 27,9 verschmolzen sind und ἐκ Σιών aus Stellen wie Ps. 14,7 eingetragen ist, haben wir uns deshalb an den vom überlieferten hebräischen Text verschiedenen Wortlaut des apostolischen Citats zu halten, weil die LXX und das Targum hier merkwürdig zusammentreffen (s. die Erläuterungen).

אגרת

פולוס השליח

אל הרומיים

אֶל הָרוֹמִיִּים

פֶּרֶק א׳

1 פּוֹלוֹס עֶבֶד יֵשׁוּעַ הַמָּשִׁיחַ מְקֹרָא לִהְיוֹת שָׁלִיחַ נִבְדָּל לִבְשׂוֹר
2 אֶת־בְּשׂוֹרַת אֱלֹהִים : אֲשֶׁר הִבְטִיחָהּ מִקֶּדֶם בְּיַד נְבִיאָיו בְּכִתְבֵי
3 הַקֹּדֶשׁ : עַל־אוֹדוֹת בְּנוֹ אֲשֶׁר יָצָא מִזֶּרַע דָּוִד לְפִי בְשָׂרוֹ : וַאֲשֶׁר
4 נוֹדַע הֱיוֹתוֹ בֶן־הָאֱלֹהִים בִּגְבוּרָה לְפִי רוּחַ הַקְּדֻשָּׁה בִּתְחִיָּה
5 מֵעִם הַמֵּתִים הוּא יֵשׁוּעַ הַמָּשִׁיחַ אֲדוֹנֵנוּ : אֲשֶׁר־בּוֹ קִבַּלְנוּ חֵן
6 וּשְׁלִיחוּת בְּכָל־הַגּוֹיִם לָסוּר לְמִשְׁמַעַת הָאֱמוּנָה בַּעֲבוּר שְׁמוֹ :
7 אֲשֶׁר בֵּינֵיהֶם הִנְּכֶם גַּם־אַתֶּם קְרוּאֵי יֵשׁוּעַ הַמָּשִׁיחַ : לְכָל אֲשֶׁר־
בְּרוֹמִי חֲבִיבֵי אֱלֹהִים וּמְקֹרָאִים לִהְיוֹת קְדוֹשִׁים חֶסֶד וְשָׁלוֹם לָכֶם
מֵאֵת הָאֱלֹהִים אָבִינוּ וּמֵאֵת אֲדוֹנֵנוּ יֵשׁוּעַ הַמָּשִׁיחַ :
8 קֹדֶם כֹּל מוֹדֶה אֲנִי לֵאלֹהַי בְּיֵשׁוּעַ הַמָּשִׁיחַ בַּעֲבוּר כֻּלְּכֶם
9 אֲשֶׁר תְּסֻפַּר אֱמוּנַתְכֶם בְּכָל־הָעוֹלָם : כִּי הָאֱלֹהִים אֲשֶׁר אֲנִי עֹבֵד
בְּרוּחִי בִּבְשׂוֹרַת בְּנוֹ עֵדִי הוּא כִּי לֹא חָדַלְתִּי מֵהַזְכִּיר אֶתְכֶם :
10 וּמַעְתִּיר אֲנִי תָמִיד בִּתְפִלּוֹתַי כִּי־עַתָּה הַפַּעַם יִצְלַח דַּרְכִּי בִּרְצוֹן
11 הָאֱלֹהִים לָבוֹא אֲלֵיכֶם : כִּי־נִכְסֹף נִכְסַפְתִּי לִרְאוֹתְכֶם וּלְהָפִיק
12 לָכֶם מִמַּתְּנוֹת רוּחַ לְמַעַן תִּתְחַזָּקוּ : אוֹ לְהִתְנַחֵם עִמָּכֶם יַחַד
13 בָּאֱמוּנָה אֲשֶׁר לָכֶם וְגַם־לִי : וְלֹא־אַעְלִים מִכֶּם אַחַי כִּי־פְעָמִים
רַבּוֹת יָעַצְתִּי לָבוֹא אֲלֵיכֶם אַךְ נִמְנַעְתִּי עַד־הֵנָּה לִמְצֹא פְרִי
14 גַּם־בָּכֶם כְּמוֹ בִשְׁאָר הַגּוֹיִם : הֲלֹא מְחֻיָּב אָנֹכִי לַשְּׁנֵיהֶם לַיְּוָנִים
15 וְלַאֲשֶׁר אֵינָם יְוָנִים לַחֲכָמִים וְלַאֲשֶׁר אֵינָם חֲכָמִים : לָכֵן נָדַב לִבִּי
16 אוֹתִי לְהַגִּיד אֶת־הַבְּשׂוֹרָה גַּם־לָכֶם אֲשֶׁר בְּרוֹמִי : כִּי אֵינֶנִּי

3 אֵלֶּה : וְאַתָּה בֶן־אָדָם הֲדָן אֶת אֲשֶׁר־פָּעֲלוּ כָּאֵלֶּה וְעָשִׂיתָ
4 כְּמַעֲשֵׂיהֶם הֲתַחֲשֹׁב לְהִמָּלֵט מִדִּין הָאֱלֹהִים : אִם־תָּבוּז אֶת־עֹשֶׁר
טוּבוֹ וְחֶמְלָתוֹ וְאֶרֶךְ רוּחוֹ וְלֹא תִתְבּוֹנָן כִּי־יֵיטִיב לְךָ הָאֱלֹהִים
5 לַהֲבִיאֲךָ לִידֵי תְשׁוּבָה : אַךְ בְּקִשְׁיֵי לְבָבְךָ הַמָּמְאֵן לָשׁוּב תִּצְבֹּר
6 לְךָ קֶצֶף אֶל־יוֹם עֶבְרַת הָאֱלֹהִים וְאֶת הִגָּלוֹת מִשְׁפַּט צִדְקוֹ : אֲשֶׁר
7 יְשַׁלֵּם לְאִישׁ כְּמַעֲשֵׂהוּ : לַמִּתְאַמְּצִים בַּעֲשׂוֹת הַטּוֹב וַיְבַקְשׁוּ
אֶת־הַכָּבוֹד וְהֶהָדָר וְאֵת אֲשֶׁר אֵינֶנּוּ עוֹבֵר יִתֵּן לָהֶם אֶת־חַיֵּי
8 הָעוֹלָמִים : וְעַל־בְּנֵי הַמֶּרִי אֲשֶׁר לֹא־יִשְׁמְעוּ לָאֱמֶת כִּי אִם־
9 לָעַוְלָה שָׁמֵעוּ יָבִיא עֲלֵיהֶם חָרוֹן־אַף וְחֵמָה : צָרָה
וּמְצוּקָה עַל־כָּל־נֶפֶשׁ אָדָם הַפֹּעֵל רָע עַל־הַיְּהוּדִים בָּרִאשׁוֹנָה
10 וְכֵן גַּם עַל־הַיְּוָנִים : וְכָבוֹד וְהָדָר וְשָׁלוֹם לְכָל־עֹשֵׂה הַטּוֹב
11 לַיְּהוּדִים בָּרִאשׁוֹנָה וְכֵן גַּם לַיְּוָנִים : כִּי אֵין־מַשּׂוֹא פָנִים עִם־
12 הָאֱלֹהִים : כִּי כָל־אֲשֶׁר חָטְאוּ בְלִי תוֹרָה גַּם בְּלִי־תוֹרָה יֹאבֵדוּ
13 וַאֲשֶׁר חָטְאוּ בַתּוֹרָה גַּם עַל־פִּי הַתּוֹרָה יִדּוֹנוּ : כִּי לֹא שׁוֹמְעֵי
הַתּוֹרָה צַדִּיקִים לִפְנֵי הָאֱלֹהִים כִּי אִם־עֹשֵׂי הַתּוֹרָה הֵם יִצְדָּקוּ :
14 כִּי הַגּוֹיִם אֲשֶׁר אֵין־לָהֶם תּוֹרָה בַּעֲשׂוֹתָם מִדַּעַת עַצְמָם כְּדִבְרֵי
15 הַתּוֹרָה גַּם־בְּאֵין תּוֹרָה תּוֹרָה הֵם לְנַפְשָׁם : בְּהִיוֹתָם מַרְאִים
מִשְׁפַּט הַתּוֹרָה כָּתוּב עַל־לִבָּם וְדַעְתָּם מְעִידָה בָהֶם וּמַחְשְׁבוֹתָם
16 בְּקִרְבָּם מְחַיְּבוֹת זֹאת אֶת־זֹאת אוֹ גַם־מְזַכּוֹת : בְּיוֹם אֲשֶׁר
יִשְׁפֹּט הָאֱלֹהִים אֶת־כָּל־תַּעֲלוּמוֹת בְּנֵי הָאָדָם כְּבְשׂוֹרָתִי בְּיַד
הַמָּשִׁיחַ יֵשׁוּעַ :
17 וְאַתָּה אִם־יְהוּדִי תִקָּרֵא וְנִשְׁעַנְתָּ עַל־הַתּוֹרָה וְהִתְפָּאַרְתָּ
18 בֵּאלֹהִים : וְיָדַעְתָּ הָרָאוּי וּבִדְיוֹתְךָ מְלֻמָּד בַּתּוֹרָה תָּבִין בֵּין טוֹב
19 לָרָע : וּבְמַטְחֶךָ בְנַפְשְׁךָ לִהְיוֹת מַנְהִיג לַעִוְרִים וְאוֹר לַהֹלְכִים
20 בַּחֹשֶׁךְ : מְיַסֵּר לַחֲסֵרֵי לֵב וּמוֹרֶה לַפְּתָאיִם וְיֵשׁ לְךָ צוּרַת הַמַּדָּע
21 וְהָאֱמֶת בַּתּוֹרָה : וְהִנֵּה אֲשֶׁר תּוֹרֶה אִם־אֲחֵרִים אֶת־נַפְשְׁךָ לֹא
22 תוֹרֶה אָמַרְתָּ לֹא תִגְנֹב וְאַתָּה גוֹנֵב : אָמַרְתָּ לֹא תִנְאָף וְאַתָּה
23 נוֹאֵף תְּשַׁקֵּץ אֶת־הָאֱלִילִים וְאַתָּה גּוֹזֵל אֶת־הַקֹּדֶשׁ : תִּתְפָּאֵר
24 בַּתּוֹרָה וּתְחָרֵף אֶת־הָאֱלֹהִים בְּעָבְרְךָ אֶת־הַתּוֹרָה : כִּי שֵׁם
הָאֱלֹהִים בִּגְלַלְכֶם מְנֹאָץ בַּגּוֹיִם כְּמוֹ שֶׁכָּתוּב :
25 הֵן הַמִּילָה תּוֹעִיל אִם־תַּעֲשֶׂה אֶת־הַתּוֹרָה אֲבָל אִם־
26 עוֹבֵר אַתָּה אֶת־הַתּוֹרָה אָז מִילָתְךָ הָיְתָה לְּךָ לְעָרְלָה : לָכֵן
בִּשְׁמֹר עָרֵל אֶת־מִשְׁפְּטֵי הַתּוֹרָה הֲלֹא תֵחָשֶׁב־לוֹ עָרְלָתוֹ לְמִילָה :

17 מִתְגַּלֶּשֶׁת מִן־הַבְּשׂוֹרָה בַּאֲשֶׁר כֹּה אֱלֹהִים הִיא לִתְשׁוּעַת כָּל־הַמַּאֲמִינִים לַיְּהוּדִים בָּרִאשׁוֹנָה וְכֵן גַּם לַיְּוָנִים: כִּי־תִגָּלֶה בָהּ צִדְקַת אֱלֹהִים מֵאֱמוּנָה לֶאֱמוּנָה כַּכָּתוּב וְצַדִּיק בֶּאֱמוּנָתוֹ
18 יִחְיֶה: כִּי נִגְלָה חֲרוֹן אֱלֹהִים מִן־הַשָּׁמַיִם עַל כָּל־
19 רִשְׁעַת בְּנֵי אָדָם וְעַוְלָתָם אֲשֶׁר יַעַצְרוּ אֶת־הָאֱמֶת בְּעַוְלָה: עַל־אֲשֶׁר דַּעַת הָאֱלֹהִים גְּלוּיָה בְקִרְבָּם כִּי הָאֱלֹהִים הוֹדִיעָם אוֹתָהּ:
20 כִּי עַצְמוּתוֹ הַנֶּעְלָמָה הִיא נֵצַח גְּבוּרָתוֹ וֵאלֹהוּתוֹ תִּוָּדַע וְתֵרָאֶה בִּבְרִיאָיו מֵעֵת נִבְרָא הָעוֹלָם עַד שֶׁאֵין לָהֶם דָּבָר לְהִתְנַצֵּל:
21 כִּי יָדְעוּ שֶׁהוּא הָאֱלֹהִים וּבְכָל־זֹאת לֹא־כִבְּדוּהוּ כֵּאלֹהִים וְלֹא הוֹדוּ לוֹ כִּי אִם־הָלְכוּ אַחֲרֵי הַהֶבֶל בְּמוֹעֲצוֹתֵיהֶם וַיֶּחְשַׁךְ לָבָם
22 הַנִּבְעָר: וּבְאָמְרָם חֲכָמִים אֲנַחְנוּ הָיוּ לִכְסִילִים: וַיָּמִירוּ אֶת־כְּבוֹד
23 הָאֱלֹהִים אֲשֶׁר אֵינֶנּוּ נִפְסָד בְּצוּרַת תַּבְנִית אָדָם הַנִּפְסָד וְתַבְנִית
24 צִפּוֹר וְהוֹלֵךְ עַל־אַרְבַּע וְרֶמֶשׂ הָאֲדָמָה: עַל־כֵּן הָאֱלֹהִים נְתָנָם
25 לַטֻּמְאָה בְּתַאֲווֹת לִבָּם לְנַבֵּל בִּגְוִיּוֹתֵיהֶם אִישׁ אֶת־רֵעֵהוּ: אֲשֶׁר הֶחֱלִיפוּ אֱמֶת הָאֱלֹהִים בְּכָזָב וַיְכַבְּדוּ וַיַּעַבְדוּ אֶת־הַבְּרִיָּה תַּחַת
26 בֹּרְאָהּ הַמְבֹרָךְ לְעוֹלָמִים אָמֵן: בַּעֲבוּר זֹאת הָאֱלֹהִים נְתָנָם לְתַאֲווֹת בֹּשֶׁת נְשֵׁיהֶם הֶחֱלִיפוּ אֶת־תַּשְׁמִישָׁן כְּדַרְכּוֹ בְּלֹא כְדַרְכּוֹ:
27 וְכֵן גַּם הַזְּכָרִים עָזְבוּ אֶת־דֶּרֶךְ גֶּבֶר בְּאִשָּׁה וַיֵּחַמּוּ זֶה בָזֶה בְּתַשּׁוּקָתָם וַיַּעֲשׂוּ תוֹעֵבָה זָכָר עִם־זָכָר וַיִּקְחוּ שְׂכַר מְשׁוּגָתָם
28 הָרָאוּי לָהֶם בְּעַצְמָם גּוּפָם: וְכַאֲשֶׁר מָאֲסוּ אֲחוּז בְּדַעַת הָאֱלֹהִים
29 נְתָנָם בִּידֵי דֵעָה נִמְאָסָה לַעֲשׂוֹת אֵת אֲשֶׁר־לֹא יֵעָשֶׂה: וַיִּמָּלְאוּ כָּל־חָמָס וָרֶשַׁע וְזִמָּה וּבֶצַע מְלֵאֵי קִנְאָה וְרֶצַח וּמְרִיבָה וּמִרְמָה
30 וְתַהְפּוּכוֹת: הֹלְכֵי רָכִיל הֵם וּמַלְשִׁינִים שְׂנוּאֵי אֱלֹהִים וְגֵאִים וְזֵדִים וְהוֹלֲלִים וְחוֹשְׁבֵי אָוֶן וְאֵינָם שׁוֹמְעִים בְּקוֹל אֲבוֹתָם:
31 נִבְעָרִים מִדַּעַת וּבֹגְדִים לֹא־חֲסִידִים וְלֹא־רַחֲמָנִים: הֵמָּה אֲשֶׁר
32 יָדְעוּ אֶת־מִשְׁפַּט אֱלֹהִים כִּי־עֹשֵׂי אֵלֶּה בְּנֵי־מָוֶת הֵם וְלֹא לְבַד שֶׁיַּעֲשׂוּ אֵלֶּה כִּי גַם־בְּעוֹשֵׂיהֶם יַחְפְּצוּן:

פרק ב׳

1 עַל־כֵּן אֵין לְךָ הִתְנַצְּלוּת אַתָּה בֶן־אָדָם כָּל־מִי שֶׁיָּדִין כִּי בַמֶּה שֶׁתָּדִין אֶת־רֵעֲךָ תְּחַיֵּב אֶת־נַפְשֶׁךָ בַּאֲשֶׁר אַתָּה הַדָּן תַּעֲשֶׂה
2 כְּמַעֲשֵׂהוּ: כִּי יָדַעְנוּ מִשְׁפַּט אֱלֹהִים כְּפִי הָאֱמֶת הַנֶּה־הוּא עַל־עֹשֵׂי

אֱלֹהִים בֶּאֱמוּנַת יֵשׁוּעַ הַמָּשִׁיחַ אֶל־כֹּל וְעַל־כֹּל הַמַּאֲמִינִים בּוֹ כִּי
אֵין הֶבְדֵּל : כִּי־כֻלָּם חָטְאוּ וַחֲסֵרִים כְּבוֹד אֱלֹהִים : וְיִצְדְּקוּ חִנָּם 23
בְּחַסְדּוֹ לְמַעַן הַפְּדוּת אֲשֶׁר הָיְתָה בַּמָּשִׁיחַ יֵשׁוּעַ : אֲשֶׁר שָׂמוֹ 24
הָאֱלֹהִים לְפָנֵינוּ לְכַפֶּרֶת עַל־יְדֵי הָאֱמוּנָה בְּדַם־נַפְשׁוֹ לְגַלּוֹת אֶת־ 25
צִדְקָתוֹ יַעַן כִּי־הֶעֱבִיר אֶת־הַחֲטָאִים שֶׁנַּעֲשׂוּ לְפָנִים : בְּעֵת חֶמְלַת 26
הָאֱלֹהִים לְמַעַן אֲשֶׁר יְגַלֶּה אֶת־צִדְקָתוֹ בָּעֵת הַזֹּאת לִהְיוֹתוֹ
צַדִּיק וּמַצְדִּיק אֶת־בֶּן־אֱמוּנַת יֵשׁוּעַ : וְעַתָּה אַיֵּה אֵיפוֹא הַתְהִלָּה 27
הוּסָרָה וְעַל־יְדֵי תוֹרַת־מָה הֲעַל־יְדֵי תוֹרַת הַמַּעֲשִׂים לֹא כִּי עַל־
יְדֵי תוֹרַת הָאֱמוּנָה : כִּי דַעְתֵּנוּ שֶׁיִּצְדַּק הָאָדָם בֶּאֱמוּנָה זוּלַת 28
מַעֲשֵׂי הַתּוֹרָה : אוֹ הֲיִהְיֶה הָאֱלֹהִים רַק אֱלֹהֵי הַיְּהוּדִים וְלֹא 29
אֱלֹהֵי הַגּוֹיִם אָכֵן גַּם־אֱלֹהֵי הַגּוֹיִם הוּא : כִּי אַךְ אֱלֹהִים אֶחָד 30
הוּא הַמַּצְדִּיק אֶת־הַמּוּלִים מִתּוֹךְ אֱמוּנָה וְאֶת־הָעֲרֵלִים עַל־יְדֵי
הָאֱמוּנָה : וְעַתָּה הַמְבַטְּלִים אֲנַחְנוּ אֶת־הַתּוֹרָה עַל־יְדֵי 31
הָאֱמוּנָה חָלִילָה אֶלָּא נָקִים אֶת־הַתּוֹרָה :

פרק ד'

וְעַתָּה מַה־נֹּאמַר אַבְרָהָם אָבִינוּ הִדְהִשִּׂיג בַּבָּשָׂר מַה־ 1
שֶּׁהִשִּׂיג : כִּי אִם־נִצְדַּק אַבְרָהָם בִּגְלַל הַמַּעֲשִׂים יוּכַל לְהִתְהַלֵּל אַךְ 2
לֹא לִפְנֵי הָאֱלֹהִים : כִּי הַכָּתוּב מַה־הוּא אוֹמֵר וְהֶאֱמִן אַבְרָהָם 3
בַּיהֹוָה וַיַּחְשְׁבֶהָ לּוֹ צְדָקָה : וְהִנֵּה הַפּוֹעֵל לֹא־תֵחָשֵׁב לוֹ פְעֻלָּתוֹ 4
עַל־פִּי הַחֶסֶד כִּי אִם־עַל־פִּי הַחוֹב : אֲבָל לָזֶה אֲשֶׁר אֵינֶנּוּ פּוֹעֵל 5
כִּי אִם־מַאֲמִין בַּמַּצְדִּיק אֶת־הָרָשָׁע אֱמוּנָתוֹ תֵּחָשֵׁב לוֹ לִצְדָקָה :
כַּאֲשֶׁר גַּם־דָּוִד מְאַשֵּׁר אֶת־הָאָדָם אֲשֶׁר הָאֱלֹהִים יַחְשֹׁב לוֹ צְדָקָה 6
בְּלֹא מַעֲשִׂים בְּאָמְרוֹ : אַשְׁרֵי נְשׂוּי־פֶּשַׁע כְּסוּי חֲטָאָה : אַשְׁרֵי אָדָם 7
לֹא יַחְשֹׁב יְהֹוָה לוֹ עָוֹן : וְעַתָּה הָאִשּׁוּר הַזֶּה הֲעַל הַמִּילָה הוּא 9
אִם־גַּם עַל־הָעָרְלָה שֶׁאָנַחְנוּ אוֹמְרִים כִּי לְאַבְרָהָם נֶחְשְׁבָה לוֹ אֱמוּנָתוֹ
לִצְדָקָה : וְכֵיצַד נֶחְשְׁבָה לוֹ בִּהְיוֹתוֹ מָהוּל אִם בְּעוֹדֶנּוּ עָרֵל לֹא 10
בִהְיוֹתוֹ מָהוּל כִּי אִם־בְּעָרְלָתוֹ : וְאוֹת הַמִּילָה קִבֵּל לְחוֹתָם 11
צִדְקַת הָאֱמוּנָה אֲשֶׁר הָיְתָה לוֹ בְּעָרְלָתוֹ לְמַעַן יִהְיֶה לְאָב לְכָל־
הַמַּאֲמִינִים וְהֵם עֲרֵלִים לְמַעַן תֵּחָשֵׁב לָהֶם צְדָקָה : וְיִהְיֶה לְאָב 12
גַּם־לַמּוּלִים אַךְ־לֹא לַאֲשֶׁר רַק נִמּוֹלִים כִּי לַאֲשֶׁר גַּם הֹלְכִים

27 וְהֶעָרֵל מִלֵּדָה הַמְקַיֵּם אֶת־הַתּוֹרָה הֲלֹא יָדִין אֹתְךָ אֲשֶׁר יֶשׁ־לְךָ
28 הַכְּתָב וְהַמִּילָה וְעֹבְרֵת אֶת־הַתּוֹרָה: כִּי לֹא־זֶה הַנִּקְרָא מִחוּץ
29 הוּא הַיְּהוּדִי וְלֹא־זוֹ הַנִּקְרָאָה מִחוּץ בַּבָּשָׂר הִיא הַמִּילָה: כִּי־
אִם־אֲשֶׁר בִּפְנִים הוּא יְהוּדִי וְהַמִּילָה אֲשֶׁר בַּלֵּב כְּפִי הָרוּחַ וְלֹא
כְּפִי הַכְּתָב אֲשֶׁר לֹא מִבְּנֵי אָדָם תּוֹדוֹ כִּי־אִם־מֵאֵת הָאֱלֹהִים:

פרק ג׳

1 וְעַתָּה מַה־הוּא יִתְרוֹן הַיְּהוּדִי וּמַה־הִיא תּוֹעֶלֶת הַמִּילָה:
2 הַרְבֵּה מִכָּל־פָּנִים בָּרִאשׁוֹן כִּי־הָפְקְדוּ בְיָדָם דִּבְרֵי אֱלֹהִים:
3 כִּי מַה־הוּא אִם־הוּא־מִקְצָתָם לֹא הֶאֱמִינוּ הֲיְבַטֵּל חֶסְרוֹן אֱמוּנָתָם
4 אֶת־אֱמוּנַת אֱלֹהִים: חָלִילָה אֲבָל יְהִי־כֵן כִּי הָאֵל הוּא הַנֶּאֱמָן
וְכָל־הָאָדָם כֹּזֵב כַּכָּתוּב לְמַעַן תִּצְדַּק בְּדָבְרֶךָ תִּזְכֶּה בְשָׁפְטֶךָ:
5 וְאִם־כֵּן הוּא אֲשֶׁר עַוְלָתֵנוּ תְּרוֹמֵם אֶת־צִדְקַת הָאֱלֹהִים מַה־
נֹּאמַר הֲיֵשׁ עָוֶל בֵּאלֹהִים בְּשָׁלְחוֹ אֶת־קִצְפּוֹ עַל־דֶּרֶךְ בְּנֵי־אָדָם
6 אָנֹכִי מְדַבֵּר: חָלִילָה שֶׁאִם־כֵּן אֵיךְ יִשְׁפֹּט הָאֱלֹהִים אֶת־הָעוֹלָם:
7 כִּי אִם־עַל־יְדֵי כְזָבַי אֱמֶת אֱלֹהִים תִּרְבֶּה וְתִפְרֹץ לִתְהִלָּתוֹ לָמָּה
8 זֶה גַם אֶשָּׁפֵט עוֹד כְּחוֹטֵא: וּמַדּוּעַ לֹא נַעֲשֶׂה כַּאֲשֶׁר יֵשׁ מְחָרְפִים
אוֹתָנוּ לֵאמֹר אֹמְרִים הֵם נַעֲשֶׂה הָרַע לְמַעַן יֵצֵא הַטּוֹב אֲשֶׁר
9 דִּינָם יָבֹא עֲלֵיהֶם בְּצֶדֶק: וְעַתָּה מַה־הוּא הֲנִצְדָּק
נַפְשֵׁנוּ לֹא בְשׁוּם־דָּבָר בַּאֲשֶׁר כְּבָר הוֹכַחְנוּ לְמַעְלָה כִּי גַם־
10 הַיְּהוּדִים גַּם־הַיְּוָנִים כֻּלָּם הֵם תַּחַת הַחֵטְא: כַּכָּתוּב אֵין צַדִּיק
11 אֵין גַּם־אֶחָד: אֵין מַשְׂכִּיל אֵין־דֹּרֵשׁ אֶת־אֱלֹהִים: הַכֹּל סָר יַחְדָּו
12
13 נֶאֱלָחוּ אֵין עֹשֵׂה־טוֹב אֵין גַּם־אֶחָד: קֶבֶר פָּתוּחַ גְּרוֹנָם לְשׁוֹנָם
14 יַחֲלִיקוּן חֲמַת עַכְשׁוּב תַּחַת שְׂפָתֵימוֹ: אֲשֶׁר אָלָה פִּיהֶם מָלֵא
15 וּמְרֹרוֹת: רַגְלֵיהֶם יְמַהֲרוּ לִשְׁפָּךְ־דָּם: שֹׁד וָשֶׁבֶר בִּמְסִלּוֹתָם:
16
17 וְדֶרֶךְ שָׁלוֹם לֹא יָדָעוּ: אֵין־פַּחַד אֱלֹהִים לְנֶגֶד עֵינֵיהֶם:
18
19 וַאֲנַחְנוּ יָדַעְנוּ כִּי־כָל־מַה שֶׁאָמְרָה הַתּוֹרָה אֶל־אֵלֶּה אֲשֶׁר תַּחַת
הַתּוֹרָה אֲמָרָה לְמַעַן יִסָּכֵר כָּל־פֶּה וְיֶאְשַׁם כָּל־הָעוֹלָם לִפְנֵי אֱלֹהִים:
20 יַעַן כִּי בְמַעֲשֵׂי הַתּוֹרָה לֹא־יִצְדַּק כָּל־בָּשָׂר לְפָנָיו כִּי אַךְ מִן־
21 הַתּוֹרָה יְדִיעַת הַחֵטְא: וְעַתָּה בִּבְלִי תוֹרָה צִדְקַת אֱלֹהִים
22 לָאוֹר יָצְאָה אֲשֶׁר הוּעַד עָלֶיהָ בַּתּוֹרָה וּבַנְּבִיאִים: וְהִיא צִדְקַת

פרק ט׳

9 הָאֱלֹהִים אֵיךְ הוּא אָהַב אוֹתָנוּ כִּי הַמָּשִׁיחַ מֵת בַּעֲדֵנוּ בְּעוֹד חַטָּאִים אֲנָחְנוּ : וְעַתָּה אֲשֶׁר נִצְדַּקְנוּ בְדָמוֹ מְאֹד־מְאֹד נִוָּשַׁע בּוֹ
10 מִן־הַקֶּצֶף : כִּי אִם־לְרָצִינוּ לֵאלֹהִים בְּמוֹת בְּנוֹ בִּהְיוֹתֵנוּ אוֹיְבִים
11 מְאֹד־מְאֹד נִוָּשַׁע בְּחַיָּיו עַתָּה אַחֲרֵי אֲשֶׁר נִרְצִינוּ : וְלֹא זֹאת בִּלְבַד כִּי־גַם מִתְהַלֲלִים בֵּאלֹהִים עַל־יַד אֲדוֹנֵנוּ יֵשׁוּעַ הַמָּשִׁיחַ אֲשֶׁר בּוֹ
12 קִבַּלְנוּ עַתָּה אֶת־הָרָצוּי : לָכֵן כַּאֲשֶׁר עַל־יְדֵי אָדָם אֶחָד בָּא הַחֵטְא לָעוֹלָם וְהַמָּוֶת בַּעֲקֵב הַחֵטְא וַיַּעֲבָר־כֵּן הַמָּוֶת
13 עַל־כָּל־בְּנֵי אָדָם מִפְּנֵי אֲשֶׁר כֻּלָּם חָטָאוּ ; כִּי עַד־זְמַן הַתּוֹרָה הַחֵטְא
14 הָיָה בָעוֹלָם אַךְ לֹא־יֵחָשֵׁב חֵטְא בַּאֲשֶׁר אֵין תּוֹרָה : אוּלָם הַמָּוֶת מָלַךְ מֵאָדָם עַד־משֶׁה גַּם עַל־אוֹתָם שֶׁלֹּא חָטָאוּ כִּדְמוּת עֲבֵרַת
15 אָדָם הָרִאשׁוֹן אֲשֶׁר הוּא דִמְיוֹן הֶעָתִיד לָבוֹא : אֲבָל אֵין־עִנְיַן הַפֶּשַׁע כְּעִנְיַן הַמַּתָּנָה כִּי אִם־בְּפֶשַׁע דָאֶחָד מֵתוּ הָרַבִּים אַךְ־פִּי חֶסֶד אֱלֹהִים וּמַתְּנָתוֹ עָדְפוּ עָדוֹף לָרַבִּים בְּחֶסֶד הָאָדָם הָאֶחָד
16 יֵשׁוּעַ הַמָּשִׁיחַ : וְלֹא כְבַעֲבוּר אֶחָד אֲשֶׁר חָטָא כֵּן הַמַּתָּנָה כִּי מֵאֶחָד יָצָא הַדִּין לְחַיֵּב אֲבָל מַתְּנַת הַחֵן הִיא מִתּוֹךְ פְּשָׁעִים
17 רַבִּים לִזְכוּת : כִּי אִם־בְּפֶשַׁע הָאֶחָד מָלַךְ הַמָּוֶת עַל־יְדֵי הָאֶחָד אַף כִּי־אֵלֶּה שֶׁקִּבְּלוּ הַעְדָּפַת הַחֶסֶד וּמַתְּנַת הַצְּדָקָה יִמְלְכוּ
18 בַחַיִּים עַל־יְדֵי הָאֶחָד יֵשׁוּעַ הַמָּשִׁיחַ : לָכֵן כַּאֲשֶׁר בְּפֶשַׁע אֶחָד הִתְחַיְּבוּ כָּל־בְּנֵי אָדָם כָּכָה גַּם עַל־יְדֵי זְכוּת אַחַת יִזְכּוּ
19 כָּל־בְּנֵי אָדָם לַחַיִּים : כִּי כַּאֲשֶׁר בִּמְרִי הָאָדָם הָאֶחָד נֶעֱשׂוּ הָרַבִּים חַטָּאִים כָּכָה גַּם עַל־יְדֵי מִשְׁמַעַת הָאֶחָד יִהְיוּ צַדִּיקִים הָרַבִּים :
20 אֲבָל הַתּוֹרָה דְוָה נִכְנְסָה כְּדֵי שֶׁיִּגְדַּל הֶעָוֹן וּבַאֲשֶׁר גָּדַל הַחֵטְא
21 גָּדַל הַחֶסֶד עוֹד יוֹתֵר : לְמַעַן כַּאֲשֶׁר מָלַךְ הַחֵטְא בַּמָּוֶת כָּכָה יִמְלֹךְ גַּם־הַחֶסֶד בִּצְדָקָה לְחַיֵּי עוֹלָמִים עַל־יְדֵי יֵשׁוּעַ הַמָּשִׁיחַ אֲדוֹנֵנוּ :

פרק ו׳

1,2 אִם־כֵּן מַה־נֹּאמַר הֲנַעֲמֹד בַּחֵטְא לְמַעַן יִגְדַּל הֶחָסֶד : חָלִילָה
3 אֲנַחְנוּ אֲשֶׁר מַתְנוּ לַחֵטְא אֵיךְ נוֹסִיף לִהְיוֹת בּוֹ : אוֹ הַאֵינְכֶם יֹדְעִים כִּי כֻלָּנוּ הַנִּטְבָּלִים בְּשֵׁם הַמָּשִׁיחַ יֵשׁוּעַ בְּמוֹתוֹ נִטְבָּלְנוּ :
4 לָכֵן נִקְבַּרְנוּ אִתּוֹ בַּטְּבִילָה לַמָּוֶת לְמַעַן כַּאֲשֶׁר הַמָּשִׁיחַ הַיָּה מִן־ הַמֵּתִים בִּכְבוֹד הָאָב כֵּן נִתְהַלֵּךְ גַּם־אֲנַחְנוּ בְּחַיִּים מְחֻדָּשִׁים :

13 בְּעִקְבוֹת הָאֱמוּנָה שֶׁהָיְתָה־לּוֹ לְאַבְרָהָם בְּעוֹדֶנּוּ בְעָרְלָתוֹ : כִּי
14 לֹא עַל־יְדֵי תוֹרָה בָּאָה הַהַבְטָחָה לְאַבְרָהָם אוֹ לְזַרְעוֹ לִהְיוֹת יֹרֵשׁ הָעוֹלָם כִּי אִם־עַל־יְדֵי צִדְקַת הָאֱמוּנָה : כִּי אִלּוּ בְנֵי הַתּוֹרָה
15 יִהְיוּ הַיּוֹרְשִׁים לָרִיק תֶּהְיֶה הָאֱמוּנָה וְהַהַבְטָחָה בְטֵלָה : כִּי הַתּוֹרָה רַק אֶת־הַקֶּצֶף מְבִיאָה וּבַאֲשֶׁר אֵין תּוֹרָה גַּם אֵין
16 עֲבֵרָה : עַל־כֵּן [הַיְרֻשָּׁה] מִתּוֹךְ הָאֱמוּנָה לְמַעַן תִּהְיֶה בְחֶסֶד וְהַהַבְטָחָה תִּהְיֶה נְכוֹנָה לְכָל־הַזֶּרַע לֹא לִבְנֵי הַתּוֹרָה לְבַדָּם כִּי־
17 גַם לִבְנֵי אֱמוּנַת אַבְרָהָם שֶׁהוּא אָב לְכֻלָּנוּ : כַּכָּתוּב כִּי אַב־הֲמוֹן גּוֹיִם נְתַתִּיךָ וְהוּא הֶאֱמִין נֶגֶד אֱלֹהִים מְחַיֵּה כָזֶה הַמֵּתִים אֶת
18 וְהַקּוֹרֵא אֶת אֲשֶׁר לֹא־הָיָה כְּמוֹ הֹוֶה : וּבַאֲשֶׁר אֵין־תִּקְוָה הֶאֱמִין בְּתִקְוָה לְמַעַן אֲשֶׁר יִהְיֶה לְאַב הֲמוֹן גּוֹיִם לְפִי שֶׁנֶּאֱמַר
19 כֹּה יִהְיֶה זַרְעֶךָ : וּבְאֵין רִפְיוֹן אֱמוּנָתוֹ הִתְבּוֹנֵן אֶל־גּוּפוֹ שֶׁכְּבָר
20 נָפוֹג בַּהֲיוֹתוֹ כְּבֶן־מְאַת שָׁנָה וְאֶל־מִיתַת רֶחֶם שָׂרָה : וּבְהַבִּיט אֶל־הַבְטָחַת הָאֱלֹהִים לֹא הִסְתַּפֵּק בַּחֲסַר אֱמוּנָה כִּי הִתְחַזֵּק
21 בֶּאֱמוּנָתוֹ וַיִּתֵּן כָּבוֹד לֵאלֹהִים : וַיֵּדַע בְּלֵבָב שָׁלֵם כִּי אֵת אֲשֶׁר
22 הִבְטִיחַ יָכֹל הוּא גַּם לַעֲשׂוֹתוֹ : וְעַל־כֵּן נֶחְשְׁבָה לּוֹ לִצְדָקָה :
23 אָכֵן לֹא־לְבַד לְמַעֲנוֹ כָּתוּבָה זֹאת שֶׁנֶּחְשְׁבָה לוֹ : כִּי אִם־גַּם
24
לְמַעֲנֵנוּ אֲשֶׁר עֲתִידָה לְהֵחָשֵׁב לָנוּ הַמַּאֲמִינִים בְּמִי שֶׁהֶחֱיָה אֶת־
25 יֵשׁוּעַ אֲדוֹנֵנוּ מִן־הַמֵּתִים : אֲשֶׁר נִמְסַר בַּעֲבוּר פְּשָׁעֵינוּ וְנֵעוֹר לְמַעַן צַדְּקֵנוּ :

פרק ה׳

1 לָכֵן אַחֲרֵי הִצְטַדַּקְנוּ בֶאֱמוּנָה שָׁלוֹם יְהִי לָנוּ עִם הָאֱלֹהִים
2 בַּאֲדוֹנֵנוּ יֵשׁוּעַ הַמָּשִׁיחַ : אֲשֶׁר בְּיָדוֹ אַף־מָצָאנוּ בֶאֱמוּנָה מָבוֹא הַחֶסֶד הַזֶּה אֲשֶׁר אֲנַחְנוּ עֹמְדִים בּוֹ וְנִתְהַלֵּל בְּתִקְוַת כְּבוֹד
3 הָאֱלֹהִים : וְלֹא זֹאת בִּלְבַד כִּי־גַם נִתְהַלֵּל בַּצָּרוֹת יַעַן אֲשֶׁר יָדַעְנוּ כִּי
4 הַצָּרָה מְבִיאָה לִידֵי סַבְלָנוּת : וְהַסַּבְלָנוּת לִידֵי בְקִיאוּת וְהַבְּקִיאוּת
5 לִידֵי תִקְוָה : וְהַתִּקְוָה לֹא תָבִישׁ כִּי הוּצַק בִּלְבָבֵנוּ אַהֲבַת אֵל
6 עַל־יְדֵי רוּחַ הַקֹּדֶשׁ אֲשֶׁר נִתַּן לָנוּ : כִּי הַמָּשִׁיחַ בְּעוֹדֶנּוּ חַלָּשִׁים
7 בְּעִתּוֹ מֵת בְּעַד הָרְשָׁעִים : כִּי־יְקָשֶׁה לְאִישׁ לָמוּת בְּעַד הַצַּדִּיק
8 אַךְ לָמוּת בְּעַד הַטּוֹב אֶפְשָׁר שֶׁיִּתְאָרֶה־לִבּוֹ : אֲבָל בָּזֹאת הוֹדִיעָנוּ

פרק שביעי

לְבַעֲלָהּ כְּפִי הַתּוֹרָה בְּחַיָּיו וּבְמוֹת הַבַּעַל פְּטוּרָה הִיא מִתּוֹרַת
3 בַּעֲלָהּ ; וְהִנֵּה אִם־תִּהְיֶה לְאִישׁ אַחֵר בְּחַיֵּי בַעֲלָהּ נֹאֶפֶת יִקָּרֵא
לָהּ אֲבָל אַחֲרֵי מוֹת בַּעֲלָהּ פְּטוּרָה הִיא מִן־הַתּוֹרָה וְאֵינֶנָּה
4 נֹאֶפֶת בִּהְיוֹתָהּ לְאִישׁ אַחֵר ; לָכֵן אַחַי הוּמַתֶּם גַּם־אַתֶּם לַתּוֹרָה
בִּגְוִיַּת הַמָּשִׁיחַ לִהְיוֹתְכֶם לְאַחֵר לַאֲשֶׁר קָם מִן־הַמֵּתִים לְמַעַן
5 נַעֲשֶׂה פְרִי לֵאלֹהִים ; כִּי בִּהְיוֹתֵנוּ נִשְׁקָעִים בַּבָּשָׂר אָז תַּאֲוֹת
הַחֵטְא אֲשֶׁר נִתְעוֹרְרוּ עַל־יְדֵי הַתּוֹרָה הָיוּ פוֹעֲלוֹת בְּאֵבָרֵינוּ
6 לַעֲשׂוֹת פְּרִי לַמָּוֶת ; אֲבָל עַתָּה נִפְטַרְנוּ מִן־הַתּוֹרָה כִּי מַתְנוּ
לַאֲשֶׁר הָיִינוּ אֲסוּרִים בָּהּ לְמַעַן נַעֲבֹד מֵעַתָּה לְפִי חִדּוּשׁ הָרוּחַ
7 וְלֹא לְפִי יֹשֶׁן הַכְּתָב ; אִם־כֵּן מַה־נֹּאמַר הֲכִי חֵטְא
הַתּוֹרָה חָלִילָה אֶלָּא לֹא יָדַעְתִּי אֶת־הַחֵטְא אִם־לֹא עַל־יְדֵי הַתּוֹרָה כִּי
8 לֹא־הָיִיתִי יוֹדֵעַ הַחִמּוּד לוּלֵי אָמְרָה הַתּוֹרָה לֹא תַחְמֹד ; וַיִּמְצָא
הַחֵטְא סִבָּה לוֹ בַמִּצְוָה לְעוֹרֵר כָּל־חִמּוּד בְּקִרְבִּי כִּי מִבַּלְעֲדֵי
9 הַתּוֹרָה הַחֲטָאָה מֵתָה הִיא ; וַאֲנִי הָיִיתִי מִלְּפָנִים בְּלֹא תוֹרָה
10 וְכַאֲשֶׁר בָּאָה הַמִּצְוָה וַיְחִי הַחֵטְא ; וַאֲנִי מַתִּי וְהִנֵּה הַמִּצְוָה אֲשֶׁר
11 נִתְּנָה לְחַיִּים הִיא הָיְתָה לִּי לַמָּוֶת ; כִּי־מָצָא הַחֵטְא סִבָּה בַמִּצְוָה
12 לְהַתְעוֹת אוֹתִי וַיַּהַרְגֵנִי עַל־יָדָהּ ; לָכֵן הַתּוֹרָה הִיא קְדוֹשָׁה
13 וְהַמִּצְוָה קְדוֹשָׁה וִישָׁרָה וְטוֹבָה ; אִם־כֵּן הֲכִי הַטּוֹבָה הָיְתָה לִּי
לַמָּוֶת חָלִילָה אֶלָּא הַחֵטְא לְמַעַן יֵרָאֶה שֶׁהוּא הוּא הַחֵטְא
הֱבִיאוֹ לִי עַל־יְדֵי הַטּוֹבָה אֶת־הַמָּוֶת וִיהִי־כֵן הַחֵטְא לַחֲטָאָה
14 יְתֵרָה עַל־יְדֵי הַמִּצְוָה ; כִּי־יוֹדְעִים אֲנַחְנוּ שֶׁהַתּוֹרָה הִיא רוּחָנִית
15 אֲבָל אֲנִי שֶׁל־בָּשָׂר וְנִמְכָּר תַּחַת יַד־הַחֵטְא ; כִּי אֶת־אֲשֶׁר־עוֹלַלְתִּי
לֹא יָדַעְתִּי כִּי אֵינֶנִּי פוֹעֵל אֶת אֲשֶׁר־אֲנִי רֹצֶה בּוֹ כִּי־אִם־אֶת אֲשֶׁר
16 שָׂנֵאתִי אוֹתוֹ אֲנִי עוֹשֶׂה ; וּבַעֲשׂוֹתִי אֶת־אֲשֶׁר לֹא רָצִיתִי בּוֹ הִנְנִי
17 מוֹדֶה בָזֶה כִּי הַתּוֹרָה טוֹבָה הִיא ; וְעַתָּה לֹא־אָנֹכִי עוֹד
18 הוּא אֲשֶׁר יִתְעוֹלֵל כָּזֹאת כִּי אִם־הַחֵטְא הַיּוֹשֵׁב בְּקִרְבִּי ; כִּי
יָדַעְתִּי אֲשֶׁר בְּקִרְבִּי הוּא בִּשְׂרִי לֹא יֵשֵׁב טוֹב הֵן הָרָצוֹן יֵשׁ עִמָּדִי
19 אֲבָל לַעֲשׂוֹת הַטּוֹב אָיִן ; כִּי אֵינֶנִּי עֹשֶׂה אֶת אֲשֶׁר־אֲנִי רֹצֶה בּוֹ
מִן־הַטּוֹב כִּי־אִם מַה־שֶּׁאֵינֶנִּי רֹצֶה מִן־הָרָע אוֹתוֹ אֲנִי עוֹשֶׂה ;
20 וְאִם אֶת־אֲשֶׁר לֹא רָצִיתִי בּוֹ אֲנִי עֹשֶׂה לֹא־עוֹד אָנֹכִי הַמִּתְעוֹלֵל
21 כִּי הַחֵטְא הַיּוֹשֵׁב בְּקִרְבִּי ; לָכֵן בִּרְצוֹתִי לַעֲשׂוֹת הַטּוֹב מֹצֵא־
22 אֲנִי בִי הַתּוֹרָה הַזֹּאת כִּי הָרַע דָּבֵק בִּי ; כִּי־בְתוֹרַת אֱלֹהִים
23 חָפַצְתִּי לְפִי הָאָדָם הַפְּנִימִי ; אַךְ רֹאֶה אֲנִי בְּאֵבָרַי תּוֹרָה אַחֶרֶת

5 אִם־נִצְמַדְנוּ לִדְמוּת מוֹתוֹ אַךְ־אָמְנָם דֻּמִים לִתְחִיָּתוֹ נִהְיֶה :
6 בַּאֲשֶׁר יֹדְעִים אֲנַחְנוּ כִּי־נִצְלַב אִתּוֹ הָאָדָם הַקַּדְמֹנִי אֲשֶׁר בָּנוּ
7 לְמַעַן יִתְבַּטֵּל גּוּף הַחֵטְא לְבִלְתִּי הֱיוֹתֵנוּ עוֹד עֲבָדִים לַחֵטְא : כִּי
8 מִי שֶׁמֵּת הוּא נַעֲשָׂה נָקִי מִן־הַחֵטְא : וְהִנֵּה אִם־מַתְנוּ עִם־
9 הַמָּשִׁיחַ נַאֲמִין כִּי גַם־נִחְיֶה עִמּוֹ : בַּאֲשֶׁר נֵדַע כִּי הַמָּשִׁיחַ אֲשֶׁר
10 חַי מִן־הַמֵּתִים לֹא יָמוּת עוֹד וְהַמָּוֶת לֹא יִשְׁלָט־בּוֹ עוֹד : כִּי
מַה־שֶּׁמֵּת מֵת לַחֵטְא פַּעַם אֶחָת וּמַה־שֶּׁחַי חַי הוּא לֵאלֹהִים :
11 וְכֵן גַּם־אַתֶּם חִשְׁבוּ אֶתְכֶם כְּמֵתִים לַחֵטְא וּכְחַיִּים לֵאלֹהִים בַּמָּשִׁיחַ
12 יֵשׁוּעַ אֲדֹנֵנוּ : אִם־כֵּן אֵפוֹא אַל־יִמְלֹךְ הַחֵטְא בְּגוּפְכֶם אֲשֶׁר יָמוּת
13 לִנְטוֹת אַחֲרֵי תַאֲוֹתָיו : גַּם אַל־תָּכִינוּ אֶת־אֶבְרֵיכֶם לִהְיוֹת כְּלֵי
עָוֶל לַחֵטְא אַךְ תָּכִינוּ אֶת־נַפְשְׁכֶם לֵאלֹהִים כַּחַיִּים מֵעִם הַמֵּתִים
14 וְאֶבְרֵיכֶם כִּכְלֵי צְדָקָה לֵאלֹהִים : וְהַחֵטְא אַל־יִמְשָׁל עוֹד בָּכֶם כִּי
15 אֵינְכֶם תַּחַת יַד־הַתּוֹרָה כִּי אִם־תַּחַת יַד־הֶחָסֶד : וְעַתָּה
מָה הֲנֶחֱטָא בַּאֲשֶׁר אֵינֶנּוּ תַחַת יַד־הַתּוֹרָה כִּי אִם־תַּחַת יַד־
16 הֶחָסֶד הֲלִילָה : הֲלֹא יְדַעְתֶּם כִּי לַאֲשֶׁר תָּכִינוּ אֶת־נַפְשְׁכֶם לִהְיוֹת
עֲבָדָיו לִשְׁמוֹעַ לוֹ הִנְּכֶם עֲבָדִים לְזֶה אֲשֶׁר תִּשְׁמְעוּ לוֹ אִם־לַחֵטְא אֱלֵי־
17 הַמָּוֶת אִם־לַמִּשְׁמַעַת אֱלֵי הַצְּדָקָה : אֲבָל תּוֹדוֹת לֵאלֹהִים כִּי־
עַבְדֵי הַחֵטְא הֱיִיתֶם וְאַחֲרֵי כֵן שְׁמַעְתֶּם בְּכָל־לְבַבְכֶם אֶל־תְּכוּנַת
18 הַלֶּקַח הַנִּמְסָר לָכֶם : שֶׁחֻרַרְתֶּם מִן־הַחֵטְא וּבְכֵן נִשְׁתַּעְבַּדְתֶּם
19 לַצְּדָקָה : עַל־דֶּרֶךְ בְּנֵי אָדָם אֲנִי מְדַבֵּר מִפְּנֵי חֻלְשַׁת בְּשַׂרְכֶם כִּי
כַּאֲשֶׁר הֲכִינוֹתֶם אֶת־אֶבְרֵיכֶם לַעֲבוֹדַת הַטֻּמְאָה וְהָרֶשַׁע לְהַרְשִׁיעַ
20 כֵּן גַּם־תָּכִינוּ אֶת־אֶבְרֵיכֶם לַעֲבוֹדַת הַצְּדָקָה לְהִתְקַדֵּשׁ : כִּי־בְעֵת
21 הֱיוֹתְכֶם עַבְדֵי הַחֵטְא חָפְשִׁים הֱיִיתֶם מִן־הַצְּדָקָה : וּמָה אֵפוֹא
הַפְּרִי שֶׁהָיָה לָכֶם אָז מֵאֵלֶּה אֲשֶׁר עַתָּה תֵּבוֹשׁוּ מֵהֶם כִּי אַחֲרִיתָם
22 הַמָּוֶת : אָכֵן עַתָּה בִּהְיוֹתְכֶם מְשֻׁחְרָרִים מִידֵי הַחֵטְא וּמְשֻׁעְבָּדִים
לֵאלֹהִים יֵשׁ לָכֶם פֶּרְיְכֶם לִקְדֻשָּׁה וְאַחֲרִיתְכֶם חַיֵּי עוֹלָמִים :
23 כִּי־שְׂכַר הַחֵטְא הוּא הַמָּוֶת וּמַתְּנַת חֶסֶד אֱלֹהִים הִיא חַיֵּי
הָעוֹלָמִים בַּמָּשִׁיחַ יֵשׁוּעַ אֲדֹנֵנוּ :

פרק ז

1 אוֹ הֲלֹא יְדַעְתֶּם אַחַי וּלְיוֹדְעֵי הַתּוֹרָה אָנֹכִי מְדַבֵּר כִּי הַתּוֹרָה
2 תִּשְׁלַט עַל־הָאָדָם כָּל־יְמֵי חַיָּיו : כִּי אֵשֶׁת אִישׁ זְקוּקָה הִיא

פרק שמיני

18 וְהַבְרֵי הַמָּשִׁיחַ בִּירֻשָׁה אִם־אָמְנָם נִתְעַפָּה אֹתוֹ לְמַעַן גַּם־אִתּוֹ נְכֻבָּד ׃ כִּי אֶחֱשׁוֹב אֲשֶׁר עִנּוּיֵי הַזְּמָן הַזֶּה אֵינָם שָׁוִים
19 אֶל־הַכָּבוֹד הֶעָתִיד לְהִגָּלוֹת עָלֵינוּ ׃ כִּי הַבְּרִיאָה מְיַחֶלֶת וְעֵינֶיהָ
20 תְלוּיוֹת לְהִתְגַּלּוֹת בְּנֵי הָאֱלֹהִים ׃ כִּי־נִכְבְּשָׁה הַבְּרִיאָה לַהֶבֶל
21 לֹא מֵרְצוֹנָהּ כִּי אִם־לְמַעַן כּוֹבְשָׁהּ וַעֲלֵי הַתִּקְוָה ׃ יַעַן אֲשֶׁר הַבְּרִיאָה גַם־הִיא חֻפְשָׁה מֵעַבְדוּת הַכִּלָּיוֹן אֶל־חֵרוּת כְּבוֹד בְּנֵי
22 הָאֱלֹהִים ׃ כִּי יָדַעְנוּ אֲשֶׁר הַבְּרִיאָה תֵּאָנַח כֻּלָּהּ יַחַד וְתָחִיל
23 עַד־הֵנָּה ׃ וְלֹא זֹאת בִּלְבַד כִּי גַם־אֲנַחְנוּ אַךְ־כִּי יֶשׁ־לָנוּ רֵאשִׁית הָרוּחַ נֵאָנַח בְּנַפְשֵׁנוּ וּנְקַוֶּה לְמִשְׁפַּט הַבָּנִים לִפְדוּת גְּוִיָּתֵנוּ ׃ כִּי
24 נוֹשַׁעְנוּ בַּתִּקְוָה אַךְ הַתִּקְוָה הַנִּרְאָה לָעֵינַיִם אֵינֶנָּה תִקְוָה כִּי
25 הַיְיַחֵל אִישׁ לַדָּבָר אֲשֶׁר הוּא רֹאֶה ׃ אֲבָל אִם־נְקַוֶּה לַאֲשֶׁר לֹא
26 רְאִינוּהוּ נְיַחֵל לוֹ בְסַבְלָנוּת ׃ וְכֵן גַּם־הָרוּחַ תֹּמֵךְ אֹתָנוּ בְּחֻלְשָׁתֵנוּ כִּי לֹא יָדַעְנוּ מַה־לְּהִתְפַּלֵּל כָּרָאוּי אָכֵן הָרוּחַ הוּא מַפְגִּיעַ
27 בַּעֲדֵנוּ בַּאֲנָחוֹת עֲמֻקּוֹת מִסַּפֵּר ׃ וְהַחֹקֵר לְבָבוֹת יוֹדֵעַ אֶת־אֲשֶׁר יַחְשֹׁב הָרוּחַ כִּי כִרְצוֹן הָאֱלֹהִים יַפְגִּיעַ בְּעַד הַקְּדוֹשִׁים ׃
28 וְהִנֵּה יָדַעְנוּ כִּי־אֹהֲבֵי אֱלֹהִים הַכֹּל יֶעֱזֹר לְטוֹב לָהֶם
29 הַמְקֹרָאִים בַּעֲצָתוֹ ׃ כִּי אֵלֶּה אֲשֶׁר יְדָעָם מִקֶּדֶם גַּם־יְעָדָם מִקֶּדֶם לִהְיוֹת דּוֹמִים לִדְמוּת בְּנוֹ וְהוּא יִהְיֶה הַבְּכוֹר בְּתוֹךְ אַחִים רַבִּים ׃
30 וְאֵת־אֲשֶׁר יָעַד אוֹתָם מִקֶּדֶם גַּם־קְרָאָם וַאֲשֶׁר קְרָאָם גַּם־הִצְדִּיקָם
31 וַאֲשֶׁר הִצְדִּיקָם גַּם־פֵּאֲרָם ׃ וְעַתָּה מַה־נֹּאמַר עַל־זֹאת
32 אִם־הָאֱלֹהִים לָנוּ מִי יָקוּם עָלֵינוּ ׃ אֲשֶׁר אַף־עַל־בְּנוֹ יְחִידוֹ לֹא חָס כִּי אִם־נְתָנוֹ בְעַד כֻּלָּנוּ הֲלֹא גַם־יִתֶּן לָנוּ עִמּוֹ אֶת־הַכֹּל ׃
33/34 מִי יָרִיב אֶת־בְּחִירֵי אֱלֹהִים הָאֱלֹהִים הַמַּצְדִּיק ׃ וּמִי־הוּא יַרְשִׁיעֵם הֵן הַמָּשִׁיחַ יֵשׁוּעַ הוּא אֲשֶׁר מֵת וְאַף גַּם־הוּקַם מֵעִם הַמֵּתִים
35 וְהוּא לִימִין הָאֱלֹהִים וְאַף יַפְגִּיעַ בַּעֲדֵנוּ ׃ מִי יַפְרִידֵנוּ מֵאַהֲבַת אֶל־הַצָּרָה וּמְצוּקָה אוֹ רְדִיפָה אוֹ רָעָב אִם עֶרְיָה אוֹ סַכָּנָה אוֹ־
36 חָרֶב ׃ כַּכָּתוּב כִּי־עָלֶיךָ הֹרַגְנוּ כָל־הַיּוֹם נֶחְשַׁבְנוּ כְּצֹאן טִבְחָה ׃
37/38 אֲבָל בְּכָל־אֵלֶּה גָּבַרְנוּ מְאֹד עַל־יְדֵי זֶה אֲשֶׁר אֲהֵבָנוּ ׃ וּבָטוּחַ אָנֹכִי כִּי לֹא הַמָּוֶת וְלֹא הַחַיִּים לֹא הַמַּלְאָכִים וְלֹא הַשְּׂרָרוֹת לֹא
39 הַהֹוֶה וְלֹא הֶעָתִיד וְלֹא הַגְּבוּרוֹת ׃ לֹא הַמָּרוֹם וְלֹא הָעֹמֶק וְלֹא כָל־בְּרִיָּה אַחֶרֶת יוּכְלוּ לְהַפְרִידֵנוּ מֵאַהֲבַת הָאֱלֹהִים אֲשֶׁר הִיא בַּמָּשִׁיחַ יֵשׁוּעַ אֲדוֹנֵנוּ ׃

24 הַנִּלְחֶמֶת לְנֶגֶד תּוֹרַת שִׂכְלִי וְתוֹלִיכֵנִי שְׁבִי לְתוֹרַת הַחֵטְא אֲשֶׁר בְּאֵבָרָי: אוֹי לִי הַגֶּבֶר הֶעָנִי מִי יַצִּילֵנִי מִגּוּף הַמָּוֶת הַזֶּה:
25 מוֹדֶה אֲנִי לֵאלֹהִים בְּיֵשׁוּעַ הַמָּשִׁיחַ אֲדוֹנֵנוּ: לָכֵן אֲנִי עֹבֵד בְּשִׂכְלִי אֶת־תּוֹרַת הָאֱלֹהִים וַאֲנִי בִבְשָׂרִי עֶבֶד לְתוֹרַת הַחֵטְא:

פרק ח'

1 עַל־כֵּן אֵין דָּבָר לְהַרְשִׁיעַ אֶת־אֵלֶּה אֲשֶׁר הֵם בַּמָּשִׁיחַ יֵשׁוּעַ:
2 כִּי תּוֹרַת רוּחַ הַחַיִּים בַּמָּשִׁיחַ יֵשׁוּעַ שִׁחְרְרָה אוֹתָךְ מִתּוֹרַת הַחֵטְא וְהַמָּוֶת: כִּי מַה שֶּׁלֹּא יָכְלָה הַתּוֹרָה לַעֲשׂוֹת בִּדְיוֹתָהּ
3 נֶחְלָשָׁה עַל־יְדֵי הַבָּשָׂר עָשָׂה הָאֱלֹהִים בְּשָׁלְחוֹ אֶת־בְּנוֹ בְּתֹאַר
4 בְּשַׂר הַחֵטְא וּבְעַד הַחֵטְא וַיַּרְשִׁיעַ אֶת־הַחֵטְא בַּבָּשָׂר: לְמַעַן תִּמָּלֵא צִדְקַת הַתּוֹרָה בָּנוּ הַמִּתְהַלְּכִים לֹא בַבָּשָׂר כִּי־אִם בָּרוּחַ:
5 כִּי אֵלֶּה אֲשֶׁר שֶׁל־הַבָּשָׂר הֵם בְּעִנְיְנֵי הַבָּשָׂר יַחְשֹׁבוּ וְאֵלֶּה אֲשֶׁר
6 שֶׁל־הָרוּחַ הֵם בְּעִנְיְנֵי הָרוּחַ יַחְשֹׁבוּ: כִּי מַחֲשֶׁבֶת הַבָּשָׂר הִיא
7 הַמָּוֶת וּמַחֲשֶׁבֶת הָרוּחַ הַחַיִּים וְהַשָּׁלוֹם: יַעַן מַחֲשֶׁבֶת הַבָּשָׂר רַק שִׂנְאַת אֱלֹהִים הִיא בַּאֲשֶׁר לֹא תִשְׁתַּעְבֵּד לְתוֹרַת הָאֱלֹהִים וְאַף
8 אֵינֶנָּה יְכוֹלָה: וְאֵלֶּה אֲשֶׁר בַּבָּשָׂר אִי אֶפְשָׁר שֶׁיִּדָּפֵץ בָּהֶם
9 הָאֱלֹהִים: וְאַתֶּם אֵינְכֶם בַּבָּשָׂר כִּי אִם־בָּרוּחַ אִם־בֶּאֱמֶת רוּחַ הָאֱלֹהִים שׁוֹכֵן בְּקִרְבְּכֶם אַךְ אֲשֶׁר אֵין בּוֹ רוּחַ הַמָּשִׁיחַ אֵינֶנּוּ
10 שֶׁלּוֹ: וְאִם־הַמָּשִׁיחַ בְּקִרְבְּכֶם אָז הַגּוּף מֵת הוּא בִּגְלַל הַחֵטְא
11 וְהָרוּחַ חַיִּים הוּא בִּגְלַל הַצְּדָקָה: וְאִם־יִשְׁכֹּן בְּקִרְבְּכֶם רוּחַ הַמֵּקִיץ אֶת־יֵשׁוּעַ מִן־הַמֵּתִים הוּא אֲשֶׁר הֵקִיץ אֶת־הַמָּשִׁיחַ יֵשׁוּעַ מִן־הַמֵּתִים גַּם אֶת־גְּוִיּוֹתֵיכֶם הַמֵּתוֹת יְחַיֶּה עַל־יְדֵי רוּחוֹ הַשּׁוֹכֵן בְּקִרְבְּכֶם:
12 לָכֵן אַחַי חַיָּבִים אֲנַחְנוּ אַךְ לֹא לַבָּשָׂר לָלֶכֶת בְּדֶרֶךְ הַבָּשָׂר:
13 כִּי אִם־תֵּלְכוּ בְדֶרֶךְ הַבָּשָׂר מוֹת תְּמוּתוּן וְאִם עַל־יְדֵי הָרוּחַ
14 תְּמוֹתְתוּ אֶת־מַעַלְלֵי הַבָּשָׂר חָיֹה תִחְיוּ: כִּי־כֹל אֲשֶׁר רוּחַ הָאֱלֹהִים יִנְהֲגֵם בְּנֵי הָאֱלֹהִים הֵמָּה: כִּי לֹא קִבַּלְתֶּם רוּחַ עַבְדוּת
15 לָשׁוּב לְיִרְאָה כִּי אִם־קִבַּלְתֶּם רוּחַ שֶׁל־מִשְׁפַּט בָּנִים אֲשֶׁר בּוֹ
16 קֹרְאִים אֲנַחְנוּ אַבָּא אָבִינוּ: וְהָרוּחַ הַהוּא מֵעִיד בְּרוּחֵנוּ כִּי־בְנֵי
17 אֱלֹהִים אֲנַחְנוּ: וְאִם־בָּנִים אֲנַחְנוּ גַּם־יוֹרְשִׁים נִהְיֶה יוֹרְשֵׁי אֱלֹהִים

פרק עשירי

26 שֶׁיֹּאמַר בְּהוֹשֵׁעַ אֶקְרָא לְלֹא־עַמִּי עַמִּי וּלְלֹא־רֻחָמָה רֻחָמָה וְהָיָה
בִּמְקוֹם אֲשֶׁר־יֵאָמֵר לָהֶם לֹא־עַמִּי אַתֶּם יֵאָמֵר לָהֶם בְּנֵי אֵל־חָי:
27 וִישַׁעְיָה צֹוַח עַל־יִשְׂרָאֵל כִּי אִם־יִהְיֶה מִסְפַּר בְּנֵי יִשְׂרָאֵל כְּחוֹל
28 הַיָּם שְׁאָר יָשׁוּב בּוֹ: כִּי כָלָה וְנֶחֱרָצָה אֲדֹנָי עֹשֶׂה בְּקֶרֶב הָאָרֶץ:
29 וְכַאֲשֶׁר יְשַׁעְיָה אָמַר לְפָנִים לוּלֵי יְהֹוָה צְבָאוֹת הוֹתִיר לָנוּ שָׂרִיד
30 כִּמְעַט כִּסְדֹם הָיִינוּ לַעֲמֹרָה דָּמִינוּ: וְעַתָּה מַה־נֹּאמַר
כִּי הַגּוֹיִם אֲשֶׁר לֹא רָדְפוּ אַחֲרֵי הַצְּדָקָה הִשִּׂיגוּ אֶת־הַצְּדָקָה
31 הִיא הַצְּדָקָה אֲשֶׁר מִתּוֹךְ הָאֱמוּנָה: וְיִשְׂרָאֵל אֲשֶׁר רָדַף אַחֲרֵי
32 תּוֹרָה מַצְדֶּקֶת לְחוֹרָה כָזֹאת לֹא הִגִּיעַ: וּמַדּוּעַ יַעַן אֲשֶׁר־לֹא
מֵאֱמוּנָה דְּרָשׁוּהָ כִּי אִם־מִמַּעֲשִׂים כִּי הִתְנַגְּפוּ בְּאֶבֶן נֶגֶף:
33 כַּכָּתוּב הִנְנִי יִסַּד בְּצִיּוֹן אֶבֶן נֶגֶף וְצוּר מִכְשׁוֹל וְהַמַּאֲמִין בּוֹ
לֹא יָחִישׁ:

פרק י׳

1 אַחַי חֵפֶץ לְבָבִי וּתְפִלָּתִי לֵאלֹהִים בַּעֲדָם אֲשֶׁר יִוָּשֵׁעוּ: כִּי
2 מֵעִיד אֲנִי עֲלֵיהֶם שֶׁיֵּשׁ לָהֶם קִנְאָה לֵאלֹהִים אַךְ לֹא־בְדָעַת: כִּי
3 אֶת־צִדְקַת אֱלֹהִים לֹא יָדְעוּ וַיְבַקְשׁוּ לְהָקִים אֶת־צִדְקַת נַפְשָׁם
4 וּבַעֲבוּר זֹאת לְצִדְקַת אֱלֹהִים לֹא נִכְנָעוּ: כִּי־תַכְלִית הַתּוֹרָה הוּא
5 הַמָּשִׁיחַ לְצִדְקַת כָּל־הַמַּאֲמִין בּוֹ: הֵן מֹשֶׁה כָּתַב כִּי הָאָדָם
אֲשֶׁר יַעֲשֶׂה אֶת־הַצְּדָקָה אֲשֶׁר מִתּוֹךְ הַתּוֹרָה הוּא יִחְיֶה
6 בָהּ: וְהַצְּדָקָה אֲשֶׁר מִתּוֹךְ הָאֱמוּנָה כֹּה אֹמֶרֶת אַל־תֹּאמַר
7 בִּלְבָבְךָ מִי־יַעֲלֶה הַשָּׁמַיְמָה הָרָצוֹן בּוֹ לְהוֹרִיד אֶת־הַמָּשִׁיחַ: אוֹ
מִי־יֵרֵד שְׁאוֹלָה הָרָצוֹן בּוֹ לְהַעֲלוֹת אֶת־הַמָּשִׁיחַ בֵּין־הַמֵּתִים:
8 אֲבָל מַה־הִיא אֹמֶרֶת קָרוֹב אֵלֶיךָ הַדָּבָר בְּפִיךָ וּבִלְבָבְךָ הוּא
9 דְּבַר הָאֱמוּנָה אֲשֶׁר אֲנַחְנוּ מְבַשְּׂרִים: כִּי אִם־תּוֹדֶה בְּפִיךָ אֲשֶׁר
יֵשׁוּעַ הוּא הָאָדוֹן וְתַאֲמִין בִּלְבָבְךָ אֲשֶׁר הָאֱלֹהִים הֱקִיצוֹ מִן־
10 הַמֵּתִים אָז תִּוָּשֵׁעַ: כִּי בִלְבָבוֹ יַאֲמִין הָאָדָם וְהָיָה לוֹ לִצְדָקָה
11 וּבְפִידוּ יוֹדֶה וְהָיָה לוֹ לִישׁוּעָה: כִּי הַכָּתוּב אֹמֵר
12 כָּל־הַמַּאֲמִין בּוֹ לֹא יָחִישׁ: וְאֵין הַבְדֵּל בָּזֶה בֵּין הַיְּהוּדִי לַיְּוָנִי כִּי
13 אָדוֹן אֶחָד לְכֻלָּם רַב־טוּב לְכָל־קֹרְאָיו: כִּי־כֹל אֲשֶׁר־יִקְרָא בְשֵׁם
14 יְהֹוָה יִמָּלֵט: וְעַתָּה אֵיךְ יִקְרְאוּ אֶל־אֲשֶׁר לֹא־הֶאֱמִינוּ בוֹ וְאֵיךְ

פרק ט'

1 אֱמֶת אֲנִי מְדַבֵּר בַּמָּשִׁיחַ וְלֹא אֲשַׁקֵּר וְדַעְתִּי מְעִידָה עָלַי
2 בְּרוּחַ הַקֹּדֶשׁ : כִּי־גָדוֹל עִצְבוֹנִי וְאֵין־קֵץ לְדַאֲבוֹן לִבִּי : כִּי־גַם
3
שָׁאַלְתִּי לִהְיוֹת אֲנִי־בְעַצְמִי מָחֳרָם מִן־הַמָּשִׁיחַ בְּעַד אַחַי שְׁאֵרִי
4 וּבְשָׂרִי : אֲשֶׁר הֵם בְּנֵי יִשְׂרָאֵל וְיֵשׁ לָהֶם מִשְׁפַּט הַבָּנִים וְהַכָּבוֹד
5 וְהַבְּרִיתוֹת וּמַתַּן הַתּוֹרָה וְהָעֲבוֹדָה וְהַהַבְטָחוֹת : וְלָהֶם הָאָבוֹת
וַאֲשֶׁר מֵהֶם יָצָא הַמָּשִׁיחַ לְפִי בְשָׂרוֹ אֲשֶׁר־הוּא אֵל עַל־הַכֹּל
6 מְבֹרָךְ לְעוֹלָמִים אָמֵן : וְלֹא כֵן הוּא כְּאִלּוּ נָפַל דְּבַר אֱלֹהִים
7 אָרְצָה כִּי לֹא־כָל שֶׁהֵם מִיִּשְׂרָאֵל גַּם יִשְׂרָאֵל הֵמָּה : וְאַף־לֹא
8 עַל־הֱיוֹתָם זֶרַע אַבְרָהָם כֻּלָּם בָּנִים כִּי בְיִצְחָק יִקָּרֵא לְךָ זָרַע :
הָרָצוֹן בּוֹ לֹא בְנֵי־הַבָּשָׂר הֵמָּה בְּנֵי הָאֱלֹהִים כִּי אִם־בְּנֵי־
9 הַהַבְטָחָה הֵם הַנֶּחְשָׁבִים לְזָרַע : כִּי־דְבַר הַהַבְטָחָה הוּא מַה־
10 שֶּׁנֶּאֱמַר לַמּוֹעֵד אָשׁוּב וּלְשָׂרָה בֵן : וְלֹא־זֹאת בִּלְבַד כִּי גַם־רִבְקָה
11 בְּהֵרוֹתָהּ הָרָה לְיָחִיד לְיִצְחָק אָבִינוּ : בְּטֶרֶם יֻלְּדוּ בָנֶיהָ וְעוֹד
לֹא־עָשׂוּ טוֹב אוֹ רָע לְמַעַן תָּקוּם עֲצַת הָאֱלֹהִים וּבְחִירָתוֹ לֹא
12 בִגְלַל מַעֲשִׂים כִּי אִם־כִּרְצוֹן הַקּוֹרֵא : וַיֻּגַּד לָהּ כִּי־רַב יַעֲבֹד
13 צָעִיר : כַּכָּתוּב וָאֹהַב אֶת־יַעֲקֹב וְאֶת־עֵשָׂו שָׂנֵאתִי :   אִם־כֵּן
14
15 מַה־נֹּאמַר הֲכִי יֶשׁ־עָוֶל בֵּאלֹהִים חָלִילָה : כִּי לְמֹשֶׁה אָמַר וְחַנֹּתִי
16 אֶת־אֲשֶׁר אָחֹן וְרִחַמְתִּי אֶת־אֲשֶׁר אֲרַחֵם : וְעַל־כֵּן אֵין הַדָּבָר
לֹא־בְיַד הָרוֹצֶה וְלֹא־בְיַד הָרָץ כִּי אִם־בְּיַד הָאֱלֹהִים הַמְרַחֵם :
17 כִּי־כֵן הַכָּתוּב אוֹמֵר לְפַרְעֹה בַּעֲבוּר זֹאת הֶעֱמַדְתִּיךָ בַּעֲבוּר
18 הַרְאֹתְךָ אֶת־כֹּחִי וּלְמַעַן סַפֵּר שְׁמִי בְּכָל־הָאָרֶץ : וְיוֹצֵא מִזֶּה כִּי
19 אֶת־אֲשֶׁר יִרְצֶה יְחָנֶנּוּ וְאֶת־אֲשֶׁר יִרְצֶה יַקְשֵׁהוּ : וְכִי תֹאמַר אֵלַי
20 לָמָּה־זֶּה יוֹכִיחַ כִּי נֶגֶד רְצוֹנוֹ מִי יִתְיַצָּב : אָמְנָם בֶּן־אָדָם מִי
אַתָּה אֲשֶׁר תָּרִיב אֶת־הָאֱלֹהִים הֲיֹאמַר יֵצֶר לְיוֹצְרוֹ לָמָּה כָּכָה
21 עֲשִׂיתָנִי : אִם־אֵין רְשׁוּת לַיּוֹצֵר עַל־הַחֹמֶר לַעֲשׂוֹת מִגֹּלֶם אֶחָד כְּלִי
22 אֶחָד לְכָבוֹד וְאֶחָד לְבִזָּיוֹן : וּמָה אֵפוֹא אִם־חָפֵץ הָאֱלֹהִים
לְהַרְאוֹת אֶת־זַעְמוֹ וּלְהוֹדִיעַ אֶת־גְּבוּרָתוֹ וַיִּשָּׂא בְּכָל־אֹרֶךְ רוּחוֹ
23 אֶת־כְּלֵי הַזַּעַם הַמְּכוֹנִים לַאֲבַדּוֹן : וַיַּחְפֹּץ לְהוֹדִיעַ אֶת־עֹשֶׁר
24 כְּבוֹדוֹ עַל־כְּלֵי הַחֲנִינָה אֲשֶׁר יְעָדָם לַכָּבוֹד : וּמֵהֶם אֲנָחְנוּ
25 מְקֹרָאָיו לֹא מִן־הַיְּהוּדִים בִּלְבַד אֶלָּא אַף מִן־הַגּוֹיִם : כְּמוֹ

פרק אחד עשר

14 אָנֹכִי אֶת־בְּשָׂרִי אֲפָאֵר: אוּלַי אוּכַל לְהַקְנִיא אֶת־אֵלֶּה אֲשֶׁר
15 בְּשָׂרִי הֵם וּלְהוֹשִׁיעַ מִקְצָתָם: כִּי אִם־בְּעוּלָם רְצוּי לְעוֹלָם מַה־
אֵפוֹא תִּהְיֶה אֲסִיפָתָם הֲלֹא חַיִּים מִן־הַמֵּתִים:
16 וְאִם הַתְּרוּמָה קֹדֶשׁ גַּם־כֵּן הָעִסָּה וְאִם־הַשֹּׁרֶשׁ קֹדֶשׁ גַּם־כֵּן
17 הָעֲנָפִים: וְכִי נִטְרְפוּ מִקְצָת הָעֲנָפִים וְאַתָּה זֵית הַיַּעַר הָרְכַּבְתָּ
18 בִּמְקוֹמָם וְנִתְחַבַּרְתָּ לְשֹׁרֶשׁ הַזַּיִת וּלְדִשְׁנוּ: אַל־תִּתְפָּאֵר עַל־
הָעֲנָפִים וְאִם תִּתְפָּאֵר דַּע שֶׁאֵין אַתָּה נוֹשֵׂא אֶת־הַשֹּׁרֶשׁ כִּי אִם־
19 הַשֹּׁרֶשׁ הוּא נוֹשֵׂא אוֹתָךְ: וְכִי תֹאמַר הֲלֹא נִטְרְפוּ עֲנָפִים לְמַעַן
20 אָרְכַּב אָנֹכִי: כֵּן הוּא הֵמָּה נִטְרְפוּ עַל־אֲשֶׁר לֹא הֶאֱמִינוּ וְאַתָּה
21 הִנְּךָ קַיָּם עַל־יְדֵי הָאֱמוּנָה אַל־יִתְגָּאֶה כִּי אִם־יְרָא: כִּי הָאֱלֹהִים
אֲשֶׁר לֹא־חָס עַל־הָעֲנָפִים הַנּוֹלָדִים מִן־הָעֵץ גַּם־עָלֶיךָ לֹא
22 יָחוּס: לָכֵן רְאֵה־נָא אֶת־טוֹב אֱלֹהִים וְאֶת־יָדוֹ הַחֲזָקָה יָדוֹ
הַחֲזָקָה עַל־אוֹתָם שֶׁנָּפְלוּ וְעָלֶיךָ טוּב אֱלֹהִים כִּי־תַעֲמֹד בַּטּוּב
23 שֶׁאִם־לֹא גַּם־אַתָּה תִגָּדֵעַ: וְגַם הֵמָּה אִם־לֹא יַעַמְדוּ בְחֹסֶר
24 אֱמוּנָתָם יֻרְכָּבוּ כִּי־יָכֹל הָאֱלֹהִים לָשׁוּב לְהַרְכִּיבָם: כִּי אִם־אַתָּה
נִקְפַּצְתָּ מֵעֵץ הַשֶּׁמֶן אֲשֶׁר זָר־הוּא כִּבְרִיָּתוֹ וְהָרְכַּבְתָּ שֶׁלֹּא כְדָת
עַל־זֵית טוֹב הַנּוֹלָדִים בְּמִמּוּ עַל־אַחַת כַּמָּה וְכַמָּה שֶׁיֻּרְכְּבוּ
25 בַּזֵּיִת שֶׁלָּהֶם: כִּי לֹא־אַעֲלִים מִכֶּם אַחַי אֶת־הַסּוֹד
הַזֶּה פֶּן־תִּהְיוּ חֲכָמִים בְּעֵינֵיכֶם כִּי יִשְׂרָאֵל הֻכָּה לְמִקְצָת בְּעִוָּרוֹן
26 עַד כִּי־יִפָּנֵס מְלוֹא הַגּוֹיִם: וְכֵן כָּל־יִשְׂרָאֵל יִוָּשֵׁעַ כַּכָּתוּב וּבָא
27 מִצִּיּוֹן גּוֹאֵל לְהָשִׁיב פֶּשַׁע בְּיַעֲקֹב: וַאֲנִי זֹאת בְּרִיתִי אוֹתָם
28 בַּהֲסִירִי חַטֹּאתָם: הֵן לְפִי הַבְּשׂוֹרָה שְׂנוּאִים הֵם לְמַעַנְכֶם אַךְ
29 לְפִי הַבְּחִירָה חֲבִיבִים לְמַעַן הָאָבוֹת: כִּי לֹא־יִנָּחֵם הָאֱלֹהִים
30 עַל־מַתְּנוֹתָיו וְעַל־קְרִיאָתוֹ: כִּי כַּאֲשֶׁר אַתֶּם מִלְּפָנִים מַמְרִים
31 הֱיִיתֶם אֶת־פִּי אֱלֹהִים וְעַתָּה הוּחַנְתֶּם בְּמִרְיָם שֶׁל־אֵלֶּה: כֵּן
גַּם־אֵלֶּה עַתָּה מַמְרִים הָיוּ לְמַעַן עַל־יְדֵי הֲנִינַתְכֶם גַּם־הֵם
32 יֵחָנּוּ: כִּי־אָסַר הָאֱלֹהִים אֶת־כֻּלָּם תַּחַת הַמֶּרִי לְמַעַן יָחֹן
33 אֶת־כֻּלָּם: מַה־מְּאֹד עָמְקוּ עֹשֶׁר חָכְמַת אֱלֹהִים וְדַעְתּוֹ מִשְׁפָּטָיו
34 מִי יַחְקֹר וּדְרָכָיו מִי יִמְצָא: כִּי מִי־תִכֵּן אֶת־רוּחַ יְהוָה וְאִישׁ
35 עֲצָתוֹ יוֹדִיעֶנּוּ: אוֹ מִי הִקְדִּימוֹ וִישַׁלֶּם לוֹ: הֲלֹא הַכֹּל מִמֶּנּוּ
36 וְהַכֹּל בּוֹ וְהַכֹּל אֵלָיו אֲשֶׁר־לוֹ הַכָּבוֹד לְעוֹלָמִים אָמֵן:

15 יַאֲמִינוּ בַּאֲשֶׁר לֹא שֻׁמְּעוּ אֶת־שָׁמְעוֹ וְאֵיךְ יִשְׁמְעוּ בְּאֵין מַגִּיד:
15 וְאֵיךְ יַגִּידוּ אִם־אֵינָם שְׁלוּחִים כַּכָּתוּב מַה־נָּאווּ רַגְלֵי מְבַשֵּׂר
16 טוֹב: אַךְ לֹא־כֻלָּם שָׁמְעוּ לְקוֹל הַבְּשׂוֹרָה כִּי יְשַׁעְיָה אָמַר יְהוָה
17 מִי הֶאֱמִין לִשְׁמֻעָתֵנוּ: לָכֵן הָאֱמוּנָה בָּאָה מִתּוֹךְ הַשְּׁמוּעָה
18 וְהַשְּׁמוּעָה עַל־יְדֵי דְבַר־הַמָּשִׁיחַ: וְאֹמַר הֲכִי לֹא שָׁמְעוּ אָמְנָם
19 בְּכָל־הָאָרֶץ יָצָא קַוָּם וּבִקְצֵה תֵבֵל מִלֵּיהֶם: וְאֹמַר הֲכִי יִשְׂרָאֵל
לֹא יָדַע הִנֵּה דָוִד כְּבָר מֹשֶׁה אָמַר אֲנִי אַקְנִיאֲכֶם בְּלֹא־עָם בְּגוֹי נָבָל
20 אַכְעִיסְכֶם: וִישַׁעְיָה מָלְאוֹ לִבּוֹ לֵאמֹר נִמְצֵאתִי לְלֹא בִקְשֻׁנִי
21 נִדְרַשְׁתִּי לְלוֹא שְׁאֵלוּ: וְעַל־יִשְׂרָאֵל הוּא אֹמֵר כָּל־הַיּוֹם פֵּרַשְׂתִּי
יָדַי אֶל־עַם סוֹרֵר וּמֹרֶה:

פרק י״א

1 עַל־כֵּן אֲנִי אֹמֵר הֲכִי זָנַח הָאֱלֹהִים אֶת־עַמּוֹ חָלִילָה כִּי
2 גַם־אָנֹכִי בֶּן־יִשְׂרָאֵל מִזֶּרַע אַבְרָהָם לְמַטֵּה בִנְיָמִן: לֹא־זָנַח
הָאֱלֹהִים אֶת־עַמּוֹ אֲשֶׁר יָדְעוֹ מִקֶּדֶם אִם־לֹא תֵדְעוּ מָה־הַכָּתוּב
3 אָמַר בְּאֵלִיָּהוּ כַּאֲשֶׁר צָעַק אֶל־הָאֱלֹהִים עַל־יִשְׂרָאֵל: יְהוָה
אֶת־נְבִיאֶיךָ הָרָגוּ וְאֶת־מִזְבְּחֹתֶיךָ הָרָסוּ וְאִוָּתֵר אֲנִי לְבַדִּי
4 וַיְבַקְשׁוּ אֶת־נַפְשִׁי: אֲבָל מֶה־עָנָה אֹתוֹ מַעֲנֵה אֱלֹהִים הִשְׁאַרְתִּי
5 לִי שִׁבְעַת אֲלָפִים אִישׁ אֲשֶׁר לֹא־כָרְעוּ לַבָּעַל: וְכֵן גַּם־בָּעֵת
6 הַזֹּאת נוֹתְרָה שְׁאֵרִית עַל־פִּי בְּחִירַת הֶחָסֶד: וְאִם־עַל־יְדֵי
הַחֶסֶד הָיְתָה זֹאת לֹא הָיְתָה עַל־יְדֵי הַמַּעֲשִׂים כִּי לוּלֵי כֵן הַחֶסֶד
אֵינוֹ־עוֹד חָסֶד:
7 וְעַתָּה מַה־הוּא אֵת אֲשֶׁר־בִּקֵּשׁ יִשְׂרָאֵל לֹא הִגִּיעַ לוֹ אַךְ
8 הַנִּבְחָרִים הֵם הִגִּיעוּ לוֹ וְהַנִּשְׁאָרִים הֻפּוּ בְעִוָּרוֹן: כַּכָּתוּב נָתַן
לָהֶם הָאֱלֹהִים רוּחַ תַּרְדֵּמָה עֵינַיִם לֹא לִרְאוֹת וְאָזְנַיִם לֹא
9 לִשְׁמֹעַ עַד־הַיּוֹם הַזֶּה: וְדָוִד הוּא אֹמֵר יְהִי שֻׁלְחָנָם לְפַח
10 וּלְשַׁלּוּמִים לְמוֹקֵשׁ: תֶּחְשַׁכְנָה עֵינֵיהֶם מֵרְאוֹת וּמָתְנֵיהֶם תָּמִיד
11 הַמְעַד: לָכֵן אֲנִי אֹמֵר הֲנִכְשְׁלוּ לְמַעַן יִפֹּלוּ חָלִילָה:
12 אֶלָּא בְפִשְׁעָם הַיְשׁוּעָה יָצְאָה לַגּוֹיִם לְמַעַן הַקְנִיאָם: וְאִם־פִּשְׁעָם
הֶעֱשִׁיר אֶת־הָעוֹלָם וְהֶסְרוֹנָם הֶעֱשִׁיר הַגּוֹיִם שְׁלֵמוּתָם עַל־אַחַת
13 כַּמָּה וְכַמָּה: אֲלֵיכֶם הַגּוֹיִם אֲנִי מְדַבֵּר וּכְפִי אֲשֶׁר שְׁלִיחַ הַגּוֹיִם

פרק י״ג

1 כָּל־נֶפֶשׁ תַּטְבַּע לִגְדֻלַּת הָרָשֻׁיּוֹת כִּי־אֵין רָשׁוּת כִּי אִם־מֵאֵת
2 הָאֱלֹהִים וַאֲשֶׁר הָיוּ עַל־יַד אֱלֹהִים נִתְמַנּוּ : לָכֵן כָּל־הַמִּתְנַגֵּד
לָרָשֻׁיּוֹת מֹרֵד הוּא בִּפְקוּד הָאֱלֹהִים וְהַמֹּרְדִים יִשְׂאוּ אֶת־דִּינָם :
3 כִּי־בַעֲלֵי בֵית־דִּין אֵין לְפַחַד מֵהֶם עַל־הַמַּעֲשִׂים הַטּוֹבִים אַךְ
עַל־הָרָעִים יַעַל־כֵּן אִם־רְצוֹנְךָ שֶׁלֹּא תִירָא מִן־הָרָשׁוּת עֲשֵׂה
4 הַטּוֹב וְיִהְיֶה־לְּךָ שְׁבָחֲךָ מִמֶּנָּה : כִּי־מְשָׁרֵת אֱלֹהִים הִיא לְטוֹב
לָךְ אַךְ אִם־הָרַע תַּעֲשֶׂה יְרָא כִּי לֹא לְחִנָּם חֲגֻרַת־חֶרֶב הִיא
כִּי־מְשָׁרֵת אֱלֹהִים הִיא נֹקֶמֶת בְּקִצְפָּהּ בְּכָל־עוֹשֵׂה הָרָע :
5 עַל־כֵּן עָלֵינוּ לְהִכָּנַע לֹא לְבַד בַּעֲבוּר הַקֶּצֶף כִּי־גַם בַּעֲבוּר
6 הַדָּעַת : כִּי עַל־כֵּן אֶת אַת־מְשַׁלְּמִים אַתֶּם אֶת־הַמַּס כִּי־בִשָׁרְתֵי
7 אֱלֹהִים הֵמָּה הַשּׁוֹקְדִים עַל־זֹאת : תְּנוּ לְכָל־אִישׁ כְּחוֹבַתְכֶם
הַמַּס לַאֲשֶׁר לוֹ הַמַּס וְהַמֶּכֶס לַאֲשֶׁר לוֹ הַמֶּכֶס וְהַמּוֹרָא לַאֲשֶׁר
8 נָאֶה־לוֹ הַמּוֹרָא וְהַכָּבוֹד לַאֲשֶׁר נָאֶה־לוֹ הַכָּבוֹד : וְאַל־תִּהְיוּ
חַיָּבִים לְאִישׁ דָּבָר זוּלָתִי אַהֲבַת אִישׁ אֶת־רֵעֵהוּ כִּי הָאֹהֵב
9 אֶת־חֲבֵרוֹ קִיֵּם אֶת־הַתּוֹרָה : כִּי לֹא תִנְאָף לֹא תִרְצַח לֹא תִגְנֹב
לֹא־תַעֲנֶה עֵד שָׁקֶר לֹא תַחְמֹד וְאִם־יֵשׁ מִצְוָה אַחֶרֶת כְּלוּלָה הִיא
10 בַּמַּאֲמָר הַזֶּה וְאָהַבְתָּ לְרֵעֲךָ כָּמוֹךָ : הָאַהֲבָה לֹא תָרַע לָרֵעַ עַל־כֵּן
11 הָאַהֲבָה הִיא קִיּוּם הַתּוֹרָה כֻלָּהּ : וְאַף יָדַעְנוּ אֶת־הַזְּמָן כִּי־כְבָר
הִגִּיעָה הַשָּׁעָה לְהָקִיץ מִן־הַשֵּׁנָה כִּי יְשׁוּעָתֵנוּ קְרוֹבָה עַתָּה בַיּוֹם
12 אֲשֶׁר בָּאנוּ לְהַאֲמִין : אָפֵס הַלַּיְלָה וְהַיּוֹם קָרֵב לָכֵן נָסִירָה־נָּא
13 אֶת־מַעֲשֵׂי הַחֹשֶׁךְ וְנִלְבְּשָׁה אֶת־כְּלֵי הָאוֹר : וְנִתְנַהֵג צְנוּעִים
כְּבַיּוֹם לֹא בְזוֹלְלוּת וּבְשִׁכָּרוֹן וְלֹא בִבְעִילוֹת וְתַעֲנוּגוֹת וְלֹא בִמְרִיבָה
14 וְקִנְאָה : כִּי אִם־לְבָשׁוּ אֶת־הָאָדוֹן יֵשׁוּעַ הַמָּשִׁיחַ וְהָשִׁיבוּ לִבְשַׂרְכֶם
אַךְ־לֹא לְהַגְבִּיר הַתַּאֲווֹת :

פרק י״ד

1 וַאֲשֶׁר אֵינֶנּוּ חָזָק בָּאֱמוּנָה אוֹתוֹ קַבְּלוּ אַךְ לֹא לָדַהֲרוֹץ מִשְׁפָּט
2 עַל־מַחְשְׁבוֹתָיו : יֵשׁ מַאֲמִין שֶׁיּוּכַל לֶאֱכֹל כָּל־דָּבָר וַאֲשֶׁר אֵינֶנּוּ
3 חָזָק רַק אֶת־הַיֶּרֶק יֹאכֵל : הָאֹכֵל אַל־יָבֶז אֶת־אֲשֶׁר לֹא יֹאכַל

פרק י"ב

1 לָכֵן הִנְנִי מַזְהִיר אֶתְכֶם אַחַי בְּרַחֲמֵי אֱלֹהִים אֲשֶׁר תָּשִׂימוּ אֶת־גְּוִיּוֹתֵיכֶם קָרְבָּן חַי וְקָדוֹשׁ וְנִרְצֶה לֵאלֹהִים וְזֹאת תִּהְיֶה
2 עֲבוֹדַתְכֶם הַשִּׂכְלִית: וְאַל־תִּדַּמּוּ לָעוֹלָם הַזֶּה כִּי־אִם הִתְחַלְּפוּ בְּהִתְחַדֵּשׁ דַּעְתְּכֶם לְמַעַן תִּבְחֲנוּ לָדַעַת מַה־הוּא רְצוֹן הָאֱלֹהִים
3 הַטּוֹב וְהַנֶּחְמָד וְהַשָּׁלֵם: כִּי אֲנִי עַל־פִּי הַחֶסֶד הַנִּתָּן לִי אֹמֵר לְכָל־אִישׁ וְאִישׁ מִכֶּם שֶׁלֹּא יַחְשֹׁב לְמַעֲלָה מִמַּה־שֶּׁרָאוּי לוֹ לַחְשֹׁב כִּי אִם־יַצְנִיעַ בְּמַחְשְׁבוֹתָיו כְּפִי מִדַּת הָאֱמוּנָה אֲשֶׁר־
4 חָלַק לוֹ הָאֱלֹהִים: כִּי כַּאֲשֶׁר בְּגוּף אֶחָד יֶשׁ־לָנוּ אֵבָרִים הַרְבֵּה
5 וְאֵין פְּעֻלָּה אַחַת לְכָל־הָאֵבָרִים: כֵּן אֲנַחְנוּ הָרַבִּים גּוּף אֶחָד
6 בַּמָּשִׁיחַ וְכָל־אֶחָד וְאֶחָד מִמֶּנּוּ אֵבָר לַחֲבֵרוֹ הוּא: וְיֶשׁ־לָנוּ מַתָּנוֹת שׁוֹנוֹת כְּפִי הַחֶסֶד הַנִּתָּן לָנוּ אִם־נְבוּאָה תְּהִי כְפִי־מִדַּת
7 הָאֱמוּנָה: וְאִם־לְאִישׁ שֵׁרוּת יַעֲמֹל בַּשֵּׁרוּת וְאִם־מוֹרֶה
8 בְּהוֹרָאָה: וְאִם־מוֹכִיחַ בַּתּוֹכֵחָה הַפֹּתֵחַ יַעֲשֶׂה בְתָם־לֵבָב
9 וְהַמְמַנְהִיג בִּשְׁקִידָה וְהַגּוֹמֵל חֶסֶד בְּחֶדְוָה: הָאַהֲבָה
10 תִּהְיֶה בְּלִי חֲנֻפָּה שִׂנְאוּ אֶת־הָרָע וְדִבְקוּ בַטּוֹב: בְּאַהֲוָה הַרְבּוּ לַעֲשׂוֹת חֶסֶד אִישׁ אֶת־רֵעֵהוּ וּבְכָבוֹד הַקְדִּימוּ אִישׁ אֶת־רֵעֵהוּ:
11/12 שְׁקֹדוּ וְאַל־תֵּעָצֵלוּ תֵּחַמּוּ בָּרוּחַ עִבְדוּ אֶת־הָאָדוֹן: שִׂמְחוּ
13 בַתּוֹחֶלֶת סִבְלוּ אֶת־הַלַּחַץ הִתְחַזְּקוּ בַתְּפִלָּה: הִשְׁתַּתְּפוּ אֶל־צָרְכֵי
14 הַקְּדוֹשִׁים הַכְנֵס אֹרְחִים תִּרְדֹּפוּ: בָּרְכוּ אֶת־רֹדְפֵיכֶם בָּרְכוּ וְאַל
15 תְּקַלֵּלוּ: שִׂמְחוּ עִם־הַשְּׂמֵחִים וּבְכוּ עִם־הַבּוֹכִים: לֵב אֶחָד יְהִי
16 לְכֻלְּכֶם אַל־תִּתְהַלְּכוּ בִּגְדוֹלוֹת כִּי אִם־תִּתְנַהֲגוּ עִם־הַשְּׁפָלִים
17 אַל־תִּהְיוּ חֲכָמִים בְּעֵינֵיכֶם: אַל־תְּשַׁלְּמוּ לְאִישׁ רָעָה תַּחַת רָעָה
18 חִשְׁבוּ לַעֲשׂוֹת הַטּוֹב בְּעֵינֵי כָל־אָדָם: וְאִם־אֶפְשָׁר כְּכָל־אֲשֶׁר
19 תִּמְצָא יֶדְכֶם הֱיוּ בְשָׁלוֹם עִם־כָּל־אָדָם: אַל־תְּנַקְּמוּ נַפְשׁוֹתֵיכֶם הַחֲבִיבִים אֶלָּא תְּנוּ מָקוֹם לָרֹגֶז כִּי כָתוּב לִי נָקָם וְשִׁלֵּם אָמַר
20 יְהוָֹה: אַךְ אִם־רָעֵב שֹׂנַאֲךָ הַאֲכִילֵהוּ לָחֶם וְאִם־צָמֵא הַשְׁקֵהוּ
21 מָיִם כִּי גֶחָלִים אַתָּה חֹתֶה עַל־רֹאשׁוֹ: אַל־נָא יְכַבֶּשְׁךָ הָרָע כְּבוֹשׁ אַתָּה אֶת־הָרָע בַּטּוֹב:

פרק ט"ו

1 וְעָלֵינוּ הַחֲזָקִים לָשֵׂאת חֻלְשׁוֹת אֵלֶּה אֲשֶׁר אֵינָם חֲזָקִים
2 וְאַל־נְבַקֵּשׁ הֲנָאַת עַצְמֵנוּ : כָּל־אֶחָד יְבַקֵּשׁ הֲנָאַת חֲבֵרוֹ לְטוֹב
3 לוֹ לְמַעַן יִבָּנֶה : כִּי גַם־הַמָּשִׁיחַ לֹא בִקֵּשׁ הֲנָאַת עַצְמוֹ אֶלָּא
4 כַּכָּתוּב חֶרְפּוֹת חוֹרְפֶיךָ נָפְלוּ עָלָי : כִּי כָּל־אֲשֶׁר נִכְתַּב מִלְּפָנִים
לְלַמְּדֵנוּ נִכְתָּב לְמַעַן תִּהְיֶה־לָּנוּ תִקְוָה בְּסַבְלָנוּת וּבְתַנְחוּמוֹת
5 הַכְּתוּבִים : וֵאלֹהֵי הַסַּבְלָנוּת וְהַנֶּחָמָה הוּא יִתֵּן לָכֶם לִהְיוֹת כֻּלְּכֶם
6 יַחַד לֵב אֶחָד עַל־פִּי יֵשׁוּעַ הַמָּשִׁיחַ : אֲשֶׁר בְּנֶפֶשׁ אַחַת וּפֶה אֶחָד
7 תְּכַבְּדוּ אֶת־הָאֱלֹהִים אֲבִי אֲדוֹנֵנוּ יֵשׁוּעַ הַמָּשִׁיחַ : עַל־כֵּן תְּקַבְּלוּ
יַחַד אִישׁ אֶת־אָחִיו כַּאֲשֶׁר גַּם־הַמָּשִׁיחַ קִבֵּל אֶתְכֶם לִכְבוֹד
8 הָאֱלֹהִים : כִּי אֲנִי אֹמֵר שֶׁהָיְתָה הַמָּשִׁיחַ לִמְשָׁרֵת הַמִּילָה לְמַעַן
9 אֱמֶת הָאֱלֹהִים לְקַיֵּם אֶת־הַהַבְטָחוֹת אֲשֶׁר לָאָבוֹת : וְהַגּוֹיִם
הֵמָּה יְכַבְּדוּ אֶת־הָאֱלֹהִים לְמַעַן הָרַחֲמִים כַּכָּתוּב עַל־כֵּן
10 אוֹדְךָ בַגּוֹיִם וּלְשִׁמְךָ אֲזַמֵּרָה : וְאוֹמֵר עוֹד הַרְנִינוּ גוֹיִם עַמּוֹ :
11 וְאוֹמֵר עוֹד הַלְלוּ אֶת־יְהוָה כָּל־גּוֹיִם שַׁבְּחוּהוּ כָּל־הָאֻמִּים :
12 וְעוֹד יְשַׁעְיָה אוֹמֵר וְהָיָה שֹׁרֶשׁ יִשַׁי אֲשֶׁר עֹמֵד לְנֵס עַמִּים אֵלָיו
13 גּוֹיִם יִדְרֹשׁוּ : וֵאלֹהֵי הַתִּקְוָה הוּא יְמַלֵּא אֶתְכֶם כָּל־שִׂמְחָה
וְשָׁלוֹם בֶּאֱמוּנָה לְמַעַן תִּהְיֶה תִקְוַתְכֶם עוֹדֶפֶת בְּכֹחַ רוּחַ
14 הַקֹּדֶשׁ : וְהִנֵּה אַחַי גַּם־לְנַפְשִׁי מִבְטָחִי בְּעֶדְכֶם כִּי־אַתֶּם
בְּעַצְמְכֶם מְלֵאֵי רָצוֹן טוֹב וּמְלֵאִים כָּל־דַּעַת וְתוּכְלוּ לְהוֹכִיחַ
15 אִישׁ אֶת־רֵעֵהוּ : וַאֲנִי בְעַזּוּת לֹא־מְעַט כָּתַבְתִּי אֲלֵיכֶם לִפְרָקִים
16 כְּמַזְכִּיר לָכֶם בַּעֲבוּר הַחֶסֶד הַנָּתוּן לִי מֵאֵת הָאֱלֹהִים : לִהְיוֹת מְשָׁרֵת
הַמָּשִׁיחַ יֵשׁוּעַ לַגּוֹיִם וּלְכַהֵן לִבְשׂוֹרַת הָאֱלֹהִים לְמַעַן יִהְיֶה קָרְבַּן
17 הַגּוֹיִם נִרְצֶה וּמְקֻדָּשׁ בְּרוּחַ הַקֹּדֶשׁ : וּבְכֵן אוּכַל לְהִתְפָּאֵר
18 בַּמָּשִׁיחַ יֵשׁוּעַ עַל־דִּבְרַת הָאֱלֹהִים : כִּי לֹא־אָעֵז פָּנַי לְדַבֵּר דָּבָר
זוּלָתִי אֲשֶׁר עָשָׂה הַמָּשִׁיחַ בְּיָדִי לְהַטּוֹת בְּאֹמֶר וּבַעֲלִילָה אֶת־לֵב
19 הַגּוֹיִם אֲשֶׁר יָסוּרוּ לְמִשְׁמַעְתּוֹ : בְּכֹחַ אוֹתוֹת וּמוֹפְתִים וּבְכֹחַ רוּחַ
הַקֹּדֶשׁ עַד־כִּי מִירוּשָׁלַיִם וּסְבִיבוֹתֶיהָ וְעַד לְאִלּוּרִיקוֹן מִלֵּאתִי
20 אֶת־בְּשׂוֹרַת הַמָּשִׁיחַ : וַאֲנִי חֹשֵׁב לְכָבוֹד לִי לְהַגִּיד אֶת־הַבְּשׂוֹרָה
לֹא בִמְקוֹמוֹת אֲשֶׁר־שָׁם כְּבָר נִקְרָא שֵׁם הַמָּשִׁיחַ לְבִלְתִּי בְנוֹת
21 עַל־יְסוֹד שֶׁל־אַחֵר : אֶלָּא כַּכָּתוּב אֲשֶׁר לֹא־סֻפַּר לָהֶם רָאוּ

וַאֲשֶׁר לֹא יֹאכַל אַל־יָדִין אֶת־הָאֹכֵל כִּי־קִבֵּל אוֹתוֹ הָאֱלֹהִים :

4 מִי אַתָּה כִּי תָדִין אֶת־עֶבֶד שֶׁל־אַחֵר הֵן לַאדוֹנָיו הוּא יָקוּם אוֹ
5 יִפּוֹל אֲבָל יוּקַם כִּי־יָכֹל הָאֱלֹהִים לַהֲקִימוֹ : יֵשׁ מַפְלִיא יוֹם
מִיּוֹם וְיֵשׁ אֲשֶׁר כָּל־הַיָּמִים שָׁוִים בְּעֵינָיו וִיהִי כָל־אִישׁ נָכוֹן
6 בְּדַעְתּוֹ : הַשּׁוֹמֵר אֶת־הַיּוֹם שׁוֹמְרֵהוּ לָאָדוֹן וְהָאֹכֵל אֹכֵל לָאָדוֹן
כִּי מוֹדֶה לֵאלֹהִים וַאֲשֶׁר אֵינֶנּוּ אֹכֵל אֵינֶנּוּ אֹכֵל לָאָדוֹן וּמוֹדֶה
7 לֵאלֹהִים : כִּי אֵין אִישׁ מֵאִתָּנוּ אֲשֶׁר יִחְיֶה לְנַפְשׁוֹ וְאֵין אִישׁ
8 אֲשֶׁר יָמוּת לְנַפְשׁוֹ : כִּי כַּאֲשֶׁר נִחְיֶה נִחְיֶה לָאָדוֹן וְכַאֲשֶׁר נָמוּת
9 נָמוּת לָאָדוֹן לָכֵן בֵּין שֶׁנִּחְיֶה וּבֵין שֶׁנָּמוּת לָאָדוֹן הִנֵּנוּ : כִּי
לָזֹאת מֵת הַמָּשִׁיחַ וַיְחִי לְמַעַן יִהְיֶה אָדוֹן גַּם עַל־הַמֵּתִים גַּם
10 עַל־הַחַיִּים : וְאַתָּה לָמָּה־זֶּה תָדִין אֶת־אָחִיךָ וְאַף־אַתָּה לָמָּה
תָבוּז אֶת־אָחִיךָ הֲלֹא כֻלָּנוּ עֲתִידִים לַעֲמוֹד לִפְנֵי כִסֵּא דִין
11 אֱלֹהִים : כִּי כָתוּב חַי־אָנִי נְאֻם יְהֹוָה כִּי לִי תִכְרַע כָּל־בֶּרֶךְ
12 וְכָל־לָשׁוֹן תּוֹדֶה לֵאלֹהִים : הִנֵּה־נָא כָּל־אֶחָד מִמֶּנּוּ עַל־עַצְמוֹ
13 יִתֵּן הַחֶשְׁבּוֹן לִפְנֵי הָאֱלֹהִים : לָכֵן אַל־נָדִין עוֹד אִישׁ אֶת־חֲבֵרוֹ
כִּי אִם־זֶה יְהִי דִינְכֶם שֶׁלֹּא יִתֵּן אִישׁ לִפְנֵי אָחִיו מִכְשׁוֹל אוֹ
14 מוֹקֵשׁ : יָדַעְתִּי וּמֻבְטָח לִי בָּאָדוֹן יֵשׁוּעַ כִּי־אֵין דָּבָר שֶׁהוּא חֹל
15 בִּפְנֵי עַצְמוֹ וְרַק־חֹל הוּא לְמִי שֶׁיַּחְשְׁבֵהוּ לוֹ לָחֹל : וְאִם־יֵעָצֵב
אָחִיךָ עַל־הָאֹכֶל לֹא־תִתְהַלֵּךְ עוֹד בְּדֶרֶךְ הָאַהֲבָה אַל־נָא תְאַבֵּד
16 בְּאָכְלְךָ אֶת־אֲשֶׁר בַּעֲדוֹ מֵת הַמָּשִׁיחַ : לָכֵן וְהִזָּהֲרוּ פֶּן־טוֹבַתְכֶם
17 תִּהְיֶה לִגְדוּפִים : כִּי־מַלְכוּת הָאֱלֹהִים אֵינֶנָּה אֲכִילָה וּשְׁתִיָּה
18 כִּי־צְדָקָה וְשָׁלוֹם הִיא וְשִׂמְחָה בְּרוּחַ הַקֹּדֶשׁ : וְהָעוֹבֵד בָּזֹאת
19 אֶת־הַמָּשִׁיחַ רָצוּי הוּא לֵאלֹהִים וְנִבְחָר לָאֲנָשִׁים : וְעַתָּה נִרְדְּפָה
20 דֶּרֶךְ הַשָּׁלוֹם וְדֶרֶךְ הַבָּנוֹת הַבָּנוֹת יַחַד אִישׁ בִּרְעֵהוּ : אַל־תַּהֲרֹס אֶת־
מַעֲשֵׂה אֱלֹהִים עַל־דִּבְרַת מַאֲכָל הֵן כָּל־דָּבָר טָהוֹר הוּא אֲבָל
21 הוּא רַע לָאָדָם שֶׁיֹּאכְלֶנּוּ בְמִכְשׁוֹל : טוֹב שֶׁלֹּא־תֹאכַל בָּשָׂר
וְלֹא־תִשְׁתֶּה יַיִן וְלֹא־תַעֲשֶׂה דָּבָר אֲשֶׁר יֵעָצֵב־בּוֹ אָחִיךָ :
22 יֵשׁ לְךָ הָאֱמוּנָה תְּהִי לְךָ לְבַדְּךָ לִפְנֵי הָאֱלֹהִים אַשְׁרֵי מִי שֶׁלֹּא
23 יָדִין אֶת־עַצְמוֹ עַל־הַדָּבָר אֲשֶׁר בָּחַר בּוֹ : וְהַמִּסְתַּפֵּק בְּאָכְלוֹ
נִתְחַיֵּב כִּי לֹא עָשָׂה בֶאֱמוּנָה וְכָל־אֲשֶׁר נַעֲשָׂה מִבְּלִי אֱמוּנָה
חֵטְא הוּא :

אֲפָלִים הַגְּבָהָר בַּמָּשִׁיחַ שָׁאֲלוּ לְשָׁלוֹם בְּנֵי־בֵיתוֹ שֶׁל־אֲרִיסְטוֹבֻלוֹס:

11 שָׁאֲלוּ לְשָׁלוֹם הוֹרוֹדִיּוֹן קְרוֹבִי שָׁאֲלוּ לְשָׁלוֹם בְּנֵי־בֵיתוֹ שֶׁל־
12 נַרְקִיסוֹס אֲשֶׁר־הֵם בַּאדוֹנֵנוּ: שָׁאֲלוּ לְשָׁלוֹם טְרוּפֵינָה וּטְרוּפַסָה הָעֲמֵלוֹת בַּאדוֹנֵנוּ שָׁאֲלוּ לְשָׁלוֹם פַּרְסִיס הַחֲבִיבָה שֶׁעָמְלָה עָמָל
13 רַב בַּאדוֹנֵנוּ: שָׁאֲלוּ לְשָׁלוֹם רוּפוֹס הַנִּבְחָר בַּאדוֹנֵנוּ וְלִשְׁלוֹם
14 אִמּוֹ אֲשֶׁר כְּאֵם לִי: שָׁאֲלוּ לְשָׁלוֹם אֲסוּנְקְרִיטוֹס וּפְלֵיגוֹן וְהֶרְמִיס
15 וּפַטְרוֹבָס וְהֶרְוָּס וְהָאַחִים אֲשֶׁר אִתָּם: שָׁאֲלוּ לְשָׁלוֹם פִּילוֹלוֹגוֹס וְיוּלִיָּס וְנֵירִיּוֹס וַאֲחוֹתוֹ וְאוֹלוּמְפַס וְכָל־הַקְּדוֹשִׁים אֲשֶׁר אִתָּם:
16 שָׁאֲלוּ לְשָׁלוֹם אִישׁ אֶת־רֵעֵהוּ בִּנְשִׁיקַת הַקֹּדֶשׁ כָּל־קְהִלּוֹת הַמָּשִׁיחַ שׁוֹאֲלוֹת לִשְׁלוֹמְכֶם:

17 וַאֲנִי מַזְהִיר אֶתְכֶם אַחַי לִשְׁמֹר אֶת־עוֹשֵׂי מַחֲלֹקוֹת וּמִכְשׁוֹלִים לְנֶגֶד הַלֶּקַח אֲשֶׁר לְמַדְתֶּם וְסוּרוּ מֵהֶם: כִּי־הָאֲנָשִׁים
18 כָּאֵלֶּה אֵינָם עֲבָדִים אֶת־אֲדוֹנֵנוּ הַמָּשִׁיחַ כִּי־אִם אֶת־כְּרֵשָׂם וּבִדְבָרִים נְעִימִים וּבַחֲלָקוֹת יַתְעוּ אֶת־לֵב הַפְּתָאִים: כִּי
19 מִשְׁמַעְתְּכֶם נוֹדַעַת לַכֹּל לָכֵן אֲנִי שָׂמֵחַ עֲלֵיכֶם אַךְ רְצוֹנִי
20 שֶׁתִּהְיוּ חֲכָמִים לְהֵיטִיב וּבָרֵי לֵבָב לְבִלְתִּי הָרַע: וֵאלֹהֵי הַשָּׁלוֹם הוּא יָשׁוּק בִּמְהֵרָה אֶת־הַשָּׂטָן תַּחַת רַגְלֵיכֶם חֶסֶד אֲדוֹנֵנוּ יֵשׁוּעַ
21 עִמָּכֶם: טִימוֹתִיּוֹס חֲבֵרִי שׁוֹאֵל לִשְׁלוֹמְכֶם וְלוּקִיּוֹס
22 וְיָסוֹן וְסוֹסִיפַטְרוֹס קְרוֹבָי: אֲנִי טֶרְטִיּוֹס כּוֹתֵב הָאִגֶּרֶת הַזֹּאת
23 שׁוֹאֵל לִשְׁלוֹמְכֶם בַּאדוֹנֵנוּ: גָּיוֹס הַמְאָרֵחַ אוֹתִי וְאֶת כָּל־הַקָּהָל שׁוֹאֵל לִשְׁלוֹמְכֶם אֲרַסְטוֹס סוֹכֵן הָעִיר וּקְוַרְטוֹס הָאָח שׁוֹאֲלִים לִשְׁלוֹמְכֶם:

24 וְהָאֱלֹהִים הַיָּכֹל לְחַזֵּק אֶתְכֶם כְּפִי בְשׂוֹרָתִי וְהַכְרָזַת יֵשׁוּעַ הַמָּשִׁיחַ וּכְפִי גִלּוּי הַסּוֹד אֲשֶׁר הָיָה מְכֻסֶּה מִימוֹת עוֹלָם:
25 וְעַתָּה נִתְפָּרְסֵם וְנוֹדַע עַל־יְדֵי כִתְבֵי הַנְּבִיאִים כְּמִצְוַת אֱלֹהֵי
26 עוֹלָם לְכָל־הַגּוֹיִם לְמִשְׁמַעַת הָאֱמוּנָה: הָאֱלֹהִים הֶחָכָם לְבַדּוֹ לוֹ הַכָּבוֹד בְּיֵשׁוּעַ הַמָּשִׁיחַ לְעוֹלְמֵי עוֹלָמִים אָמֵן:

22 וַאֲשֶׁר לֹא־שָׁמְעוּ דְּתָבוֹנֵנוּ ׃ בָּזֹאת גַּם־נֶעֱצַרְתִּי לָרֹב מִבּוֹא
23 אֲלֵיכֶם ׃ אֲבָל כָּעֵת אֲשֶׁר אֵין־עוֹד מָקוֹם לִי בַּגְּלִילוֹת הָאֵלֶּה וְגַם
24 נִכְסַפְתִּי לָבוֹא אֲלֵיכֶם זֶה שָׁנִים רַבּוֹת ׃ מְקַוֶּה אָנֹכִי לִרְאוֹתְכֶם בְּעָבְרִי לָלֶכֶת לְאַסְפַּמְיָא וְאַתֶּם תְּשַׁלְּחוּנִי שָׁמָּה, אִם־הִתְעַנַּגְתִּי
25 מְעַט עֲלֵיכֶם בָּרִאשׁוֹנָה ׃ אָמְנָם עַתָּה אֵלְכָה יְרוּשָׁלַיְמָה לַעֲזוֹר
26 אֶת־הַקְּדוֹשִׁים ׃ כִּי מַקְדּוֹנְיָא וַאֲכַיָּא הוֹאִילוּ לַעֲשׂוֹת מַשְׂאַת
27 נְדָבָה לְאֶבְיוֹנֵי הַקְּדוֹשִׁים אֲשֶׁר בִּירוּשָׁלַיִם ׃ כִּי הוֹאִילוּ וְאַף חַיָּבִים הֵם לָהֶם כִּי אִם־הָיוּ הַגּוֹיִם לְלֹקְחֵי חֵלֶק עִמָּהֶם בְּרוּחָנִיּוֹת
28 אֲשֶׁר לָאֵלֶּה גַּם־מֻטָּל עֲלֵיהֶם לַעֲזוֹר אוֹתָם בְּגוּפָנִיּוֹת ׃ לָכֵן אִם־גְּמַרְתִּי אֶת־זֹאת וְחָתַמְתִּי לָהֶם הַפְּרִי הַזֶּה אָז אֶעֶבְרָה דֶּרֶךְ
29 מְקוֹמְכֶם לְאַסְפַּמְיָא ׃ וְיוֹדֵעַ אָנֹכִי בְּבוֹאִי אֲלֵיכֶם אָבוֹא
30 בִּמְלוֹא־בִרְכַּת הַמָּשִׁיחַ ׃ וַאֲנִי מַזְהִיר אֶתְכֶם אַחַי בַּאֲדוֹנֵנוּ יֵשׁוּעַ הַמָּשִׁיחַ וּבְאַהֲבַת הָרוּחַ לְהִתְאַמֵּץ אִתִּי בְּהִתְפַּלֵּל בַּעֲדִי אֶל־
31 הָאֱלֹהִים ׃ לְמַעַן אֶנָּצֵל מֵהַסּוֹרְרִים בְּאֶרֶץ יְהוּדָה וַעֲבוֹדָתִי
32 בִּירוּשָׁלַיִם תֶּעֱרַב לַקְּדוֹשִׁים ׃ וַאֲשֶׁר אָבוֹא אֲלֵיכֶם בְּשִׂמְחָה
33 בִּרְצוֹן יֵשׁוּעַ הַמָּשִׁיחַ וְאָשִׁיב נַפְשִׁי עִמָּכֶם ׃ וֵאלֹהֵי הַשָּׁלוֹם עִם־כֻּלְּכֶם אָמֵן ׃

פרק ט״ז

1 וְהִנְנִי מַזְכִּיר לָכֶם לְטוֹב אֶת־פ̇בִי אֲחוֹתֵנוּ שֶׁהִיא מְשַׁמֶּשֶׁת
2 הַקְּהִלָּה אֲשֶׁר בְּקֶנְכְרֵי ׃ אֲשֶׁר תְּקַבְּלוּהָ בַּאֲדוֹנֵנוּ כָּרָאוּי לַקְּדוֹשִׁים וְתַעְזְרוּהָ בְּכָל אֲשֶׁר־הִיא צְרִיכָה לָכֶם כִּי הָיְתָה גַּם־הִיא עֹזֶרֶת
3 לָרַבִּים וְאַף לְעַצְמִי ׃ שַׁאֲלוּ לְשָׁלוֹם פְּרִיסְקָא וַעֲקִילַס חֲבֵרַי
4 בַּעֲבוֹדַת הַמָּשִׁיחַ יֵשׁוּעַ ׃ וַאֲשֶׁר נָתְנוּ אֶת־צַוְּארָם בְּעַד נַפְשִׁי
5 וְלֹא־אֲנִי לְבַדִּי אוֹדֶה לָהֶם כִּי גַם־כָּל־קְהִלּוֹת הַגּוֹיִם ׃ וְלַשָּׁלוֹם הַקְּהִלָּה בְּבֵיתָם שַׁאֲלוּ לְשָׁלוֹם אֲפִינְטוֹס חֲבִיבִי שֶׁהוּא רֵאשִׁית
6 עֲסִיָּא לַמָּשִׁיחַ ׃ שַׁאֲלוּ לְשָׁלוֹם מִרְיָם שֶׁעָמְלָה עָמָל רַב בַּעֲבוּרְכֶם ׃
7 שַׁאֲלוּ לְשָׁלוֹם אַנְדְּרוֹנִיקוֹס וְיוּנְיָס שֶׁהֵם קְרוֹבַי וַאֲסוּרִים אִתִּי וּמְפֹאָרִים הֵם בַּשְּׁלִיחִים וּלְפָנַי הָיוּ אֲדוּקִים בַּמָּשִׁיחַ ׃ שַׁאֲלוּ
8,9 לְשָׁלוֹם אַמְפְּלִיאָטוֹס חֲבִיבִי בַּאֲדוֹנֵנוּ ׃ שַׁאֲלוּ לְשָׁלוֹם אוּרְבָּנוֹס
10 חֲבֵרֵנוּ בַּעֲבוֹדַת הַמָּשִׁיחַ וְלַשָּׁלוֹם אַסְטַכִּיס חֲבִיבִי ׃ שַׁאֲלוּ לְשָׁלוֹם

המח האגרת אל הרומיים

הכתובה בקורינתוס ושלוחה ביד פובי
המשמשת הנאמנה :

Erläuterungen*

des paulinischen Textes und der hebräischen Uebersetzung desselben.

I, 1 Παῦλος. Es ist dies der ausländische (römische) Name, den der Apostel neben dem jüdischen Namen שָׁאוּל führte. Daß einer שְׁנֵי שֵׁמוֹת (zwei Namen) hat, einen andern in Juda und einen andern in Galiläa (dem jüdisch-heidnischen Mischlande), wird *Gittin* 34ᵇ als eine bekannte Sache vorausgesetzt. Solche nichtjüdische Namen, die man seit den Zeiten der Chaldäer- und Perser-Herrschaft zu den jüdischen hinzunahm (s. Zunz, Namen der Juden S. 27 ff.), wurden allerdings unter Einwirkung der Aehnlichkeit des Klanges gewählt, wie Jojakim-Alkimos, Jose-Jason, Hillel-Iulos und noch heutzutage die alliterirenden Mose-Moritz, Gerson-Gustav, aber der Fremdname selbst blieb unverändert. Deshalb ist das nach שָׁאוּל geformte פָּאוּל der Londoner Uebersetzung unzulässig. Diese Namensform findet sich allerdings hie und da in jüdischen Schriften, aber als Umschreibung des romanischen *Paolo*. Richtiger ist Elias Hutters פּוֹלוֹס, denn der Apostel sprach diesen seinen Namen ohne Zweifel nicht *Paulos*, sondern (nach der schon damals herrschenden neugriechischen Aussprache) *Pawlos* aus. Aber פּוֹלוֹס geht nach hebräischem Lautgesetze in פּוֹלוֹס über, wie nach syrischem in ܦܘܠܘܣ *Paulos* (nicht *Pawlos*, s. Merx, *Gramm. Syr.* p. 44 s.). Ausnahmsweise freilich wäre auch פַּוְלוֹס möglich, denn neben

---

*) Die *Pesikta de-Rab Kahana* citiren wir nach der Ausgabe Salomon Bubers (Lyck 1868. 8.), welcher sich das Verdienst erworben hat, den ersten Druck dieses ältesten palästinischen Midrasch, und zwar einen historisch-kritischen, veranstaltet zu haben; *Sifra* nach der Ausgabe M. L. Malbims (Bukarest 1860. 4.), dessen den Text umgebender Commentar eine der besten Leistungen dieses feinen Sprachkenners ist; *Sifri* nach der kritischen und mit trefflichen Erläuterungen versehenen Ausgabe M. Friedmanns, Bibliothekars und Lectors am Wiener Beth ha-Midrasch (Wien 1864. 8.); *Mechilta* nach der kritischen, mit inhaltreichen Beigaben ausgestatteten Ausgabe von J. H. Weiß, Lehrer an dem selben Beth ha-Midrasch (Wien 1865. 8.); welcher jetzt auch eine gleiche, durch höchst willkommene Indices ausgezeichnete von M. Friedmann (Wien 1870. 8.) an die Seite getreten ist. *Tanchuma* lag uns in der handlichen Ausgabe von W. Weiß und A. Straß (Wien 1863. 8.) vor. Andere Werke sind so citirt, daß die betr. Stelle sich leicht in jeder Ausgabe finden läßt. — Die Paginaziffer oben läuft mit Einrechnung der 24 Seiten des hebräischen Uebersetzungstextes weiter.

גּוֹלָן כְּוָלָן (was auch *Gôlân* gesprochen wird) = Γαυλανῖτις findet sich auch חַוְרָן = Αὐρανῖτις, נוֹטֵי = ναύτης, קוֹסֵר (nach der richtigen Vermuthung M. A. E.'s) = *causarius*, aber das Regelrechte ist ô = *au* = *aw*, wie z. B. קוֹלָס Stengel, Strunk für καυλός *caulis*.

I, 1 **berufen zum Apostel.** Nicht מַלְאָךְ, sondern שָׁלִיחַ (שָׁלוּחַ), ein Name, welchen der Midrasch (*Aboth de-Rabbi Nathan* c. 34) unter den zehn Namen des Propheten d. i. des in außerordentlicher Weise berufenen Botschafters Gottes aufzählt.

I, 2 **vorher verheißen durch seine Propheten.** Ein in den Talmuden oft wiederholter Satz (z. B. *Sanhedrin* 99ᵃ) lautet: כל הנביאים כולן לא נתנבאו אלא לימות המשיח d. h. das Weissagungsziel aller Propheten ist die Messiaszeit, und es wird hinzugefügt, daß das zukünftige Heil selbst, welches mit der Messiaszeit anbricht, so groß ist, daß es kein Auge gesehen und daß es auch in keines Propheten Herz gekommen.

I, 4 **nach dem Geiste der Heiligkeit.** Es ist die göttliche Innerlichkeit gemeint, welche in der Auferstehung die Knechtsgestalt seiner Menschennatur durchbrach. Aehnlich drückt sich der Verf. des handschriftlichen כתב אמת aus, wenn er in seinem ersten Briefe sagt: „Nach seinem heiligen Geiste, dem ewig lebendigen und beständigen (ברוח קדשו ההיה והקימה לעד), nennen wir ihn משיח בן דוד (vgl. 2 S. 23, 2,) und in Bezug auf seine leibliche Abkunft (וביחס בשרים) heißt er משיח בן יוסף. Der Messias Sohn Davids wird getödtet, der Messias Sohn Davids aber d. i. der Messias nach seiner geistigen Seite (הצד הרוחני) bestehet: nachdem der Messias Sohn Josephs getödtet, ersteht er am dritten Tage darauf aus seinem Grabe, und es bleibt der Messias Sohn Davids, der ewiglebendige."

I, 5 **für seinen Namen.** Name in alttestamentlichem Sinne ist ein Wort von einer unserer indogermanischen Denkweise fremdartigen Begriffsfülle. Wie das Wort Fassung des Gedankens ist, so ist der Name die Zusammenfassung der Wahrheit und Wirklichkeit eines Wesens im Bewußtsein und für das Bewußtsein. Wenn der Name des Messias (שמו של משיח) *Nedarim* 39ᵇ u. ö. eins der sieben Dinge heißt, welche geschaffen worden sind ehe die Welt geschaffen wurde: so ist die Zusammenfassung des Erlösungsrathschlusses in Ernennung und Benennung der Person seines Mittlers gemeint. An u. St. ist „für seinen Namen" s. v. a. um den Inbegriff dessen was Er ist und uns geworden ist zum Inhalt menschlichen Bewußtseins zu machen.

I, 9 **dem ich diene in meinem Geist.** Wie der Altardienst, lesen wir in *Sifri* zu Dt. 11, 13., עֲבוֹדָה (λατρεία) heißt, so heißt auch das Gebet עֲבוֹדָה.

I, 16 **ich schäme mich nicht.** Das von mir bevorzugte איני מִתְבַּיֵּשׁ ist talmudisch-midrasisch; das biblische לֹא־אֵבוֹשׁ מִן würde vorherrschendem Sprachgebrauch nach bedeuten: ich werde nicht daran zuschanden (in meinem Hoffen nicht getäuscht) werden. Auch כי איני בוֹשׁ (wie z. B. *Sifri* 39ᵇ ed. *Friedmann*: ונמצאתי בוש לעיניהם) würde eher: „ich werde nicht beschämt" als: „ich schäme mich nicht" bedeuten.

I, 16 Das Evangelium eine Kraft Gottes. Statt עֹז אֱלֹהִים habe ich כֹּחַ אֱלֹהִים bevorzugt, weil die Aussage des Apostels so in Verhältniß tritt zu den Aussagen der Talmud- und Midrasch-Literatur über כֹּחָהּ שֶׁל תּוֹרָה z. B. *Sifri* 40ⁿ: Die Krone des Gesetzes steht über der Krone des Priesterthums und über der Krone des Königthums, denn beide werden nur erlangt מכחה של תורה. Die Thora ist eine Gotteskraft vermöge ihres evangelischen Bestandtheils (d. i. ihrer Gnadenanstalten und Gnadenverheißungen), das neutestamentliche Evangelium ist die volle entwölkte Erscheinung dieser Gotteskraft.

I, 17 Der Gerechte, durch seinen Glauben wird er leben. Das Wort Habakuks ist die Summa des gesammten Gotteswillens auch nach *Maccoth* 23ᵇ—24ᵃ: Sechshundertdreizehn Gebote sind Mose geoffenbart worden und nachdem David sie auf 11 reducirt hatte (Ps. 15), Jesaia auf 6 (33, 15), Micha auf 3 (6, 8), dann wieder Jesaia auf 2 (56, 1), kam Amos und reducirte sie auf 1 (5, 4) oder vielmehr: Habakuk kam und reducirte sie auf das Eine (בא חבקוק והעמידן על אחת): Der Gerechte wird seines Glaubens leben.

I, 20 seine ewige Kraft נֶצַח גְּבוּרָתוֹ. Wir haben גְּבוּרָתוֹ הַנִּצְחִית vermieden, weil נִצְחִי der philosophischen Terminologie angehört, wogegen עוֹלָמִי vormittelalterlich ist (z. B. *Tanchuma* 162ᵃ: dereinst reinige ich euch טהרה עולמית mit ewiger Reinigung, vgl. αἰωνίαν λύτρωσιν Hebr. 9, 12), hier aber für ἀΐδιος nicht recht paßt.

I, 23 vertauscht die Herrlichkeit etc. Ausdruck wie Jer. 2, 11. Ps. 106, 20 vgl. *Sifri* 53ᵃ: ושלא ימירו את כבודי באלהי נכר.

I, 24. Ebenderselbe Grundsatz, daß wie Gutes durch Gutes sich belohnt so Sünde durch Sünde sich bestraft: *Pirke aboth* IV, 2 שכר מצוה מצוה ושכר עברה עברה jede Pflichterfüllung belohnt sich durch eine andere und jede Uebertretung bestraft sich durch eine andere; *Schabbath* 104ᵃ הבא להטהר מסייעין לו והבא להטמא פותחין לו wer sich zu reinigen strebt, bekommt die Kraft dazu, und wer sich verunreinigen will, dem wird aufgethan (die Pforte des Lasters). Der jerus. Talmud sagt prägnant: סייגין סייגא וזרעין תריעה der sich selbst Umzäunende wird umzäunt und der sich selbst Preisgebende wird preisgegeben (s. Levy, Chaldäisches Wörterbuch unter סְיָג).

I, 26—27. Aehnlich dieser Schilderung der Wollustgreuel des Heidenthums ist die Skizzirung der canaanäischen Laster in der von Biesenthal verglichenen Stelle des *Sifra* zu Lev. 18, 3 (f. 172ᵃ *ed. Malbim*): „Der Mann heiratet den Mann und das Weib das Weib, der Mann heiratet Mutter und Tochter zusammen und Ein Weib wird geheiratet von Zweien — dies die Satzungen von denen gesagt wird: ihr sollt nicht darin wandeln." Zu dem Ausdruck כְּדַרְכּוֹ und כְּדַרְכּוֹ בְּלֹא s. Raschi zu Gen. 24, 16 (nach *jer. Kethuboth* 1, 6 u. ö.). — Den natürlichen Brauch τὴν φυσικὴν χρῆσιν. Obwohl χρῆσις in diesem geschlechtlichen Sinne gut griechisch ist, so hat den Apostel doch wohl zur Wahl dieses Worts das sich vollständig damit deckende תַּשְׁמִישׁ bestimmt, welches Geschlechtsgebrauch d. i. Beiwohnung und jedweden Gebrauch und im Plur. sogar die Geräthschaften (Utensilien), welche genauer כלי התשמיש heißen, bedeutet. — Mann an Mann die Schandbarkeit vollbringend. Statt זִמָּה und חֶבֶל bot sich zulezt תּוֹעֵבָה als das treffende Wort nach Lev. 20, 13. 18, 22. תיעבה, sagt *Sifri* zu Dt. 32, 16., ist משכב זכור. Auch קלון kommt für diese Sünde vor *jer. Horajoth* III, 5. Sie war nach *jer. Berachoth* IX, 14 (wo ihre Unnatur durch זעוזעת איברך על דבר שאינו שלך bezeichnet wird) im jüdischen Volke so verbreitet, daß sie als Ursache der Tempelzerstörung gelten konnte. — An ihnen selber. Nach der Vergeltungsregel: אבר שהתחיל בעבירה ממנו יתחיל הפורענות das Glied, welches die Uebertretung angefangen, von dem wird auch die Strafvergeltung ihren Anfang nehmen, *Sifri* zu Num. 5, 27.

II, 10 **Herrlichkeit und Ehre und Friede.** Groß ist der Friede, sagt *Sifri* zu Num. 6, 26., denn er wird gegeben denen die Gerechtigkeit geübt, wie es heißt (Jes. 32, 17): das Erwirkte der Gerechtigkeit ist Friede.

II, 13 **Nicht die Hörer des Gesetzes.** Warum sagt der Apostel nicht: die Leser oder die Kenner? Er denkt an die öffentliche synagogale Verlesung des Gesetzes und die Lehrvorträge darüber: die Thora, sagt *Aboth* VI, 6, wird erworben durch Lernen und vorab בשמיעת אזן. Wenn es auch wahr ist was *Sifri* zu Dt. 11, 13 sagt: Das Lernen תלמוד steht über der Ausübung מעשה, denn התלמוד מביא לידי מעשה: so ist es doch andererseits nicht minder wahr, daß nicht das Lernen und Wissen, sondern das Thun gerecht macht. Das Wort des Paulus klingt mit dem Worte des Sohnes seines Lehrers zusammen. Auch Simeon ben-Gamliël hatte den Wahlspruch: לא חמדרש עקר אלא המעשה nicht das Studium ist die Hauptsache, sondern die Praxis (*Aboth* I, 17).

II, 14 **Die Heiden ohne Gesetz des Gesetzes Werk thuend:** *Tanchuma* 79ª עושין מצוה שלא נצווי. — Von Natur. Die Londoner Uebersetzung hat hier מִטֶּבַע, und in der That: hier ist dieses מִטֶּבַע oder vielmehr מִשֶּׁבְעָם sehr passend, aber das vormittelalterliche Hebräisch kennt טֶבַע = طَبْع φύσις nicht (s. Aruch unter טבע III); eine Vermittelung dieses späteren philosophischen Wortgebrauchs bilden Stellen wie *Sanhedrin* IV, 5: הקדוש ברוך הוא טבע כל אדם בחותמו של אדם הראשון Gott prägt jeden Menschen nach dem Stempel Adams (ohne daß doch einer dem anderen gleicht). Das vormittelalterliche Hebräisch sagt für *natura* (= Beschaffenheit eines Wesens, die mit seinem Ursprung gegeben) תּוֹלֵדָה oder בְּרִיָה z. B. *Sifri* 24ᵇ: בריתו של מן die Natur des Manna. Ich übersetzte demgemäß erst לְפִי תּוֹלַדְתּוֹ, entschied mich aber später nach *Sifri* 46ª für כִּבְרִיָּתוֹ.

II, 17 **und verlässest dich auf das Gesetz.** Die Londoner Uebersetzung hat וְשֹׁוקֵט עַל־הַתּוֹרָה, etwa nach עַל־שְׁמָרָיו שקט still auf seinem Hefen liegen?! Nein, entweder וְסָמַכְתָּ oder, was wir vorgezogen haben, da LXX dieses Wort mehrmals durch ἐπαναπαύεσθαι wiedergibt: וְנִשְׁעַנְתָּ, vgl. auch *Tanchuma* Par. נשא (200ᵇ): Ich werde Schild einem jeglichen der sich auf die Thora verläßt לכל מי שתוסה בתורה.

II, 22 Du der du die Götzen verabscheuest beraubest Tempel?! v. Hofmann erklärt: du beraubst das Heiligthum, näml. das es für dich selbst ist, indem du es an dem verkürzest was du ihm schuldest. Aber richtig verstehen Meyer, Philippi, Mehring, van Hengel u. A. Beraubung heidnischer Tempel, vgl. *Aboda zara* 53ᵇ, wo der zwiefache Fall, daß heidnische oder daß jüdische לסטים (λῃσταί) einen Götzen gestohlen, als möglich gesetzt wird: „hat ihn ein Israelit weggenommen, so wird ihn dieser, um ihn zu Gelde zu machen, an einen Heiden verkaufen, der ihn wieder anbetet." Die Maxime des R. Samuel *Aboda zara* 52ᵃ: פסלו לאלוה לא החמוד פסלו מאלוה ולקחת לך „hat man ihn zum Götzen geschnitzt, sollst du sein nicht begehren; hat man ihn aber als Götzen entheiligt, darfst du ihn nehmen" war verführerisch. Der Jude konnte, indem er einen heidnischen Götzen wegnahm, sogar ein gutes Werk zu thun meinen, weil er den Heiden den Gegenstand ihres falschen Cultus entzog. Die Mischna-Satzung IV, 4., daß wohl der Heide, nicht aber der Jude den heidnischen Götzen entheiligen kann (ישראל אין מבטל ע״ז של נכרי), beugt dem vor. Uebrigens zeigt die Literatur der römischen Kaiserzeit (z. B. der Roman des Petronius), daß Tempelberaubung damals unter die üblichen Spitzbübereien gehörte.

II, 25 wenn du das Gesetz hältst. Die Redensart ἐὰν νόμον πράσσῃς ist jüdisch, vgl. אם לא עשיתם את התורה *Sifri* zu Dt. 32, 30. Mit πληροῦν τὸν νόμον gibt der Apostel das dem עָשָׂה אֶת־הַתּוֹרָה synonyme קִיֵּם אֶת־הַתּוֹרָה. — Die Beschneidung zur Vorhaut geworden, vgl. *Schemoth rabba* c. 19, wo dies im Bilde als richterliche That Gottes erscheint, die er durch seinen Engel an den der Verdammnis anheimfallenden Beschnittenen vollzieht: משלח מלאך ומושך ערלתן והם יורדים לגיהנם.

II, 26. Vorhaut = Heide, denn der Unbeschnittene schlechtweg ist in biblischem Sprachgebrauch der Nichtisraelit: אין הערלה קרויה אלא לשם אומות העולם *Nedarim* 31ᵇ.

III, 1. Was der Nutzen der Beschneidung? Auf diese Frage wird *Nedarim* 31ᵇ in einer Reihe von Sprüchen geantwortet, welche mit גדולה מילה (groß ist die Beschneidung) beginnen. Die Anschauung dort ist werkgesetzlich, die des Paulus heilsgeschichtlich. Dem was in *Pirke Eliezer* c. 29 und anderwärts gesagt wird: „Unser Vater Abraham hat ehe er beschnitten ward keine Frucht guter Werke (פרי טוב במעשיו) gebracht" widerspricht der Apostel. Ein Satz wie: Jeder der mit einem Heiden ißt, der ißt wie mit einem Hunde; wie der Hund, der nicht beschnitten, so der Heide der nicht beschnitten (*Pirke Eliezer* c. 29) — ein solcher Satz ist seit das Licht des Christenthums über das Judenthum aufgegangen unmöglich.

III, 4. Ps. 51, 6. Ebendieselbe Psalmstelle wird im *Sifri* zu Dt.

32, 4 citirt als Worte, in denen der Mensch dem Walten Gottes die Ehre gibt daß es gerecht ist (מצדיק את הדין) und bekennt: du hast mich wohl gerichtet (יפה דנתני). Dieses Bekenntnis, welches eine bedeutsame Stelle in der jüdischen Eschatologie einnimmt, heißt צדוק הדין.

III, 5 nach Menschenweise rede ich. Aehnlich, aber doch verschieden ist כלשון בני אדם in dem oft sich wiederholenden Satze: דברה תורה כלשון בני אדם (z. B. Sifri 184ᵇ), denn in dem κατ' ἄνϑρωπον λέγω handelt es sich um die „Weise des gemein menschlichen Verstandes" (s. von Hofmann, Heilige Schrift neuen Testament 3, 83), dort um gemein menschliche anthropomorphische Weise des Ausdrucks.

III, 9 προεχόμεϑα. Der Sinn dieser Frage ist streitig. Entweder: brauchen wir Vorwand d. h. beschönigen wir (die Sünde), in welchem Falle, da תֹּאֲנָה und עֲלִילָה (Sifri 23ᵃᵇ) unbrauchbar sind (sie bedeuten den Vorwand, unter welchem man scheinbar berechtigt handelt) und פֶּה פִּחְחוֹן (Entschuldigung, Selbstrechtfertigung) nicht recht verständlich wäre, etwa הֲנִצַּדֵק נַפְשֵׁנוּ zu übersetzen sein würde — oder: haben wir etwas für uns voraus? wonach ich הֲיֵשׁ לָנוּ יִתְרוֹן übersetzt habe. Nicht יוֹתֵר, welches das Uebrige im Sinne nicht blos von praecipuum, sondern auch reliquum bedeutet, und nicht מוֹתָר, welches leicht mit מֻתָּר (erlaubt, Gegens. von אָסוּר) verwechselt wird. Aehnlich dem προέχεσϑαι ist die Redensart החזיק טובה לעצמו, welche sich zugut etwas aneignen (z. B. Schabbath 89ᵃ) oder auch: sich einen Vorzug zusprechen (z. B. Pirke aboth II, 10) bedeutet.

III, 19 was das Gesetz sagt. Die vorausgegangenen Schriftstellen sind aus den כתובים und נביאים. Auch der Talmud citirt diese zuweilen mit אמרה תורה z. B. Erubin 58ᵃ. — denen in dem Gesetze d. i. die sich im Bereiche des Gesetzes befinden, vgl. v. 26 den aus Glauben an Jesum d. i. den der vom Glauben an Jesum seine Art hat, wie 2, 8 τοῖς ἐξ ἐριϑείας denen die von Ehrgeiz (Rechthaberei) ihre Art haben. Dies ließ sich nach Num. 17, 25 durch בְּנֵי־מְרִי übersetzen, wogegen das übliche altjüdische בעלי אֲמָנָה dem ἐκ nicht gerecht wird und בעלי תורה anderen Sinnes als οἱ ἐν τῷ νόμῳ des Apostels ist: es heißen so die welche Kenntniß des Gesetzes besitzen, wie בעלי מעשׂים טובים die welche diese Kenntnis in guten Werken bewähren. Der Apostel hat nicht nur alten Ausdrücken neue Begriffe gegeben, sondern auch neue Ausdrücke für neue Begriffe geschaffen.

III, 21 f. eine Gottesgerechtigkeit durch Glauben an Jesum Christ. Daß Gerechtigkeit die Hauptfrucht des Werkes des Messias ist, prägt sich in der Benennung des Messias mit משיח צדקנו aus; zugleich bezeugt Pesikta rabbathi 78ᵃ (vgl. Jalkut Schimoni zu Jes. c. 60), daß diese Gerechtigkeit die Errungenschaft seines stellvertretenden Leidens und Sterbens ist, denn die Ahnen Israels sagen zu ihm: אפרים משיח צדקני אף על פי שאנו אבותיך אחה טוב ממנו שסבלת עוניותינו וענותינו במרינו וכו' Wünsche, Leiden des Messias S. 107, will durchaus מָשִׁיחַ צִדְקֵנוּ vocalisiren, aber מְשִׁיחַ צִדְקֵנוּ besagt dasselbe (vgl. andere Midraschstellen mit dieser Messias-Benennung bei Zunz, Gottesdienstliche Vorträge der Juden S. 293). Der Messias, welcher Ephraim heißt, ist der Messias in der galiläischen Knechtsgestalt, im Unterschiede von dem Messias in himmlischer Königsherrlichkeit, welcher David heißt.

III, 22 Kein Unterschied הַבְדֵּל אֵין. Nicht ohne langes Widerstreben und Schwanken habe ich mich mit Baer in dessen Siddur עבודת ישראל S. 51 gegen Geiger (vgl. dessen Urschrift S. 488) und andere neuere Mischna-Grammatiker für die Schreibung הַבְדֵּל entschieden. Dies ist die regelrechte Form eines vom *Hifil* gebildeten männlichen *n. actionis*. Die vulgäre Aussprache aber ist הֶבְדֵּל. Diese Form, für welche Geiger die irrthümlichen Schreibungen היתר, היסק, היקף anführt, ist eine Unform. Sie ist so wenig annehmbar, als man vulgärer Aussprache nach רֶבִּי für רַבִּי zu vocalisiren hat. Schon Heidenheim punktirt in seinem Siddur הֶפְסֵד, הֶפְשֵׁט u. dgl., und Baer bemerkt daß schon ein in Prag 1527 (ר"פו) erschienenes Siddur die richtige Schreibung הַפְשֵׁט bietet.

III, 25 als ἱλαστήριον durch Glauben in seinem Blut. Ist hier (לְכַפָּרָה) לְכֹפֶר oder לְכַפֹּרֶת zu übersetzen? Die jüdischen Uebersetzer, Lexikographen, Exegeten sind überwiegend dafür daß כַּפֹּרֶת als Synonym von מְכַסֶּה den Deckel (der Bundeslade) bedeutet; nur der Karäer Jefeth (s. Abenezra zu Ex. 25, 17) erklärt das Wort durch כסוי חטאה, also wie LXX ἱλαστήριον ἐπίθεμα (sühnhafte Decke), wonach Hier. *propitiatorium*, Syr. ܚܘܣܝܐ, Lth. Gnadenstuhl übersetzen. Sollte Paulus, welcher in allen seinen Rückbeziehungen auf Alttestamentliches sich an LXX anschließt, ἱλαστήριον anders gemeint haben, als in dem Sinne, in welchem und keinem andern es in der LXX-Uebersetzung der Thora vorkommt? Das ist uns unglaublich. Ebensowohl wie Philo das ἱλαστήριον als Bild τῆς ἵλεω δυνάμεως ansieht (*Opp.* 1, 561 *ed. Mangey*), kann der Apostel darin ein Bild dessen sehen was Jesus, der sein Blut zur Sühne vergossen, an sich ist und durch Glauben für uns wird. Die Frage, ob ἱλαστήριον die rechte Uebersetzung von כפרת ist, bleibt dabei außer Betracht, aber wir finden es unwahrscheinlich, daß diese Decke nur als Deckel und nicht als sühnende Deckung so benannt sein sollte; die Sprengung des Sündopferblutes an und vor die Capporeth am Versöhntage war ja der Gipfel aller Sühnakte, der Hohepriester brachte von dort Sündenvergebung für das Gesammtvolk zurück (Lev. 16, 15). Auch die altsynagogale Literatur kann sich der Verbindung der Vorstellung des Sühnens mit dem Namen der Bundesladendecke nicht entziehen. Zu den Worten: du sollst die Capporeth aus reinem Golde machen (Ex. 25, 17) wird *jer. Schekalim* I, Halacha 1 bemerkt: „Es komme das Gold der Capporeth und sühne das Gold des Kalbes (ויכפר על זהבי של עגל).`` Indeß folgt daraus noch nicht Herleitung des כפרת von כִּפֵּר sühnen. Auch die Kabbala verwerthet nur die in כפרת (כפורתא) liegenden Vorstellungen der Ueberdachung und Verbindung, nicht die der Sühne. Deshalb ist auch Imm. Frommann in seiner jüdisch-deutschen Erklärung des Römerbriefs (*Halae, Typogr. Instituti Judaici* 1732) zweifelhaft, ob er „zur Capporeth" oder „zur Cappara" übersetzen soll. Wir haben die Autorität der LXX entscheiden lassen.

IV, 3. Glaubensgerechtigkeit Abrahams, vgl. *Mechilta* zu Ex. 14, 31. Die dortige ganze Auslegung dieses Verses ist ein Lobpreis des Glaubens: Dafür daß sie glaubten sind unsere Väter würdig geworden, den h. Geist zu empfangen und Gotte Lieder zu singen, und so findest du auch, daß unser Vater Abraham (אברהם אבינו) die gegenwärtige und die künftige Welt nicht anders ererbt hat als durch Verdienst des Glaubens (בזכות אמנה). Die paulinische Scheidung des Glaubens und der Gesetzeswerke ist hier noch unvollzogen, aber doch wird der Glaube für dasjenige erklärt was allen Gesetzeswerken erst ihren Werth vor Gott gibt.

IV, 10. Aehnlich diesem zuständlichen Gebrauche von περιτομή und ἀκροβυστία ists wenn Abraham die Aufforderung Gottes, seinen Sohn zu opfern, in *Pirke de Rabbi Eliezer* c. 31 mit der Frage beantwortet: Welchen Sohn? לבן הערלה או לבן המילה?

IV, 11. 12 Abraham Vater der Gläubigen. In der altsynagogalen Literatur heißt er, was dasselbe, ראש המאמינים. In einer Selicha des Versöhnungstages betet die Gemeinde: Mit frühem Morgen gedenke des Erbarmens, an die Gnade gegen Abraham, den Vater meiner Ahnen, אֲשֶׁר בְּחַרְתּוֹ וְהֶאֱמִין בָּךְ רֹאשׁ לְמַאֲמִינַי (den du erkoren und der an dich glaubte, der Erste meiner Gläubigen). Daß er aber nicht allein Vater der Gläubigen aus Israel, sondern auch aus den Heiden ist, wird in der jerusalemischen Gemara zu *Biccurim* I, 4 anerkannt. Auch der Proselyt aus den Heiden darf bei Darbringung der Fruchterstlinge das Gebet Dt. 26, 3—10 sprechen und die Patriarchen אֲבוֹתֵרַי nennen, denn aus Abram, dem Vater Arams, ist Abraham, der Vater der Völkermenge, geworden; er ist nicht allein Vater Israels, sondern auch אב לכל הגוים, nämlich, wie der Glossator bemerkt: לפי שֶׁלִּפְּמָדָה אמונה weil er sie Glauben gelehrt hat. — **Beschneidung ein Siegel**. Sie heißt *Schemoth rabba* c. 19 und häufig חותמו של אברהם oder auch חותם ברית הקדש.

IV, 14 die von dem Gesetze her οἱ ἐκ νόμου, hebräisch gedacht בְּנֵי תוֹרָה oder besser (da in dieser nicht determinirten Verbindung die Unbestimmtheit sich leichter an das erste Glied als an das zweite anhängt) בְּנֵי הַתּוֹרָה, vgl. *Pesikta de-Rab Cahana* 44ᵇ ed. *Buber* היה בן תורה er war (wie wir sagen:) ein Mann des Gesetzes, *Tanchuma* 99ᵇ כהניא בני תורה im Gesetz heimische Priester.

IV, 17 Der die Todten lebendig macht und das Nichtseiende ruft wie Seiendes, vgl. den antisadducäischen Beweis für die Auferstehung *Sanhedrin* 91ᵃ: דלא הוו חיי דהוו חיי לא כ"ש das was nicht war ist ins Leben getreten und das was war sollte nicht um so viel mehr wieder ins Leben treten können? — Die Bezeichnung Gottes mit מי שאמר והיה העולם ist im rabbinischen Schriftthum ein üblicher Gottesname.

IV, 20 er zweifelte nicht. Die Londoner Uebersetzung hat לֹא סָפֵק, besser als das frühere לֹא הָיָה מְסֻפָּק (was sich nur von Sachen, nicht von Personen sagen läßt), aber mißverständlich, weil herrschendem Sprachgebrauch nach סָפַק „zur Genüge geben" bed. In biblischem Hebräisch ließe sich לֹא הִתְיָאֵשׁ oder besser nach Hos.10, 2 לֹא־חָמַק לָבוֹ übersetzen, wir haben aber das nachbiblische לֹא הִסְתַּפֵּק vorgezogen; das *Hithpa.* הסתפק ist nicht allein in der Bed. zur Genüge haben, sondern auch in der Bed. zweifeln, besonders in letzterer, gewöhnlich.

IV, 23—24 nicht allein um seinetwillen, sondern auch um unsertwillen. Die bei Meyer hiezu notirte Stelle *Bereschith rabba* c. 40 lautet: את מוצא כל מה שכתוב באברהם כתוב בבניו d. h. du findest, daß alles was von Abraham berichtet wird sich in der Geschichte seiner Kinder d. i. Israels wiederholt. Mit andern Worten: die Geschichte Abrahams ist vorbildlich für das ihm entstammende Volk Gottes.

V, 1 Frieden mit Gott durch unsern Herrn Jesum Christ. Groß ist der Friede, sagt *Wajikra rabba* c. 9 *extr.*, denn wenn der König Messias kommt, hebt er nicht anders als mit Frieden an d. i. Friede ist sein erstes Wort (אינו פותח אלא בשלום), denn es heißt Jes. 52, 7: Wie lieblich sind auf den Bergen die Füße des Evangelisten, des Friede Verkündenden.

V, 3 Nicht allein aber (das), sondern wir rühmen uns auch. Ganz entsprechend wäre nach talmudisch-midrasischem Sprachgebrauch ולא עוד אלא אפילו נתהלל Der palästinische Talmud und Midrasch sagt dafür auch לא סוף דבר ·· אלא אפילו z.B. *jer. Aboda zara* I, 1 Resch Lakisch sagt: לא סוף דבר עבדים ישראל אלא אפילו נכרים (man darf auf heidnische Märkte gehen), nicht allein in israelitische Sklaven, sondern auch (אַף אִלּוּ == אֲפִלּוּ) und heidnische zu kaufen und *Midrasch Ruth* zu 4, 2: Zehn Personen müssen nicht allein dabei sein, wenn ein Jüngling sich einer Jungfrau, sondern auch (לא סוף דבר בחור לבתולה אלא אפילו) wenn ein Wittwer sich einer Wittwe vermählt. Wir sind dem Sprachgebrauche der Mischna gefolgt, haben aber nicht וְלֹא זוֹ בִלְבַד אֶלָּא אֲפִלּוּ gesagt, weil wir biblisches Hebräisch da wo es den Sinn des Apostels deutlich und zwanglos wiedergiebt bevorzugt haben, vgl. oben S. 12 f. — Die Trübsal wirket Geduld. Ueber die Redensart הביא לידי == κατεργάζεσθαι s. zu 8, 11. Mit ὑπομονή deckt sich סַבְלָנוּת, wofür *Ibn Tabbun* in seiner Uebersetzung der arabischen Ethik *Bachja's* סֶבֶל gebraucht (s. Ende des Cap. 3 des שער הבטחון Abschnitts vom Vertrauen), aber biblisch heißt סֵבֶל die Last, Ibn Tabbun bildet dort das arab. صَبْر nach, welches sich gleichfalls mit ὑπομονή deckt.

V, 10 Wir sind Gotte versöhnt worden d. i. נִרְצֵינוּ, denn הִתְרַצֵּינוּ würde „wir haben uns ausgesöhnt" bedeuten, vgl. *Pesikta de Rab Cahana* 163ᵇ, wo der Unterschied der jüdischen und christlichen Anschauung in die Augen springt. Nach jener läßt sich Gott versöhnen durch Buße, nach dieser ist er versöhnt durch das Mittlerwerk Christi, und wird dem Einzelnen versöhnt, wenn dieser bußfertig und gläubig sich auf das der ganzen Menschheit geltende Mittlerwerk gründet. Die neutestamentliche Heilsordnung Gottes lautet auch wie *jer. Maccoth* I, 6 לו ויתכפר תשובה יעשה, aber die Buße ist nicht das Sühnende selbst, sondern nur der Weg zur Versöhnung.

V, 12 durch Einen Menschen. „Als Adam von jenem Baume gegessen — sagt eine Haggada in der *Pesikta de-Rab Cahana* 118ᵃ — erschienen bei ihm alle Generationen und sagten ihm: Du meinst wohl (תאמר) daß Gott zu streng gegen dich verfahren. Er antwortete: das sei ferne (ושלום חס), ich habe mir selber den Tod verursacht (גרמתי לעצמי מיתה)." Daß der Tod Folge der Sünde (und zwar der Gattungssünde, wenn auch nicht der Sünde des Individuums), sagt der Satz *Schabbath* 55ᵃ: חטא בלא מיתה אין. Der Heilige gebenedeit sei Er — lesen wir im Midrasch *Tanchuma* 90ᵇ — hat im Hinblick darauf, daß in dieser Welt die Jahre durch den יצר\הרע (den ererbten Trieb zum Bösen) verkürzt werden, für die Zukunft die Endschaft des Todes, die Trocknung jeglicher Thräne verheißen.

V, 14 von Adam bis Mose. In dem Abfall Israels wiederholt sich der Abfall Adams, denn wie Adam übertritt Israel den in positiver geschichtlicher Offenbarung kund gewordenen Gotteswillen. Demgemäß bemerkt *Pesikta de-Rab Cahana* 119ᵇ zu Hos. 6, 7: אדם זה באדם הראשון und vergleicht das Strafverhängnis, welches dort in Entwurzelung aus dem Paradiese, hier in Entwurzelung aus dem h. Lande besteht. — **auch über die welche nicht gesündigt nach der Gleiche der Uebertretung Adams.** Der Talmud *Schabbath* 55ᵇ sagt von diesen (indem er irriger Weise das reine Gegentheil solcher Versündigung, nämlich Erfüllung des ganzen Gesetzes, bei Einzelnen voraussetzt), daß sie נחש של בעטיו „durch der Schlange Rath" gestorben d. h. der Folge der Verführungsmacht der Schlange erlegen sind. — ein Typus τύπος. Die talmudische Sprache hat ebendieses Wort in den Formen טופס und דפוס, aber nicht in dieser Bedeutung einer heilsgeschichtlichen Parallele. Im *Jalkut chadasch* f. 143 Nr. 59 wird einmal in diesem Sinne vom Leben Davids gesagt daß es מֵעֵין הֻגְמָא שֶׁל מָשִׁיחַ gewesen d. h. eine Art δεῖγμα, also ein ὑπόδειγμα (Hebr. 8, 5. 9, 23) des Messias. Ich habe דְּמְיוֹן übersetzt, nicht צֶלֶם, weil an diesem für jüdisches Sprachbewußtsein zu sehr der diesem Worte im nachbiblischen Sprachgebrauch vorherrschend eigne Begriff des Idols (Götzenbildes) haftet. Das biblische מוֹפֵת Sach. 3, 8 (wozu der Talmud bemerkt: נבואה אלא מופת אין) wäre mit folg. Genitiv des Vorgebildeten mißverständlich. Schön ist das alte Notarikon (נטריקון), wonach der Name אָדָ͏ם = אדם, דוד, משיח ist und also die Hindeutung auf Anfang, Mitte und Ende der Heilsgeschichte enthält.

V, 15—19. Eine auffällig ähnliche Parallele zu dieser Kette von Schlüssen *a minori ad majus* ist folgender Ausspruch R. Jose's des Galiläers: „Ziehe doch einmal einen Schluß auf das Verdienst des Königs Messias und den Lohn der Gerechten von jenem ersten Adam (אדם הקדמוני): dieser übertrat das Eine göttliche Verbot und siehe nur, mit wie so gar vielen Toden (מיתות וכמה כמה) diese Uebertretung sich an ihm und den folgenden Generationen bestraft hat und fort und fort bestraft. Welche Potenz ist denn mächtiger (מרובה), die der Güte oder die der Strafvergeltung? Es hat doch wohl die Potenz der Güte (מדת הטוב) das Uebergewicht. Nun denn: der König Messias, welcher Leiden und Schmerzen auf sich genommen für die Frevler, wie es heißt: Er ist durchbohrt von wegen unserer Frevel — um wie vielmehr wird dessen Leiden von verdienstlichen Folgen sein für sämmtliche Generationen, wie geschrieben steht: Der Herr ließ auf ihn treffen die Sündenschuld unser Aller." Nicht allein die Schlußform mit על אחת כמה וכמה entspricht dem πόσῳ μᾶλλον des Apostels, sondern auch περισσεία τῆς χάριτος dem מרובה der מדת הטוב und die ganze Entgegenhaltung der Uebertretung (עברה) des ersten Adam und des Verdienstes (זכות) Christi des Königs. Die Stelle findet sich als Excerpt aus *Sifri* in Raymundus Martini's *Pugio fidei*, s. Schöttgen *De Messia* p. 652 und Biesenthal zu Röm. 5, 15. Der Satz: מדת הטובה מרובה wird in *Sifri*, *Mechilta* und auch sonst häufig argumentirend verwendet und daß Adam über Israel und über כל תולדותיו הבאים אחריו עד סוף כל הדורות die Strafe des Todes (קנס מיתה) gebracht hat, wird in *Sifri* auch zu Dt. 32, 32 gesagt, aber jener umfängliche Ausspruch Jose's findet sich in den Druckausgaben des *Sifri* nicht.

V, 15 die Gnade Gottes und die Gabe וּמַתְּנָתוֹ (denn וְהַמַּתָּנָה wäre in dieser Verbindung unhebräisch). Aber wie ist וּמַתְּנָתוֹ auszusprechen? Etwa וּמַתָּנָתוֹ? Aber wie מַפַּלְתּוֹ von מַפָּלָה zeigt, hat das erste *Kamez* kein Recht des Bestandes. Die Analogie von מַפַּלְתּוֹ fordert מַתַּנְתּוֹ, was nach מַתָּת = מַתַּנְתּ in מַתַּתּוֹ überzugehen hätte. Aber auch מַתְּנָתוֹ ist möglich und diese Form, bei welcher das Wort kenntlicher bleibt, habe ich nach Dan. 5, 17 bevorzugt.

V, 16 die Gnadengabe מַתְּנַת הַחֵן, mit Artikel dasselbe was ohne Artikel מַתְּנַת חִנָּם z. B. *Sifri* 85ª. — εἰς δικαίωμα. Das δικαίωμα vereinigt in sich die Begriffe von משפט das Recht als Forderung und von צדק das Recht als Thatbestand; die erstere Bedeutung ist sowohl hier als v. 18 unzulässig. Hier bedeutet es als Gegensatz von κατάκριμα den Thatbestand der Gerechtsprechung und v. 18 als Gegensatz von παράπτωμα den Thatbestand der Rechtsverwirklichung (s. v. Hofmann zu beiden Stellen), und wenn irgendwo die in der synagogalen Theologie (und zwar ihrer Werkverdienstlehre) durchgreifend wichtigen Begriffe זְכוּת Verdienst und זַכָּה in den Stand der Reinheit (vor Gott) versetzen, zum Verdienst verhelfen bei Paulus dem Zusammenhange christlicher Anschauung eingefügt werden, so ist es in diesen zwei Stellen, weshalb wir nicht mit צֶדֶק und הַצְדִּיק, sondern זְכוּת und זָכוֹת übersetzt haben.

V, 18 δι' ἑνὸς δικαιώματος. Die Uebersetzung צִדְקַת הָאֶחָד wäre ungenau, da die Eine Sünde und die Eine *obedientia* einander entgegengehalten werden. Hier ist keine andere Uebersetzung als זְכוּת אַחַת möglich. Es ist nicht Ein hebräischer Begriff, den der Apostel mit δικαίωμα wiedergiebt — hier ist es der in זכות, welches an sich nicht *meritum* bedeutet, liegende Begriff gottgemäßen, gotteswürdigen, gottgefälligen Handelns. *Δικαίωσις ζωῆς* ist eine Wirkung durch die der Mensch זוכה לחיים wird, und in v. 16 ist *δικαίωμα* der Effekt des *χάρισμα* in dieser Richtung, das passive הִזָּכוֹת.

V, 20 damit die Uebelthat sich steigere, nämlich indem in Israels Verhalten gegen Gottes geoffenbartes Gesetz sich das Verhalten Adams gegen Gottes ausdrückliches Gebot wiederholte, nach Hos. 6, 7 כְּאָדָם עברו ברית, wozu der Midrasch bemerkt: כאדם הראשון. Die Parallele wird dort (s. *Jalkut Schimoni* zu d. St.) ins Einzelne durchgeführt, indem von Adams Versetzung ins Paradies und Israels Versetzung ins Verheißungsland ausgegangen wird.

VI, 4 Wandel in neuem Leben. Vom Geschlecht der Zukunft wird in *Pesikta de-Rab Cahana* 181ᵃ und anderwärts mit Bezug auf Ps. 102, 19 gesagt: הקב״ה בורא אותם בריה חדשה Gott schafft sie um zu einer neuen Creatur.

VI, 5. Der Satz lautet mit Ergänzung seines nach Paulus' Weise kühn abbrevirten Ausdrucks: „Denn wenn wir in eins verwachsen sind mit der Gleiche seines Todes, so hat es nicht dabei sein Bewenden, sondern wir werden auch in eins verwachsen sein mit der Gleiche seiner Auferstehung." Aus unsrer Verflechtenheit in den Tod Christi, welcher seine Auferstehung zur Folge hatte, wird unsere eben damit gegebene Verflochtenheit in seine Auferstehung gefolgert (s. v. Hofmann zu d. St.). Jenes *ἀλλά*, dessen correlater Verneinungssatz fehlt, ist das אלא der oben S. 12 besprochenen Redensart ולא אלא עוד. Der übersprungene Satz aber, der nicht mit ולא anfangen konnte, läßt sich palästinisch mit לא סוף דבר (s. zu 5, 3) ausdrücken: so ist das nicht das Ende der Sache, so ist das nicht alles, worauf dann *ἀλλὰ καί*, talmudisch אלא אפילו folgt.

VI, 7. Der Gestorbene gerecht (frei) geworden von der Sünde. Aehnlich *Schabbath* 30ᵃ. 151ᵇ. *Nidda* 61 (mit Herleitung aus Ps. 88, 6): כיון שמת האדם נעשה חפשי מן התורה ומן המצוות wenn der Mensch gestorben, so ist er frei geworden von dem Gesetz und den Geboten. Diesem Satze, wonach das Gesetz mit seinen auf das Diesseits bezüglichen Vorschriften keinen Anspruch mehr an einen Verstorbenen hat, gibt Paulus die Wendung, daß die Sünde keinen Anspruch mehr an einen Verstorbenen hat, indem ihm die diesseitigen Bedingnisse ihres Vollzugs abgehen. Es ist ein anerkannter *locus communis*, den der Apostel hier in seinen Gedankenzusammenhang aufnimmt. Nicht zu vergleichen ist der beirrende Satz המתים במיתה מתכפרים, welcher dem Tode eine sühnende Kraft für den Sterbenden zuspricht.

VI, 13 Glieder אֲבָרִים. Die alttestamentliche Sprache hat dafür noch kein so feststehendes Wort wie dieses mischnische, welches häufig איברים geschrieben wird. Diese überlieferte Schreibung widerspricht der Punktation אֲבָרִים, welcher Salomo Hanau in seinem Siddur שערי תפלה den Vorzug gab, wogegen aber Satnow in seinem Siddur ויעתר יצחק und Jabez in seinem Siddur עמודי שמים wohlbegründeten Widerspruch erhoben haben. Wäre das Wort eins mit dem biblischem אֵבֶר

Fittig, so würde der Plural, um der überlieferten Schreibung איברים gerecht zu werden, wenigstens אֲבָרִים zu punktiren sein. Aber von Fittig zu Glied zeigt sich im Gebrauch des Worts keine Vermittelung: es erscheint zuerst im Targum zu Lev. 1, 6 als chaldäische Uebersetzung des hebräischen נֵתַח. Wie der Bedeutung so ist es auch der Form nach von dem hebräischen אֵבָר unterschieden. Das Wort lautet, wie Baer in seinem Siddur עבודת ישראל S. 207 f. gezeigt hat, אֲבָר, aber nicht n. d. F. עֵנָב (mit Vorton-*Kamez*), wovon der Plural עֲנָבִים, sondern n. d. F. אֵיתָם (אֵיתָנִים), אֵלָם (אֵלַמָּיו), vgl. auch פִּילַפּוֹת und צְלָחוֹת 2 Chr. 35, 13. In etymologischer Hinsicht ist dieses אֵבָר ein ungelöstes Räthsel.

VII, 9 eine Zeit wo ich ohne Gesetz lebte. Es ist der relative *status integritatis* des Kindheitsstandes gemeint, äußerlich gefaßt: die Zeit ehe er בַּר מִצְוָה d. i. selbstverantwortlich für Erfüllung des vom Gesetze Gebotenen wurde, s. Bodenschatz, Kirchliche Verfassung der heutigen Juden Th. 4 S. 95—97.

VII, 12 das Gebot (Gesetz) ist gut, vgl. *Sifri* 82ᵇ: טובה זו תורה (mit Verweisung auf Spr. 4, 2).

VII, 17 die in mir wohnende Sünde. Die Sünde, lautet eine Bemerkung über Gen. 4, 7 in *Bereschith rabba* c. 22, gerirt sich erst als Gast (אורח) und schließlich als Hausherr (בעל הבית).

-VIII, 2 das Gesetz des Geistes des Lebens in Christo Jesu. Die Thora ist unvergänglich, aber nicht in ihrer mosaischen Gestalt. Daß sie durch den Messias eine neue Gestalt erhalten werde, sagen auch altsynagogale Zeugnisse. In einer umfänglichen Haggada *Jalkut Schimoni* zu Jesaia §. 296 wird der Heilige gebenedeiet sei Er dargestellt, wie er im Himmelsparadiese, umgeben von den Seligen und der Engelfamilie und Sonne, Mond und Sternen dasitzt und eine neue Thora vorträgt, welche er durch den Messias zu geben vorhat (ודורש תורה חדשה שעתיד ליתן על יד משיח). Eine Stelle aus *Othijoth de-Rabbi Akiba*, die wir in Saat auf Hoffnung VII, 120 mitgetheilt (auf beide durch *D.* Biesenthal aufmerksam gemacht), sagt daß Gott auf Sinai seinem Volke שתי אמונות anvertraut hat, eine auf Israel und eine auf den Messias bezügliche — einen Glauben, welcher die volksthümliche Lebensordnung Israels und einen welcher die neue Lebensordnung der messianischen Zeit zum Inhalt hat.

VIII, 3 in der Gestalt sündlichen Fleisches. Nur בְּתֹאַר, er war also nicht Fleisch geboren von Fleisch: Gott hat, wie Mose ha-Darschan bei Raymundus Martini zu Gen. 41, 1 sagt, die Jungfrauenschänder (Ez. 23, 3) nicht allein durch Preisgebung ihrer Jungfraun bestraft (Thren. 5, 11), sondern er tröstet sie auch durch eine Jungfrau (וימנחם בבתולה), näml. durch das Wunder eines Weibessohns (Jer. 31, 22), den Gott gezeugt (Ps. 2, 7). In einer andern Stelle dieses Midrasch bei Martini wird zu Gen. 37, 22 folgende Gottesrede angeführt: Ihr klaget vor mir daß ihr vaterlose Waisen seid — auch der Erlöser, den ich aus euch erwecken werde, hat keinen Vater (אף גואל שאני עתיד להעמיד מכם אין לו אב), denn er sproßt nach Sach. 6, 12 מתחתיו, er er wächst nach Jes. 53,2 מארץ ציה, er wird nach Ps. 110, 3 wie Thau aus des Morgenroths Schooße geboren. Diese Midraschstellen lauten so neutestamentlich, daß sich der Verdacht der Fälschung regt, aber Martini ist kein Fälscher (s. Zunz, Gottesdienstliche Vorträge der Juden S. 288). Aehnliche Zeugnisse für den wunderbaren menschlichen Ursprung des Messias finden sich auch sonst wie z. B. *Bereschith rabba* zu Gen. 4, 25., wonach der Messias nicht ein Sohn menschlicher Eltern wie andere Kinder, sondern ein זרע אחר d. h. ממקום אחר בא sein sollte. Der Verf. des Commentars מתנות כהונה will das von der moabitischen Herkunft des Messias verstehen (Ruth 4, 17 ff.), aber die Anführung dieser Stellen bei Biesenthal geht von der richtigen Voraussetzung aus, daß ממקום אחר nach Est. 4, 14 verstanden sein will. Unser Text von *Bereschith rabba* nennt den Gewährsmann dieser Haggada nicht. Im ursprünglichen Texte (s. Aruch unter כזיה) hieß er כוזיה (vgl. Lucas 8, 3 Χουζᾶ).

VIII, 5 Sinnen auf das was das Fleisch betrifft עניני הַבָּשָׂר. Nicht עִנְיְנֵי n. d. F. מִשְׁפְּנֵי, denn das *a* von מִשְׁכָּן ist nur tonlang, das *a* von עִנְיָן dagegen, wie das ebenso gebildete בִּנְיָן בִּנְיָן בּנְיָן zeigt, naturlang.

VIII, 9 Gottes Geist .. Christi Geist. Ebendieselbe Gleichung *Bereschith Rabba* c. 8: ורוח אלהים מרחפת על פני המים זה רוחו של מלך המשיח. Die Einheit beider wird aus Gen. 1, 2 vgl. Jes. 11, 2 geschlossen.

VIII, 11 Die Wiederbelebung der Todten ein Werk des h. Geistes. So lehrt auch die alte Synagoge. Der Lesart διὰ τοῦ entspricht *Tanchuma* 38ᶜ: In dieser Welt hat euch mein Geist Weisheit gegeben und in Zukunft ists mein Geist der euch lebendig macht (רוחי מחייה אתכם), der Lesart διὰ τό *Schir ha-schirim rabba* 3ᵇ: רוח הקדש מביאה לידי תחיית המתים (wo הביא לידי, von der Ursache in Verhältnis zur Wirkung gebraucht, sich mit dem paulinischen κατεργάζεσθαι 5, 3 deckt). Der neutestamentliche Ausdruck: der h. Geist der in euch wohnet geht charakteristisch hinaus über das synagogale רוח הקדש השורה [הֹשָׁרוּי] עלינו: der h. Geist der sich auf euch niedergelassen. Was übrigens nach dem Zeugnis des Apostels auf Grund der Auferweckung Christi geschieht, das geschieht nach jüdischer Vorstellung auf Grund des Verdienstes Isaaks: „Kraft des Verdienstes Isaaks — sagt die *Pesikta de-Rab Cahana* in ihrem letzten Absatz — welcher sich selbst oben auf dem Altar dargebracht hat wird der Heilige gebenedeit sei Er dereinst die Todten auferwecken." Die Synagoge haftet am Schatten des Künftigen.

VIII, 13 Tödtet die Geschäfte des Fleisches. Aehnlich *Tamid* 32ᵃ: Was soll der Mensch thun daß er lebe? Antwort: er tödte sich selbst (ימית עצמו). Was soll er thun daß er sterbe? Antwort: Er erhalte sich selbst am Leben. Und *Sanhedrin* 43ᵇ zu Ps. 50, 23: Jeder der seine böse Lust hinopfert und seine Sünde bekennt, dem rechnet es die Schrift an als ob er den Heiligen gebenedeit sei Er in zwei Welten, der gegenwärtigen und der zukünftigen, gepriesen.

VIII, 14 alle welche vom Geiste Gottes getrieben d. i. regiert und geführt werden. Nach Ps. 143,10 empfiehlt sich תַּנְחֵם, aber das mit ἄγειν sich deckende Wort ist נָהַג (vgl. הַמַּנְהִיג der Leiter), vgl. übrigens *Tanchuma* 18ᵇ: כל מה שהצדיקים עושין ברוח הקדש עושין.

VIII, 15 Abba, o Vater. Den Herrn des Hauses mit אבא anzureden ist nach *Berachoth* 16ᵇ den Knechten und Mägden verwehrt. Daß אַבָּא nicht blos in der Anrede, sondern auch sonst s. v. a. hebr. אָבִי (אָבִינוּ) bedeutet, zeigen Stellen wie *Pesikta de-Rab Cahana* 163ᵇ: אבא מקרא אותי את הפסוק הזה mein Vater ließ mich lesen diesen Schriftvers; *Sifri* 23ᵇ בקש לי מאבא bitte für mich bei meinem Vater; *Sanhedrin* 37ᵃ אבא גדול מאביך und *Bathra* 10ᵇ, wo Salomo den Bescheid gibt צאו וראו מה פירש דוד אבא gehet hin und sehet zu (vgl. zu dieser Wendung Mt. 9, 13) welche Erklärung mein Vater David gegeben hat.

VIII, 18 Werth der Leiden. Unter den vielen Lobsprüchen auf den Werth der Leiden *Sifri* 73ᵇ sind folgende vergleichbar: Theuerwerth vor Gott sind die Leiden (יסורים), denn die Herrlichkeit Gottes senkt sich auf den hernieder, über welchen Leiden ergehen. Und: Welches ist der Weg, der nach der zukünftigen Welt führt? Antwort: זה יסורים das sind die Leiden.

VIII, 20. 21 die Creatur der Eitelkeit unterworfen auf Hoffnung. Die Dinge, die Gott vollkommen erschaffen — sagt *Bereschith rabba* c. 12 — sind seit der Mensch gesündigt in Verderbnis gerathen (נתקלקלו) und kehren nicht eher zu rechtem Stand zurück, als bis der Sohn des Perez (der Messias) kommt. Nach einem andern Midrasch in *Bamidbar rabba* c. 17 bringt der Sohn des Nachschon (der Messias) Alles wieder was Adam verloren und verwirkt hat: Er nimmt den Fluch von der Erde und den Schleier von den Gestirnen. Ursprünglich — lesen wir in *Bereschith rabba* c. 26 — hatte der Mensch die Macht über Alles, aber nach dem Sündenfall ist Alles in Empörung gegen ihn begriffen (כיון שחטא מרדו עליו), s. diese Midraschstellen bei Biesenthal. Alle diese in Midrasch und Talmud zerstreuten Perlen erscheinen in der apostolischen Schrift als Glieder eines lebendigen Ganzen, dessen Herz der Christus Gottes ist.

VIII, 26 mit unaussprechlichen Seufzern. Unsere Uebersetzung עָמְקוּ מִסַּפֵּר vereinigt in sich den Sinn von בלי נאמרות (unaussprechbar) und בלי נשמעות (unvernehmbar still). Das דלא מתמללין der Peschitto entspricht ersterem Sinn und fällt mit (*gemitibus*) *inenarrabilibus* des Hieronymus zusammen.

VIII, 28 zu Gutem εἰς ἀγαθόν wie in כל דעביד רחמנא לטב עביד Alles was der Allbarmherzige thut thut er zu Gutem d. h. uns zum Besten *Berachoth* 60ᵇ.

VIII, 29 Denn welche er zuvor versehen hat. Eine der merkwürdigsten Midraschstellen von dem leidenden Messias im *Jalkut Schimoni* zu Jesaia §. 359 (vollständig in Wünsche's Leiden des Messias S. 77—80 vgl. meine Apologetik S. 368) beginnt damit daß der Heilige gebenedeiet sei Er das Geschlecht des Messias und dessen Werke ersehen hat vor der Weltschöpfung (צפה הק״בה בדורו של משיח ובמעשיו קודם העולם שנברא), Midrasch des R. Mosche ha-Darschan kürzer: במשיח ובדורו). Das Geschlecht דור des Messias ist was in einer ähnlichen Stelle der *Pesikta rabbathi* כת שלו seine Partei: die Gesammtheit derer die sich zu ihm halten. — gleich dem Ebenbilde seines Sohnes, vgl. *Pesikta de-Rab Cahana* 149[a]: Das Kleid, mit welchem der Messias bekleidet werden wird, wird heller und heller strahlen von einem Ende der Welt bis zum andern, und Israel wird sich sonnen in seinem Lichte und sagen: Selig das Auge welches gewürdigt ist ihn zu sehen, denn das Aufthun seines Mundes ist Segen und Friede, und seine Ansprache Befriedigung des Geistes. Würde und Majestät ist in seiner äußern Erscheinung, Verlässigkeit und Sicherheit in seiner Rede; seine Zunge ist eitel Verzeihen und Vergeben, sein Gebet Wohlduft, sein Flehen Heiligkeit und Reinheit — selig sind die von Israel, denen solches aufbewahrt ist (אשריכם ישראל מה גניס לחם), denn es heißt (Ps. 31, 20): Wie groß ist deine Güte, die du verborgen hast denen die dich fürchten. — Erstgeborner unter vielen Brüdern. Der Heilige gebenedeit sei Er sagte zu Mose — lesen wir *Schemoth rabba* c 19 —: wie ich Jakob zum Erstgeborenen gemacht habe (denn es heißt: Israel mein Sohn, mein Erstgeborener Ex. 4, 22), so mache ich den König Messias zum Erstgeborenen (denn es heißt: Hinwieder ich werd' ihn zum Erstgebornen setzen Ps. 89, 28).

VIII, 32 mit Ihm Alles. Nach der Midrasch-Formel הכל בכלל, die z. B. von Salomo's Bitte um Weisheit gebraucht wird: die Eine Gabe begreift Alles in sich (s. Schöttgen zu d. St.).

VIII, 34 der uns auch vertritt. Das יַפְגִּיעַ der Uebersetzung weist auf Jes. 53, 12 zurück. Mit Hinweisung auf diese Stelle des prophetischen Passionals sagt *Bereschith rabba* zu Gen. 24, 67 vom Messias: כשישראל חוטאים הוא מבקש עליהן רחמים wenn Israel sündigt, bittet Er für sie um Erbarmen.

IX, 3. Was Paulus hier ausspricht, ist das ernstlichst gemeinte אֲנִי כַפָּרָתָם ich sei ihre Sühne d. h. es treffe mich was sie verwirkt haben. Mit den Worten אֲנִי כַפָּרָתָךְ condolirte nach *Sanhedrin* II, 1 das Volk dem Hohenpriester, indem sie damit sich bereit erklärten, alles Leiden anstatt seiner auf sich nehmen, und überhaupt ist כפרתו אני (הריני) ein in den mannigfaltigsten Beziehungen gebräuchliches Wort aufopferungswilliger Liebe, welche sich der göttlichen Gerechtigkeit unterstellt, um dasjenige zu dulden, was der andere verschuldet hat.

IX, 4 die Herrlichkeit (Doxa). Befragt über den Sinn dieses הכבוד würde der Apostel ohne Zweifel geantwortet haben השכינה, denn es ist die herrliche Selbstbezeugung des Allgegenwärtigen (*Bathra* 25[a] שכינה בכל מקום) und besonders seine Niederlassung im Tempel zwischen den Cheruben (Ps. 26, 8. 3 Macc. 2, 15 f. vgl. 1 Sam. 4, 21) gemeint; die Begriffe השכינה und הכבוד fallen zwar nicht zusammen, aber die Herrlichkeit, näml. Gottes, ist hier nichts anderes als die inweltliche Glorie des heilsgeschichtlichen Gottes. Das jerus. Targum sagt für

יִקְרָא דַיהוָֹה genauer יִקְרָ שְׁכִינָתֵיהּ z. B. Ex. 16, 7. Uebrigens ist Israel wie anderer Prärogativen so auch dieser verlustig gegangen Sota 3ᵇ: Ehe Israel sündigte, wohnte die Schechina bei jedem Einzelnen (Dt. 23, 15ᵃ); nachdem sie aber gesündigt, ist die Schechina von ihnen genommen (Dt. 23, 15ᵇ). — die Bundesschlüsse. Die mit den Patriarchen, voran ברית המילה (Gen. c. 15), und mit Israel: Sinai, Steppen Moabs, Garizim, wonach *Berachoth* 48ᵇ (vgl. *Sota* 37ᵇ) gesagt wird: התורה נתנה בשלוש בריתות. Ein anderer Spruch, wonach die Beschneidung בר"ג בריתות gestiftet ist *Berachoth* a. a. O. vgl. *Nedarim* 31ᵇ, bezieht sich auf das in Gen. c. 17 sich dreizehn Mal wiederholende ברית. — die Verheißungen הַהַבְטָחוֹת, vgl. *Sifri* zu Dt. 32, 30: Wenn ihr das Gesetz nicht haltet, היאך אני עושׂה הבטחתכם wie könnte ich eure Verheißung (die euch gegebene) verwirklichen!

IX, 5 Christus nach dem Fleisch, welcher ist Gott über alles hochgelobet in Ewigkeit. Deshalb nämlich weil er Gott und Mensch in Einer Person ist. Er ist der andere David (דוד אחר) und ist Jahve unsere Gerechtigkeit (יהוה צדקנו Jer. 23, 6). Auch der Midrasch *Mischle* zu Spr. 19, 21 zählt ה' צדקנו neben דוד unter den Messiasnamen auf, und auch anderwärts bezeugen Talmud und Midrasch, daß der Messias יהוה heißt, denn „Gott war in Christo und versöhnte die Welt mit ihm selber." Paulus sagt im Grunde nichts anderes als was Jesaia 9, 5., wo die Zunz'sche Bibelübersetzung, der exegetischen Wahrheit die Ehre gebend, übersetzt: „Man nennt seinen Namen: Wunder, Berather, starker Gott, ewiger Vater, Fürst des Friedens." Der Messias heißt und ist אל גבור und אבי־עד, also obwohl nicht האלהים, doch אלהים (אל) לעולמים.

IX, 7 Isaak der Sohn der Verheißung nach Gen. 21, 12. Aus eben dieser Stelle wird *jer. Nedarim* IV, 2 gefolgert: Isaak ist der Sohn, welchem zwei Welten (ב' עולמות), die gegenwärtige und die zukünftige, zu ererben bestimmt ist. Auf die Frage: also mit Inbegriff Esau's? antwortet der Talmud: ביצחק ולא כל יצחק (s. Biesenthal zu 9, 8).

IX, 10 Nicht allein aber (an Sara zeigt es sich, daß nicht die Kinder des Fleisches, sondern der Verheißung die rechten Kinder sind), sondern auch Rebekka (ist deß Zeugnis), talmudisch ולא עוד אלא אפילו רבקה, s. S. 1., unten.

IX, 11 als sie noch nicht geboren waren etc. Auch die pharisäische Lehre, von welcher Paulus herkommt, kennt eine Vorherbestimmung der menschlichen Geschicke, aber keine Vorherbestimmung des Menschen zur Frömmigkeit oder Gottlosigkeit, und es ist für das rechte Verständnis dessen was Paulus hier lehrt von Wichtigkeit, daß er sicher nicht dem Grundsatze הכל בידי שמים חוץ מיראת שמים (*Nidda* 16ᵇ u. ö.) widersprechen will.

IX, 19 Wer kann seinem Willen widerstehen!? Die Uebersetzung schließt sich an Iob 41, 2 an. Eine Parallele liefert *Sifri* 48ᵇ (mit Bezug auf Dt. 3, 24): „Die Eigenschaftung (מדה) des Heiligen gebenedeiet sei Er ist nicht wie die von Fleisch und Blut d. i. wie die sterblicher Menschen, unter denen der Höhere die Entschließung des Untergeordneten außer Kraft setzt (מבטל), aber Du — wer kann Deinem Handeln wehren (מי יכול למחות על ידך) — und so heißt es (Iob 23, 13): Er ist Einer und wer kann ihm Einhalt thun!?"

IX, 20 wer bist du der mit Gott hadert? Vgl. *Pesikta de-Rab Cahana* 76ᵇ: היאך יכולים אלו להתוכח עם בוראם, wir haben uns aber lieber an Jes. 45, 9 gehalten.

IX, 21 oder hat der Töpfer nicht Macht über den Thon. Im Sinne des Apostels ist ἐξουσία = רשות (s. zu 13, 1) und ἔχει ἐξουσίαν = הרשות בידו (z.B. *Tosifta* c.IV: will der König die Chaliza vollziehen, והרשות בידו) oder רשאי (z.B. ebend. c. 7 נתן לו חברו רשות רשאי להשיב gibt ihm der Andere die Ermächtigung, so ist er ermächtigt zu antworten).

IX, 22 wenn aber... Der Nachsatz fehlt. Der Apostel denkt εἰ δέ im Sinne von ומה אם wie aber wenn .. s. oben S. 15 Anm.

IX, 24 nicht allein aber, sondern auch. Wir haben hier übersetzt nach *Tanchuma* 89ᵃ der Wiener Ausgabe: ולא הנביאים בלבד אלא אף כל החכמים.

IX, 25 = Hos. 2, 25. Die Beziehung dieses Weissagungsworts auf die Einverleibung der Heiden in das Volk Gottes entspricht der Auslegung des R. Jochanan *Pesachim* 87ᵇ, wonach die Stelle, wie Raschi glossirt, besagt: אותם שלא היו מעמי דבקי בהם ויהיו לי לעם.

X, 4 Christus des Gesetzes Ende. Die ganze Thora — sagt *Koheleth rabba* in einer von Biesenthal citirten Stelle — welche ein Mensch im gegenwärtigen Zeitlauf (בעולם הזה) lernt, ist Tand (הבל) gegen die Thora des Messias (נגד תורתו של משיח).

X, 13 = Jo. 3, 5 vgl. *jer. Berachoth* IX, 6: Wenn einen Menschen Trübsal trifft, so rufe er nicht Michael und nicht Gabriel an, sondern mich rufe er an und ich werde ihn sofort erhören: Jeder der den Namen des HErrn anrufen wird, wird errettet werden.

X, 15 Wie lieblich sind auf den Bergen etc. Auch die Synagoge versteht diese Worte von der Messiaszeit, der Heilsverkündigung, welche da wie die den Frühling ansagende Stimme der Turtel vernehmbar wird z.B. *Pesikta de-Rab Cahana* 51ᵃ. R. Jose der Galiläer sagte: Groß ist der Friede, denn der Messias selber heißt שר שלום Jes. 9, 5 und wenn er seinem Volke geoffenbart werden wird, so wird er anheben mit שלום, denn „wie lieblich sind auf den Bergen die Füße des Heilsboten, deß der Frieden verkündigt (*Perek Schalom* gegen Ende).

X, 20 = Jes. 65, 1ᵃ. Auch ein Midrasch (s. *Jalkut Schimoni* zu d. St.) bezieht diese Worte Gottes auf die Heiden, indem er als Beispiel für נמצאתי ללא נדרשתי ללא שאלו die Hure Rahab und als Beispiel für בקשוני Ruth die Moabitin anführt. Ebenso unter den späteren Auslegern Gecatilia.

XI, 1 Ich bin auch ein Israelit, von dem Samen Abrahams, aus dem Geschlechte Benjamin. Aehnlich sagt Rabbi (d.i.

Juda I, der Redactor der Mischna): אנא מן בנימן, indem er sich der männlichen Linie nach für einen Benjaminiten und nur der weiblichen Linie nach für einen Judäer erklärt *jer. Kilajim* IX, 4. *Bereschith rabba* c. 33 (f. 36ᶜ der Frankfurter Ausgabe) vgl. *b. Kethuboth* 55ᵃ. Hillel, der Ahn Rabbi's, stammte mütterlicherseits von David ab *jer. Taanith* IV, 5. Der Mannsstamm der Familie war also benjaminitisch und Paulus hatte also in Gamaliel einen Stammgenossen zum Lehrer, s. Biesenthals Theologisch-historische Studien 1847 S. 94 und über die abweichende Textgestalt dieser genealogischen Stelle in den zwei Talmuden Frankels *Introductio in Talmud Hierosolym.* 1870.

XI, 2 was die Schrift ἐν Ἠλίᾳ sagt. Ueber diese kurze Benennung des betreffenden Schriftstücks oder Schriftzusammenhangs mit ב (ἐν) war schon S. 12 die Rede. Vollkommen gleich ist *Schir haschirim rabba* zu 1, 6: Und dem ähnlich steht geschrieben באליהו (ἐν Ἠλίᾳ), denn es wird gesagt: „Er sprach: Ich habe geeifert um den HErrn den Gott Israels ..." In diesem שנאמר באליהו כתיב haben wir alle Elemente des paulinischen מה הכתיב אומר beisammen.

XI, 4 was sagt ihm der Gottesspruch? Vgl. *Pesikta de-Rab Cahana* 110ⁿ: Bei der Gesetzgebung redete die Gottesrede mit einem jeglichen je nach seiner Fassungskraft (לפי כחו של כל אחד ואחד היה הדבור מדבר עמו).

XI, 5 ein Ueberblieb (λεῖμμα) nach der Wahl der Gnade. Nach *Sanhedrin* 111ᵃ ist die Messiaszeit (ימות המשיח) das Gegenbild der Zeit Mose's. Wie da von 600,000 die aus Aegypten zogen nur Zwei den Einzug in das Verheißungsland erlebten, so werden auch dereinst nur Wenige von vielen Myriaden selig werden. Die Sache wird dort mit Bezug auf das überdauernde „Drittel" bei Sach. 13, 8 f. discutirt.

XI, 12 Israels Wiederbringung der Welt Bereicherung. Der Satz den wir *Pirke de-Rabbi Eliezer* c. 9 lesen: Wenn die von Israel voll Vertrauens im Schatten ihres Schöpfers weilen, dann sind sie gesegnet und süß und die Welt hat ein Genieß von ihnen (ויש מהם והנאה לעולם) — dieser Satz erscheint hier in höchster Steigerung als das herrliche Ziel der Geschichte Israels, die sich gegenwärtig in Irrsal des Unglaubens verloren hat.

XI, 16 wenn der Abhub heilig, so auch der Teig. Dem Bilde und der hier dem Apostel vorschwebenden Sache dient folgende Haggada aus *jer. Schabbath* II, 3 zur Erläuterung: „Der erste Mensch (אדם הראשון) als Gottes unmittelbares Gebilde war in seinem Verhältnisse zur Welt ein reiner Abhub חלה טהורה, womit stimmt was R. Jose sagt: Wenn das Weib da ihren Teig knetet (עשתה מקשקשת), hebt sie ihre Teig-Hebe (חלתה) empor, um sich zu erinnern, daß sie es gewesen, welche Adam um jene Reinheit gebracht und ihm den Tod verursacht hat." Das Bild des Apostels ist von תרומת חלה entnommen und ἡ ἀπαρχή demzufolge nicht mit רָאשִׁית (was ohnehin mißlich, da das biblische ראשית immer ohne Artikel erscheint), sondern mit הַתְּרוּמָה zu übersetzen (vgl. LXX Ex. 25, 3. Ez. 20, 40); die eigenthümlichen Ausdrücke für Abhebung der Teig-Hebe (Challa) sind הגביה und הפריש. Der Uebersetzer darf sich hier durch Num. 15,20 (LXX ἀπαρχὴν φυράματος ὑμῶν) nicht beirren lassen: der Teig heißt nicht צָרִיסָה (dessen Plur. in jener Gesetzesstelle grob gemahlene Getreidekörner und also Weizen- oder Gerstengrütze bedeutet), sondern עִסָּה, s. *Sifri* zu Num. 15, 20 f. In dem ganzen Traktat *Challa* wird man עריסה für Teig vergeblich suchen; das Wort bedeutet gewöhnlich die Wiege. — Wenn die Wurzel heilig, so auch die Zweige. Wie jener Anbruch (חלה oder ראשית), so ist diese Wurzel Abraham, denn כיון דאיקדש אברהם seit Abraham geheiligt worden ist, wie es *Nedarim* 31ᵃ ausgedrückt wird, hat Werden und Sein des Volkes, welches Abrahams Same heißt, begonnen. Er heißt auch geradezu עיקרו של עולם und von seiner Demuth, in welcher er sich der Welt, deren Wurzel (Fundament) er war wie ein Nebending (Accessorium) zu Diensten begab, wird gesagt (*Midrasch Bereschith* des *Rab* d. i. *Abba Areka* c. 57): אברהם עיקרו של עולם חיה וצ״ה עצמו טפלה. Er war עיקרו של עולם inwiefern Er der Anfang der Heilsgeschichte ist, welche (wie ein Glasfenster der Lorenzkirche in Nürnberg darstellt) aus ihm herausgewachsen.

XI, 22: Siehe denn die Freundlichkeit Gottes, vgl. oben S. 14.

XI, 23 Gott kann sie wohl wieder einpfropfen. Durch die Güte des *D.* Biesenthal besitze ich ein ungedrucktes Gedicht Mose Chajim Luzzatto's (s. seine Biographie vor seinem von mir und Letteris herausgegebenen Drama *Migdal Oz* Leipz. 1837), in welchem er während seines Aufenthalts in Tiberias (um die Mitte des vorigen Jahrh.) die heißen Bäder von Tiberias besungen hat. Dieses Gedicht enthält unverkennbare Anzeichen, daß der Verf. den Römerbrief gelesen. Der Gedankengang ist folgender: Auf den Berggipfeln droben in der Region ewigen Schnee's beginnt das Schmelzen; die Wasser fließen herab und bahnen sich den Weg durch eisen- und schwefelhaltiges Gestein. Dort werden sie mit Kräften erfüllt, mit denen ausgestattet sie auf dem von Menschen bewohnten Erdboden hervorbrechen und Kranken den Segen die Wiedergenesung spenden. So geht die Geschichte des nach Erlösung seufzenden Israel durch Leidenstiefen hindurch, wo sie wie verloren scheint, aber schließlich bricht dieses Israel daraus geläutert und gekräftigt hervor, ein Edelreis für den wilden Weinstock, dem es eingepfropft wird, ein Balsam für die Naturwelt, welche bisher wie eine ihrer Kinder beraubte Mutter trauerte, ein Führer der Völker zu fetter Weide. — Hier klingen die Worte הורכב על גפן שדה mit Röm. 11, 23. und die Worte להיות צרי לטבע כאכל אם מתאבלת mit Röm. 8, 22 vgl. 21 zusammen.

XI, 24. Der Bau des Schlusses *a minori ad majus* (קל וחומר) ist ähnlich wie z. B. *Sifri* 21ᵇ, wo Gott zu Israel sagt: אם כשהייתם בארץ ערבה ושוחה זנחי ופרנסתי אתכם כשאתם נכנסים בארץ טובה ורחבה בארץ זבת חלב ודבש עא״כו (על אחת כמה וכמה) שאזין ואפרנס אתכם wenn ich, als ihr euch in einem Steppen- und Gruben-Lande befandet, euch genährt und unterhalten habe, um wie vielmehr werde ich, wenn ihr in ein gutes und weites Land, das von Milch und Honig trieft, eingezogen sein werdet, alsdann euch nähren und unterhalten!

XI, 26. Die griechische Uebersetzung von Jes. 59, 20 gibt לְשָׁבֵי so wieder, als ob der Grundtext וישיב böte. Auch das Targum übersetzt וְלַאֲתָבָא, als ob es ולהשיב hieße. Der Messias heißt in einer merkwürdigen Stelle der *Pesikta de-Rab Cahana* 49ᵇ גואל האחרון der schließliche Erlöser im Unterschiede von Mose als גואל הראשון.

XI, 28 nach der Wahl κατ' ἐκλογήν. Der Begriff von בְּחִירָה trifft hier mit dem Gebrauch des Worts in בית הבחירה das Haus der Wahl, einer altsynagogalen Benennung des Tempels, zusammen.

XI, 33 beides der Weisheit und Erkenntnis Gottes. Vgl. *Elijahu Rabba*: „In der Octave der seligen Ewigkeit ist kein Tod mehr auf immer und ewig und keine Sünde und Sündenstrafe, sondern eitel Freude an Gottes Weisheit und Erkenntnis" (vollständig im Comm. zum Hebräerbrief S. 143).

XI, 35. Es sind Worte aus Iob 41, 3., hier frei verwendet, vgl. *Pesikta de-Rab Cahana* 75ᵇ, wo sie mit der Einführung ורוח הקדש אומרת citirt und dann ausgelegt werden: Wer sagt mir Lob, ich habe ihm denn zuvor eine vernünftige Seele (נשמה) gegeben u. s. w.

XI, 36 Alles aus ihm und durch ihn und zu ihm, vgl. zu diesem εἰς (αὐτόν) das ל in dem Spruche לא אברא עלמא אלא למשיח die Welt ist ganz und gar auf den Messias hin (εἰς Χριστόν) geschaffen.

XII, 1 darzustellen eure Leiber als Opfer. Es ist ein ähnlicher Gedanke, wenn die Synagoge in den Selichoth des Versöhnungstags betet: יְהִי רָצוֹן שֶׁיְהֵא מִעוּט חֶלְבִּי וְדָמִי שֶׁנִּתְמַעֵט הַיּוֹם לְפָנֶיךָ כְּקָרְבָּן צוֹם תַּעֲנִיתֵנוּ, und wenn zu Gott gefleht wird, daß er die Abminderung des Fleisches und Blutes durch Selbstcasteiung statt des Opferfleisches und Opferblutes gelten lassen wolle — der Unterschied ist aber der, daß das Judenthum kein erfüllungsgeschichtliches Versöhnungswerk kennt und sich neben dieser Selbstdargabe, welcher das Christenthum nur den Charakter der Heiligung, nicht der Versöhnung zuerkennt, sich lediglich auf das Verdienst der Väter (זכות אבות) und die Opferung Isaaks (עקדת יצחק) und also auf Schattenbilder des wahren Mittlers und Versöhners beruft: „Gedenke des Verdienstes der in Hebron Beerdigten — Blicke hin auf die Asche Isaaks, welche aufgehäuft auf dem Altar."

XII, 10 mit Ehrerbietung einander zuvorkommend oder: mit Ehrenbezeigung voran gehend. Der Apostel hat ohne Zweifel bei προηγούμενοι das in diesem Stücke der Moral übliche הקדים im Sinne: man sagt הקדים שלום *Berachoth* 6ᵇ und הקדים בשלום ebend. 17ᵃ von dem welcher dem andern grüßend zuvorkommt.

XII, 11 dienend dem Herrn. Daneben findet sich die Lesart ἐξαγοράσασθε τὸν καιρόν (zuletzt von Hofmann vertheidigt) kaufet die Zeit aus, welche einigermaßen sich dem Spruche *Berachoth* 64ᵃ vergleicht: „Wer sich der Zeit (השעה) entgegenstemmt, den drängt sie hinweg und wer ihr nachgibt, der bemeistert sie."

XII, 12 anhaltend im Gebet. Statt בתפלה הַתְמִידוּ (von הָתְמִיד continuare) entschied ich mich zuletzt für 'הִתְחַזְּקוּ (Num. 13, 20) nach *Berachoth* 32ᵇ, wo das Gebet unter die דברים צריכין חזוק d. i. die Dinge, welche der Ausdauer bedürfen, gezählt wird d. h. wenn der Mensch damit etwas erreichen will, so ist es nöthig שיתחזק בהן תמיד בכל כחו (Raschi), vgl. *Berachoth* 32ᵃ: עמד ונתחזק בתפלה ובקש רחמים. Dieses חזוק deckt sich mit προσκαρτέρησις und dieses הִתְחַזֵּק mit προσκαρτερεῖν. In 13, 6 gebot das εἰς αὐτὸ τοῦτο die Wahl eines andern Verbums.

XII, 13 Gastfreundlichkeit. Aus ihren häufigen Anempfehlungen und Lobsprüchen heben wir hervor *Pirke aboth* I, 5: Dein Haus sei weithin geöffnet und Arme seien deine Hausgenossen, und *Schabbath* 127ᵃ: גדולה הכנסת אורחין מהקבלת פני שכינה Größer ist die Gastfreundschaft als der Empfang des Antlitzes der Schechina d. i. die Aufnahme der sich offenbarenden Gottheit, was mit Hinweis auf Gen. 18, 3 begründet wird, wo die gastliche Einladung vor allem Andern den Vorgang hat.

XII, 14 Segnet und fluchet nicht, vgl. das aramäische Volkssprichwort *Sanhedrin* 49ᵃ: תהא לוטא ולא תהא לאטה sei lieber einer dem geflucht wird als ein Fluchender.

XII, 15 Sich freuen mit den Fröhlichen und weinen mit den Weinenden. Aehnlich aber hinter dieser Forderung zurückbleibend ist die Ermahnung *Derech erez zuta* Abschn. V: ולא ירא אדם בוכה בין שוחקים ולא שוחק בין הבוכים welche sich *Seder Elijahu zuta* Abschn. XVI dadurch begründet, daß man im Gegenfalle Gefahr läuft, für einen Narren gehalten zu werden.

XII, 17 Niemandem Böses mit Bösem vergeltend. Aehnlich *Schabbath* 88ᵇ: Die beleidigt werden und nicht beleidigen, sich schmähen hören und nicht erwidern (שומעין חרפתן ואינן משיבין), die aus Liebe handeln und der Trübsale sich freuen, von denen sagt die Schrift (Richt. 5, 31): Die ihn lieben sind wie wenn die Sonne aufgeht in ihrer Macht.

XII, 18 mit allen Menschen עִם־כָּל־אָדָם, wie *Berachoth* 17ᵃ. *Sifri* zu Num. 6, 26 שלום עם כל אדם. Wer den Frieden liebt — so schließt *Perek Schalom* — und dem Frieden nachjagt und mit Frieden zuvorkommt und Frieden erwidert, הקב״ה מורישו לחיי העולם הזה והעולם הבא dem gibt Gott das Leben dieser und der zukünftigen Welt zum Erbe.

XII, 19 gebet Raum dem Zorn, nämlich dem göttlichen, denn τόπον διδόναι ist das talmudische נָתַן מָקוֹם לְ Spielraum gewähren z. B. *Para* III, 3 gebet den Sadducäern nicht Raum zur Rechthaberei. Im Hinblick auf solche Parallelen habe ich die anfängliche Uebertragung durch כְּדֵי־אָם חָטוּרמוּ רְיָה aufgegeben.

XIII, 1 ἐξουσίαις ὑπερεχούσαις. Das mit dem neutestamentlichen ἐξουσία sich deckende Wort ist רשות, welches sowohl Vollmacht als Obmacht, sowohl Machtbereich als Machtvollkommenheit und con-

cret die herrschende Macht bedeutet. Baer in seinem Siddur עבודה
ישׂראל S. 272 behauptet, daß das Wort als Synonym von שלטון, שׂררה,
מלכות, רבנות nicht von רָשָׁה (vermögen), sondern von ראשׁ herkomme
und daß es in der ersten Bedeutung רָשׁוּת, in der zweiten רָשׁוּת zu vocalisiren sei. Aber das Wort ist in beiden Bedeutungen gleicher Herkunft, jedoch habe ich in 13, 1—3 רָשׁוּת n. d. F. גְּלוּת (mit festem *Kamez*) vocalisirt, um jeder Beanstandung zu entgehen. Im jerus. Talmud
Sanhedrin V, 8 wird רשׁוּת שׁל מטן das Regiment hienieden und רשׁוּת
שׁל מעלן das Regiment (im Himmel) droben unterschieden. Deshalb ist
das naheliegende מַעְלָה in Uebertragung des ὑπερεχούσαις zu vermeiden; brauchbar wäre הַנֻּשָּׂאוֹת (vgl. *Horajoth* III, 3: נשׂיא שׁאין על גביו
אלא ה' אלהיו der welcher Niemand als Gott über sich hat), ich zog
aber לְגִרְפַּת vor, weil LXX mit ὑπερέχειν das hebr. גָּדֵל Gen. 41, 40
übersetzt. — Obrigkeit von Gott. Ein hierzu stimmender schöner
Segensspruch findet sich *Berachoth* 58ᵃ: בריך רחמנא דיהב מלכותא בארעא
כעין מלכותא דרקיעא ויהב לכו שׁולטנא ורחמי דינא Gebenedeit sei der Barm-
herzige, welcher das Königthum hienieden zum Abbilde des Königs-
thums droben gemacht und euch die Herrschaft und Liebe zum Recht
verliehen hat, und in diesem Sinne wird *Schabbath* 11ᵃ das Lob der
Obrigkeit (wie anderwärts das Lob Gottes) gesungen: „Wenn alle
Meere Dinte wären, und die Weiher (mit ihrem Schilfe) Federn (*ca-
lami*), und die Himmel Pergamene, und alle Menschenkinder Schreiber
(*librarii*) — sie würden nicht hinreichen das Lob der Obrigkeit zu
schreiben (אין מספיקין לכתוב הללת שׁל רשׁות).“ Der Apostel steht also auf
echt jüdischem Boden, indem er einer judenchristlichen Richtung in
der römischen Gemeinde gegenüber, welche sich später zu dem Ebio-
nitismus der Clementinen ausgeprägt hat, Gehorsam gegen die Obrigkeit als gegen eine unmittelbare göttliche Stiftung fordert. — Keine
Obrigkeit ohne von Gott, vgl. *Bathra* 91ᵇ, wo mit Bezug auf das
1 Chr. 29, 11 Gotte zugesprochene Hoheitsrecht über Alles gesagt wird:
אפילו רישׁ גרגותא משׁמיא מוקמי ליה selbst der Brunnenaufseher ist von
Gott eingesetzt.

XIII, 2 Widersetzlichkeit gegen die Obrigkeit Auflehn-
ung wider Gottes Ordnung. Ebenso *Bereschith rabba* c. 94
כל המעיז פניו במלך כאילו מעיז פניו בשׁכינה. Eine schöne Stelle aus *Tanchuma*, welche die Empörung gegen das rechtsbeständige Regiment
verurtheilt, hat hier Biesenthal im Commentar.

XIII, 4 Gottes Dienerin διάκονος. Die Londoner accentuirte
Uebersetzung hat מְשָׁרְתָה, ein Monstrum. Aus מְשָׁרְתָה, welches keinen
eignen Constructivus bildet, wird weil die Sprache dieses *étheth* ver-
schmäht מְשָׁרַת = מְשָׁרַתְףּ 1 K. 1, 15 wie מָשִׁיחַת = מָשְׁחָתָהּ (s. Köhler zu
Mal. 1, 14). Aber מְשָׁרֵת ist auch nicht das rechte Wort für διάκονος,
sondern für λειτουργός v. 5. Die Peschitto hat richtig משׁמשׁא, denn
der Diakon heißt שַׁמָּשׁ oder שַׁמָּשׁ (vgl. 16, 1). Uebrigens rechtfertigt
sich הַגְרַת־הָרֶב statt נֹשֵׂא הַחֶרֶב dadurch, daß es φορεῖ, nicht φέρει heißt.

XIII, 7 Steuer .. Zoll. Daß wie für Steuer סַם so für Zoll (τέλος, engl. *toll*) מֶכֶס das rechte Wort ist, zeigt der Name des Zöllners (τελώνης) מוֹכֵס. Daß man der Zahlung des von der Regierung angesetzten Zolls sich nicht entziehen soll, sagt *Nedarim* 28[a]: דינא דמלכותא דינא, und demgemäß Jona Girondi in *Schaare ha-jir'ah*: אל תעבר על המכס.

XIII, 8—10. Parallel ist der bekannte Ausspruch Hillels *Schabbath* 31[a]: דעלך סני לחברך לא תעביד זה היא התורה כולה ואידך פירושה, wonach Lev. 19, 18 in dem sogen. Targum Jonathans paraphrasirt wird. Ein Fingerzeig auf das richtige Wort für ἀνακεφαλαιοῦται ist der Ausspruch des R. Akiba *jer. Nedarim* IX, 3: „Du sollst deinen Nächsten lieben wie dich selbst — זהו כלל גדול בתורה." Das Gesetz erfüllen heißt nicht מַלֵּא, sondern קַיֵּם wie z. B. *Schabbath* 55[a] קיימו את התורה כולה מאלף ועד תיו (sie haben das ganze Gesetz von Aleph bis Taw erfüllt). Es ist charakteristisch, daß תם איש Gen. 25, 27 durch שקיים את התורה כולה erklärt wird *Sifri* 141[a].

XIII, 12 die Nacht ist vergangen, der Tag herbeigekommen. Die messianische Zeit ist der Tag, vgl. *Pesikta de-Rab Cahana* 144[a]: Es ist wie mit einem der mit dem Abendroth sich auf die Wanderung begab. Da kam Einer und zündete ihm ein Licht an, aber es erlosch. Es kam ein Anderer und zündete ihm ein Licht an, und es erlosch ebenfalls. Da sagte er: Von nun an und weiter warte ich nur auf das Licht des Morgens. So sprach Israel vor dem Heiligen gebenedeit sei Er: Herr der Welten, wir haben dir einen Leuchter gemacht in den Tagen Mose's — er ist erloschen. Zehn Leuchter in den Tagen Salomo's — sie sind erloschen. Von nun an und weiter warten wir nur auf Dein Licht, in Deinem Lichte sehen wir das Licht.

XIII, 14 ziehet an den Herrn Jesum Christ. Einen Uebergang hiezu bildet das synagogale לבש בגדי שכינה die Kleider der Schechina anziehn, so daß Gottes Glorie die sündige Blöße des Menschen deckt *Sifra* zu Lev. 8, 7 (f. 92[b] ed. *Malbim*).

XIV, 3. Es ist der zwiefache Standpunkt gegenüber der Speisegesetzgebung, welcher in dem (von Biesenthal zu u. St. citirten) Midrasch zu Ps. 146, 7 sich in der These und Antithese ausspricht: In Zukunft (לעתיד לבא) wird Gott für genießbar erklären was er bisher verboten, und: Auch in Zukunft wird er es nicht für genießbar erklären. Die Unterscheidung reiner und unreiner Thiere ist, wie dort gesagt wird, dem noachischen Gesetzgebungsworte Gen. 9, 3 noch fremd und geschah später zu pädagogischem Zwecke: לראית מי שמקבל דבריו ומי אינו מקבל damit Gott sehe wer seine Worte gehorsam hinnehmen werde und wer nicht (49[b] der Amsterdamer Ausg. des Midrasch שוחר טוב).

XIV, 8 Wir leben oder sterben, so sind wir des Herrn. Aehnlich geformt ist folgende Haggada in *Pesikta de-Rab Cahana* 128[b]: Als Israel sich versündigt hatte, sprach Gott: Geh steig hinab, denn dein Volk hat verderblich gehandelt. Da sprach Mose vor dem Heiligen gebenedeit sei Er: Herr der Welt, wenn sie sündigen sind sie mein, und wenn sie recht handeln sind sie dein (Volk)? Nein, mögen sie sündlich oder recht handeln, so sind sie dein (בין חטאין בין זכאין

איניו דידך). Und im Midrasch *Tanchuma* Par. ויאתחנן (5ᵃ der Wiener Ausgabe) sagt Metatron von Mose zu Gott: O Herr der Welt, משה בחייו שלך הוא ובמותו שלך הוא (er lebe oder sterbe, so ist er dein).

XIV, 11 und jegliche Zunge wird Gotte Bekenntnis thun. Wie der Apostel dazu kommt, die Stelle Jes. 45, 23., auf die er hinweist, gerade so wiederzugeben, indem er Anführung und Deutung verschmelzt, zeigt *Bereschith rabba* c. 90 *extr.* (nach dem Texte bei Raymundus Martini), wo gesagt wird, daß dieses und andere Prophetenworte sich an המודים לו und zwar den mit Mund und That und Herz sich zu Gotte Bekennenden verwirklichen werden. Der uns vorliegende Midraschtext lautet weder in *Bereschith rabba* c. 90 noch *Wajikra rabba* c. 23 vollständig so wie ihn Raymund citirt, jedoch ohne daß der begründete Verdacht einer Interpolation vorliegt. Vgl. über einen ähnlichen Fall zu 5, 15—19.

XIV, 15. Verdirb nicht. Ich übersetzte erst אַל־תַּשְׁחֵת, entschied mich aber für אַל־תְּאַבֵּד nach *Sanhedrin* IV, 5 כל המאבד נפש אחת מישראל מעלה עליו הכתוב כאלו אבד עולם מלא jeder der Eine Seele aus Israel verderbt, dem rechnet es die Schrift an, als ob er eine Welt voll verderbt. Der Gegensatz von אָבֵּד ist hier קָיֵם (erhalten).

XIV, 19 (15, 2 vgl. 20). Eine synagogale Vermittelung des christlichen Begriffs der Erbauung bieten Stellen wie *Schabbath* 114ᵃ: Die rechten Baumeister (בַּנָּאִים) sind die Gottesgelehrten (תלמידי חכמים), welche sich ihr Leben lang mit der Welterbauung (בניני של עולם) beschäftigen und *Berachoth* 64ᵃ, wo in diesem Sinne für בָּנַיִךְ Jes. 54, 13 בֹּנַיִךְ zu lesen vorgeschlagen wird. Die Erbauenden sind eben die Lehrer, von denen auch פַּרְנָס gebraucht wird, welches die Bedeutungen des Nährens und Leitens vereinigt z. B. *Sifri* zu Dt. 34, 7: Hillel der Alte kam als Vierzigjähriger aus Babel und wartete 40 Jahre hindurch den Weisen auf und weidete (פירנס) Israel 40 Jahre.

XIV, 21 kein Fleisch essen und keinen Wein trinken. Einen Beitrag zur Erklärung dieser ebionitischen Sitte gibt *Bathra* 60ᵇ: „Seit der Zerstörung des Tempels wäre es Recht daß wir uns die Enthaltung von Fleisch und Wein auferlegten (דין הוא שגגזור על עצמנו שלא לאכול בשר ולא לשתות יין), aber man macht nichts zur Obliegenheit der Gemeinde, es sei denn daß die Mehrzahl der Gemeinde es zu leisten vermag." Daß aber Einzelne es sich dennoch auferlegten, wird ebend. kurz vorher erzählt: „Als der zweite Tempel zerstört war, mehrten sich die Pharisäer (פרושין) in Israel, welche sich des Fleischessens und Weintrinkens enthalten zu müssen glaubten. Da trat R. Josua an sie heran und sagte zu ihnen: Kinder, warum esset ihr kein Fleisch und trinket keinen Wein? Sie antworteten: Sollen wir Fleisch essen und Wein trinken jetzt wo der Altar zerstört ist, auf welchem Gotte Fleisch dargebracht und Wein gespendet zu werden pflegte? Er antwortete: So dürfen wir auch kein Brot essen, weil die Speisopfer aufgehört haben? Sie: So können wir uns von Früchten nähren. Er: Auch Früchte nicht, da die Darbringung der Erstlinge aufgehört hat.

Sie: So können wir nicht-erstlingspflichtige Früchte essen. Er: Aber auch Wasser dürfen wir nicht trinken, da die Wasserspende (der Laubenfesttage) aufgehört hat. Da schwiegen sie. Nun denn, Kinder, fuhr er fort, gar nicht zu trauern ist, nachdem das Verhängnis ergangen, unmöglich, aber maßlos zu trauern ist auch unmöglich, denn man soll nicht über die Gemeinde verhängen, was sie ihrer Mehrzahl nach nicht zu halten vermag." Es steht hiermit wohl nicht außer Zusammenhang, wenn wir bei Clemens v. Alexandrien, *Paedag.* II, 1., lesen, daß Matthäus, ohne Fleisch zu genießen, lediglich von Vegetabilien lebte. Ebendasselbe sagt Petrus von sich selber in den Clementinen *Recogn.* VII, 6. *Homil.* XII, 6. Epiphanius behauptet zwar, es sei dies dem Petrus lügnerisch angedichtet (*Opp. ed. Patav.* I p.139), aber nur die Motive sind erdichtet, nicht, wie es scheint, die Sache selber. Auch Jacobus der Gerechte trank nach Hegesipp bei Eusebius *h. e.* 2,23 nicht allein als נזיר keinen Wein, sondern er aß auch nichts Lebendiges (d. i. kein Fleisch). Man sieht hieraus, daß es im Charakter der Zeit lag, der Trauer und dem Bußernst durch Enthaltung von Wein und Fleisch Ausdruck zu geben: Juden thaten es ob der Katastrophe Jerusalems, Judenchristen ob des Hingangs Jesu (Mt. 9,15), beide in Erwartung der Zukunft des Messias in Herrlichkeit. Es war also nicht ängstliche Scheu vor Berührung mit dem Heidenthum (vgl. Dan. 1, 8 ff.), welche die „Schwachen im Glauben" veranlaßte, sich des Weins und Fleisches zu enthalten, sondern die Meinung, daß die Zeit nicht danach angethan sei, sich solche Genüsse zu gönnen. Wie diese Enthaltung außer Bezug zur Speisegesetzgebung steht, so steht auch die Bevorzugung eines Tags vor dem andern v. 5 außer Bezug zu der Festgesetzgebung: der Montag und der Donnerstag galten jüdischer Vorstellung als besonders heilige Tage (s. Lightfoot zu Mt. 9,14 vgl. Lc. 18,12).

XIV, 23 wer aber zweifelt, ist (handelt), wenn er dennoch isset, verdammlich. Auch hier (vgl. 4, 20) wäre הֶחָלוּק בְּלִבּוֹ oder ואשר לא־יֵחָלֵק לבו statthaft gewesen, aber da es ein Urtheil gesetzlicher Art ist, welches hier der Apostel fällt, so empfahl sich hier noch mehr als 4,20 מְסֻתָּפֵף, vgl. *jer. Kidduschin* I, 13: מי שבאת לידו ספק עברה ולא עשאה wer etwas, das wenn er es thut möglicherweise Sünde ist, nicht thut (dem wird dies wie Erfüllung eines positiven Gebotes angerechnet).

XV, 24 Spanien אספמיא, wie z. B. *Jebamoth* 63ᵃ: ספינות הבאות מגליא לאספמיא Schiffe die von Gallien nach Spanien gehen, vgl. *Schabbath* 145ᵇ. *Machschirin* VI,3 קולים האיספנין der Kolias (ein Fisch) der Spanier. Die Londoner Uebersetzung hat לִסְפָרָד (mit falschem *Kamez* in der Endsylbe), aber obgleich die Alten סְפָרַד Obadia's von Spanien verstanden, so ist es doch erst mittelalterlicher Sprachgebrauch, ספרד für Spanien zu sagen.

XV, 25. Die ersten jerusalemischen Christen heißen schlechtweg die Heiligen. Auch der Talmud *Berachoth* 19ᵃ nennt da wo er die rechte Weise des Betens bespricht eine „heilige Gemeinde in Jerusalem" (קהלא קדישא דבירושלם), weiß aber nicht mehr sicher, wer so hieß und welches der Grund dieser Benennung war, s. *Midrasch Koheleth* zu 9, 9 f. 107ᵇ, wo eine Ueberlieferung der עָדָה קְדוֹשָׁה angeführt und gefragt wird: Warum nannte man sie „heilige Gemeinde"?

XV, 33 (16,20) Gott des Friedens. Groß ist der Friede — sagt *Sifri* zu Num. 6, 26 — denn der Name des Heiligen gebenedeit sei Er wird שׁלוֹם genannt, wie es heißt (Richt. 6, 24): er (Gideon) nannte ihn (den Altar): יהוה שׁלוֹם.

XVI, 1.12.14.15. Daß wir hier in Umschreibung der griechischen Namen nicht allein οι (*Φοίβη*), sondern auch υ (*Τρυφαῖνα, Τρυφῶσα, Ἀσύγκριτος, Ὀλυμπᾶς*) durch י wiedergegeben haben, hat darin sein Grund, daß nicht allein οι wie *i* gesprochen wurde (so daß wir auch פיבי hätten umschreiben können, was aber den Namen minder kenntlich gemacht haben würde), sondern auch י, welches in Palästina den in *i* überschwankenden Klang eines *ü* hatte (s. meine Schrift über Physiologie und Musik in ihrer Bedeutung für die Grammatik S. 15). Syrien heißt סוריא, Syrisch סורסי, Cilicien קילוֹקִרא, Perikles פרוקלים. Das Pergament heißt babylonisch דיפתרא und palästinisch דופתרא; umgekehrt lesen wir im palästinischen Talmud דיפרא (*Schebûith* IX, 4: ein zweimal des Jahres tragender Baum) für דופרא des babylonischen, und in dem Namen der Katze wechselt dialektisch שוּנרא und שׁינרא (s. Levy, Chaldäisches Wörterbuch 2, 501). Das Phönizische bestätigt es, daß „die polnische Aussprache des *Schurek* wie *ü* auf Palästina zurückgeht", s. Schröter, Phönizische Sprache S. 121. Daß die Küstensyrer das *Dam* wie *ü* sprechen z. B. *kübbe* (כֻּבָּה) Fleischkloß, *hüzn* (חֻזְן) Traurigkeit, gehört nicht hieher: es geschieht unter Einfluß des Türkischen. Obigen lautgeschichtlichen Thatsachen gemäß empfiehlt es sich, griechisches υ in der Regel durch י wiederzugeben. Für פוֹבִי war zwar auch פִּיבִי möglich, aber ja nicht פייבי, denn פריבש (*Feibesch*) für *Phoebus* ist polnisch-jüdisch.

XVI, 15 Nereus. Die Umschreibung נֵירְיוֹס folgt der Analogie von בסיליוֹס = *βασιλεύς jer. Berachoth* IX, 2., wo gesagt wird, die Gottesnamenverbindung אל אלהים יהוה sei wie wenn man in weltlicher Sprache sagt בסילייוס קיסר אגוסטוס *βασιλεὺς καῖσαρ αὔγουστος*.

XVI, 23 mein Wirth. Das ließe sich auch אָרְחִי übersetzen, wie in *Tanchuma Par.* כי תצא von Sara gesagt wird, ihr Muttersegen sei ihr מתן שׂכר (*μισθαποδοσία*) dafür gewesen, שׁאורחה את האורחים oder nach anderer Lesart שׁאירחה, denn noch häufiger als das *Kal* (vgl. *Tosifta Baba kamma* 7: המסרב בחברו לאורחו wer sich gegen den Nächsten sträubt, ihn gastlich aufzunehmen) wird das *Piel* in der Bed. gastlichen Aufnehmens gebraucht z. B. *Demai* II, 3: ולא מארחו אצלו בכסותו und er nehme ihn (den Laien) nicht auf in seinem (der Unreinheit verdächtigen) Gewande, wie das *Nithpa.* bei jemandem zu Gaste sein bedeutet. An u. St. war אורחי wegen des zweiten folgenden Genitivs unbrauchbar, welcher מְאָרְחַ oder מַכְנִיס (was aber nicht deutlich genug) forderte. Die hebräische Muttersprache des Paulus kannte auch אכסניא (*ξένος*) sowohl in der Bed. Beherbergender (מארח) als Herbergender (מתארח).

XVI, 25 nach Offenbarung eines in ewigen Zeiten verschwiegenen Geheimnisses. Sieben Dinge, sagt eine öfter z. B. *Pesachim* 54ᵃ vorkommende alte Ueberlieferung, sind geschaffen ehe die Welt geschaffen worden ist und eines derselben ist שמו של משיח der Name des Messias, denn es heißt (Ps. 72, 17): sein Name ist ewig, ehe die Sonne ward ist Jinnon sein Name (ינון) einer der Namen des Messias *Sanhedrin* 98ᵇ). Und nach einer andern Aggada geht Gottes ewiges Sinnen auf שִׁמוּעָיָן חֲדַתִּין neue Lehren, die er einst seinem Volke an dem großen Tage kund thun wird (עֲתִיד לְפַרְסָמוּן) *Trg. Schir ha-schirim* 5, 10.

Anhänge.

I.

Das erste Capitel des Römerbriefs in der Uebersetzung Johannes Kempers.

Die S. 20 erwähnte hebräische Uebersetzung des Neuen Testaments von dem Proselyten Johannes Kemper (משה בן אהרן די קראקא) ist noch jetzt Bestandtheil der öffentlichen Bibliothek von Upsala. Prof. *D. A.* Torén schreibt mir, daß es eine ziemlich hübsch geschriebene Handschrift ist, welche die vier Evangelien, Apostelgeschichte, Römerbrief, Corintherbriefe und die zwei ersten Capitel des Galaterbriefs enthält, sonst nichts und nur die Uebersetzung ohne Bemerkungen, und daß Kemper zur Zeit, wo er diese Uebersetzung verfaßte, als Privatgelehrter in Upsala gelebt zu haben scheint, da die Liste der Universitätslehrer seinen Namen nicht aufweist. Der Güte meines verehrten schwedischen Freundes verdanke ich die hier folgende Abschrift des ersten Capitels des Römerbriefs.

¹ פַּוּלוֹס עֶבֶד יֵשׁוּעַ מָשִׁיחַ נִקְרָא לְמִשְׁלָח פֹּרֵשׁ לִקְרֹא בְשׂוֹרַת אֱלֹהִים: ² אֲשֶׁר הִגִּיד לְפָנִים עַל־יְדֵי עֲבָדָיו הַנְּבִיאִים בְּכִתְבֵי הַקֹּדֶשׁ: ³ עַל־בְּנוֹ הַנּוֹלָד מִזֶּרַע דָּוִד לְפִי הַבָּשָׂר: ⁴ וּמוּכָח בְּכֹחַ לִהְיוֹת בֶּן־אֱלֹהִים בְּכֹחַ הָרוּחַ הַקֹּדֶשׁ הַמְקֻדָּשׁ מִן־תְּקוּמַת הַמֵּתִים יֵשׁוּעַ מָשִׁיחַ אֲדוֹנֵנוּ: ⁵ בַּעֲדוֹ־שֶׁל־מִי קִבַּלְנוּ חֵן וָחֶסֶד וְשָׂרַת שְׁלִיחוּת לְכָל־הַגּוֹיִם לְהָבִיא אֹתָם לִתְשׁוּעַת הָאֱמוּנָה בִּשְׁמוֹ: ⁶ אֲשֶׁר גַּם־אַתֶּם קְרוּאֵי יֵשׁוּעַ מָשִׁיחַ: ⁷ לְכָל־חַדְּרִים בְּרוֹמִי אֹהֲבֵי אֱלֹהִים וּקְרוּאֵי הַקְּדוֹשִׁים יְהִי עִמָּכֶם חֶסֶד וְשָׁלוֹם מֵאֱלֹהִים אָבִינוּ וּמֵהָאָדוֹן יֵשׁוּעַ מָשִׁיחַ: ⁸ בָּרֹאשׁ מוֹדֶה לֵאלֹהַי בְּיֵשׁוּעַ מָשִׁיחַ בַּעֲדֵיכֶם כֻּלְּכֶם הַמְסֻפָּרִים בְּכָל־הָעוֹלָם אֱמוּנַתְכֶם: ⁹ כִּי אֱלֹהִים עֵדִי אֲשֶׁר אֲנִי מְשָׁרֵת לוֹ בְרוּחִי בַּהַבְשׂוֹרַת בְּנוֹ אֲשֶׁר אֲנִי בְּכָל־עֵת זוֹכֵר אֶתְכֶם: ¹⁰ וּבְכָל־עֵת בִּתְפִלָּתִי אִם יִהְיֶה פַּעַם אַחַר פַּעַם יָשָׁר לָבֹא אֲלֵיכֶם בִּרְצוֹן אֱלֹהִים: ¹¹ כִּי קִוִּיתִי לִרְאוֹת אֶתְכֶם לְמַעַן שֶׁאֲחַלֵּק לָכֶם מַתְּנוֹת רוּחָנִיּוֹת לְהַחֲזִיק אֶתְכֶם בֶּאֱמוּנַתְכֶם: ¹² וְזֹאת שֶׁאֲנִי וְגַם־אַתֶּם תִּנָּחֲמוּ בֶּאֱמוּנָתִי וַאֲמוּנַתְכֶם אֲשֶׁר בֵּינֵינוּ: ¹³ וְרוֹצֶה שֶׁתֵּדְעוּ אֲשֶׁר אֲנִי כַּמָּה פְעָמִים רָצִיתִי לָבֹא אֲלֵיכֶם וְלֹא יָכָלְתִּי עַד־הֵנָּה לַעֲשׂוֹת פְּרִי גַּם־בֵּינֵיכֶם כַּאֲשֶׁר גַּם־בְּהַגּוֹיִם הָאֲחֵרִים: ¹⁴ כִּי חַיָּב אֲנִי לִיְוָנִים גַּם־לֹא יְוָנִים לַחֲכָמִים וְגַם לַנְּבָלִים: ¹⁵ לָכֵן לִידִידִי רָצִיתִי לְבַשֵּׂר גַּם־לָכֶם אֲשֶׁר בְּרוֹמִי: ¹⁶ כִּי

לֹא בֹשְׁתִּי עַל־בְּשׂוֹרַת יֵשׁוּעַ מָשִׁיחַ הִיא כֹחַ אֱלֹהִים לְהוֹשִׁיעַ אֶת־כָּל־הַמַּאֲמִינִים
בָּהּ בָּרִאשׁ אֶת־יְהוּדִי וְגַם אֶת־יְוָנִי: 17 כִּי בָהּ נִגְלָה הַצֶּדֶק אֱלֹהִים מִן־הָאֱמוּנָה
לְהָאֱמוּנָה כְּמוֹ שֶׁכָּתוּב וְצַדִּיק בֶּאֱמוּנָתוֹ יָחְיֶה: 18 כִּי חֲרוֹן אַף אֱלֹהִים יִגָּלֶה עַל
כָּל־רִשְׁעָה וְעָוֶל שֶׁל־אָדָם אֲשֶׁר עֹצְרֵי אֶת־הָאֱמֶת בְּעָוֶל: 19 כִּי שֶׁיָּדוּעַ שֶׁיֵּשׁ אֱלֹהִים
נִגְלָה לָהֶם כִּי אֱלֹהִים הִגְלָה לָהֶם: 20 כִּי הַנִּסְתָּרוֹת שֶׁלּוֹ וְהוּא כֹחוֹ וֶאֱלָהוּתוֹ
נִרְאוּ מִבְּרִיאַת הָעוֹלָם לְמַעַן לֹא תִהְיֶה לָהֶם הִתְנַצְּלוּת: 21 עַל־אֲשֶׁר יָדְעוּ אֶת־
אֱלֹהִים וְלֹא הוֹדוּ וְשִׁבְּחוּ אֹתוֹ כְּמוֹ אֱלֹהִים רַק יָשׁוּ בְּמַחְשְׁבוֹתָם וְחָשַׁךְ נְבָלוּת
לְבָם: 22 אֲשֶׁר חָשְׁבוּ לִהְיוֹת חֲכָמִים הָיוּ לְשׁוֹטִים: 23 יַחְלְפוּ אֶת־כְּבוֹד אֱלֹהִים
שֶׁלֹא יְשֻׁתַּנֶּה בִּדְמוּת אָדָם שֶׁיִּשְׁתַּנֶּה וּבִדְמוּת עוֹף וְשֶׁרֶץ וָרֶמֶשׂ: 24 לָכֵן נָתַן אֹתָם
אֱלֹהִים לִפְרִי מַחְשְׁבוֹת לִבָּם בְּטֻמְאָה לְנַבּוֹת אֶת־גּוּפָם ה ל בְּגוּפָם: 25 אֲשֶׁר הֵפַכוּ
אֶת־אֱמֶת אֱלֹהִים בְּכָזָב וְכִבְּדוּ וְעָבְדוּ אֶת־הַבְּרוּאִים עַל־ל בֹּרֵא וְהוּא הַקָּדוֹשׁ בָּרוּךְ
הוּא אָמֵן: 26 לָכֵן נָתַן אוֹתָם אֱלֹהִים לְתַאֲוֹת חֶרְפָּה כִּי הַנְּקֵבוֹת אֶת־טֶבַע דֶּרֶךְ
הַנָּכוֹן הָפְכוּ אֶל־דֶּרֶךְ שֶׁבַּע לֹא נָכוֹן: 27 וְגַם הַזְּכָרִים עָזְבוּ אֶת־דֶּרֶךְ טֶבַע הַנָּכוֹן
שֶׁל־נְקֵבָה וְחָמּוּ בְּתַאֲוָתָם וְעָשׂוּ חֶרְפָּה זָכָר בְּזָכָר וְשֶׂכֶר הָרָאוּי לְתוֹעֲבָתָם קִבְּלוּ
בְּעַצְמָם: 28 וְכַאֲשֶׁר הֵם לֹא שָׁגְחוּ לָדַעַת אֶת־אֱלֹהִים כֵּן נָתַן אֹתָם אֱלֹהִים לְהֶפֶךְ
דַּעְתָּם לַעֲשׂוֹת אֶת־שֶׁלֹא־רָאוּי: 29 כָּגוֹן מְלֵאִים כָּל־דָּבָר רָע נִיאוּף נְבָלוּת חֲמוּד
בֶּסֶף רָעָה מָלֵא שִׂנְאוֹת רְצִיחוֹת רִיבוֹת בְּרִמָּה: 30 לָחֲשִׁים מַכְלִימִים לֵצִים גְּדָפֵי
אֱלֹהִים גֵּאִים מְהַלְלִים אֶת־עַצְמָם חֹרְשֵׁי רָעָה סוֹרְרִים: 32 לֹא מְקַבְּלִים מוּסָר
שְׁנֵי אָדָם אַנְשֵׁי שֶׁקֶר אֲשֶׁר אֵין רַחֲמִים בָּם: 32 הַיּוֹדְעִים מִשְׁפְּטֵי אֱלֹהִים הָעשִׂים
כָּזֶה חַיָּבִים מִיתָה וְלֹא בִלְבַד שֶׁעֹשִׂים זֹאת אֶת־גַּם־חֲפֵצָם בְּהָעֹשִׂים זֹאת:

Wie in diesem בְּהֵעָשׂים, läßt dieser Uebersetzer auch in בַּהֲגוּיִים und לְהָאֱמוּנָה den Artikel stehen ohne ihn zu assimiliren; dreimal, nämlich v. 4. 9. 17., setzt er ihn gegen syntaktische Regel zum ersten Gliede des *status constructus*. Gegen den Sprachgebrauch verwendet er Kalformen in Hifilbedeutung: חֲלְפִי und שֶׁגְּחוּ für הֶחֱלִיפוּ, הִשְׁגִּיחוּ und einmal läuft ihm הִגְלָה für גִּלָּה (*revelavit*) unter. In v. 21 wagt er יָשׁוּ (sie sind verdummt worden), denn schwerlich ist שָׁטוּ (sie sind ausgeschweift) zu punktiren, da jenes sich enger an das Textwort anschließt. Mißverstanden hat er den Text in v. 8 (הַמְסַפְּרִים וכו׳) und v. 10 (פַּעַם אַחַר פַּעַם, vielleicht verschrieben für פַּעַם אַחַת). Talmudisch ist כְּגוֹן (als wie, gleichwie) und לְדִידִי (was mich anlangt); זֶהוּא, zweimal nach mischnischer Weise für זֶה הוּא, wäre besser und kenntlicher זְהוּ geschrieben. In v. 19 verräth sich, daß die Uebersetzung nach der Luther'schen (sei es unmittelbar oder mittelbar) gearbeitet ist.

II.
Das erste Capitel des Römerbriefs in der Uebersetzung aus Cochin.

Nachdem ich durch die Güte eines gelehrten Fachgenossen, des *D. Schiller-Szineßy* in Cambridge, über diese von Claude Buchanan[1] aus Ostindien mitgebrachte Uebersetzung durch Auszüge aus den Handschriften besser unterrichtet bin, vermag ich über das oben S. 22 aus secundären Quellen Geschöpfte genau ren und glücklicherweise entscheidenden Aufschluß zu geben.

Wie allen *Buchanan MSS.* in Cambridge, so ist auch den Handschriften, die uns hier angehen, die Notiz vorgedruckt: *This MS. was found in one of the Synagogues of the Black Jews of Cochin in India by the Rev. Claudius Buchanan in the year 1806.* Wenn also der Fundort *Travancore* heißt, so ist der unter britischer Oberherrschaft stehende kleine Staat dieses Namens im äußersten Südwesten der vorderindischen Halbinsel gemeint, welcher im Norden vom Fürstenthum Cochin (sanscr. *kaććha* morastiges Uferland) begrenzt wird und dieses im weiteren Sinne wohl auch mitbegreift. Die jüdische Gemeinde von Cochin (קוגין) besteht aus weißen und schwarzen Juden. Sie folgt spanischem Ritus und hat ihre eigenthümliche Synagogalpoesie.[2]

Die Travancore-Uebersetzung liegt in zwei Handschriften vor: I. *Codex Oo* 1. 32, 160 Papier-Blätter, klein 4°, in sefardischer (spanischer) Cursivschrift, alle neutestamentlichen Schriften vom Matthäus-Evangelium bis zum Brief Judä enthaltend; der Schreiber wird vom Philipperbrief an ein anderer. II. *Codex Oo* 1. 16, klein Folio, in Quadratschrift, gleichfalls Papier, aus zwei Theilen bestehend: 1. Apostelgeschichte bis Epheserbrief, 99 Blätter, Abschrift aus Cod. I von der ersten Hand. Für die übrigen Briefe verweist der Schreiber auf הספר אחר שכתבתי קודם לזה הספר (das andere Buch, das ich vor diesem geschrieben). 2. Apokalypse auf 6 Blättern, von der zweiten Hand. Daß die zwei Hände gleichzeitig und einander nahe stehend, zeigt in Cod. I der Anfang des ersten Thessalonicherbriefs; die 4 ersten Zeilen sind hier ausnahmsweise von der ersten Hand.

Der Verf. hat seine Arbeit voll fanatischen Hasses gegen das Christenthum begonnen. Das Evangelium schreibt er nach talmudischer Weise als Doppelwort און גליון mit dem Nebensinne einer heillosen Offenbarung, und mit Ausnahme des Marcus (vielleicht wegen 12, 29) schimpft er auf alle Evangelisten und gibt ihnen wie Jesu selber den Beinamen הטמא (der Unreine). Am Schlusse des vierten Evangeliums schreibt er: „Hier ist zu Ende das unreine Evangelium nach der Ver-

---

1) s. über ihn den Artikel von Ahlfeld in Herzogs Realencyklopädie.
2) s. meine Geschichte der jüdischen Poesie S. 57 f.

kündigung des fluchwürdigen Jochanan Evangelista, welcher griechisch redete in Ephesus. In den Himmelshöhen ist mein Zeuge, daß ich das alles nicht übersetzt habe, um (Gott verhüte es!) daran zu glauben, sondern um den Epikurern (Ungläubigen) Bescheid geben zu können. Möchten sie aus der Welt hinweggetilgt werden (Amen, so geschehe es!) und möchte kommen der Messias unserer Gerechtigkeit der wahrhaftige, Amen." In diesem Zornmuth beginnt er auch die Apostelgeschichte: „Das ist der andere Theil des Evangeliums, welches aus seinem schlechten und schwachen und zerrütteten Sinn ersonnen hat der fluchwürdige unreine Christen-Frevler Lucas; möge hinweggetilgt werden sein Name und Gedächtnis (יש״ו) und der Name Jesu (יש״ו [1]) sammt ihm aus der Welt!"

Aber vom Römerbrief an verschwinden diese Verwünschungen. Innerlich ergriffen ist der Verf. noch nicht, denn immer noch nennt er Jesum הטמא, immer noch flickt er hie und da eine Anzüglichkeit ein [2], und beim Philipperbrief angelangt bemerkt er verdrießlich: „Es sind vier Capitel, aber ich habe nichts Neues (שום חידוש) darin ersehen und habe sie deshalb ungeschrieben gelassen." Auch beim Colosserbrief läßt er es bei der Bemerkung bewenden: „Auch diese vier Capitel habe ich ungeschrieben gelassen." Mit der vereinsamten Ueberschrift des ersten Thessalonicherbriefs bricht diese erste Hälfte der Handschrift ab.

Unterdeß muß mit dem Schreiber, welcher ohne Zweifel der Uebersetzer selbst ist, eine innere Veränderung vorgegangen sein. Die unübersetzt gelassenen Briefe (Philipper bis 1 Thess.) folgen nun doch. Er hat sich von hier an der Beihülfe eines Andern bedient, und zwar, wie sichere Anzeichen verrathen, der Beihülfe eines deutschen Juden, obwohl die Handschrift nicht deutsch, sondern sephardisch ist. Nachdem die unübersetzt gelassenen Briefe nachgeholt sind, folgt der 2. an die Thessalonicher, die Briefe an Timotheus, Titus, Philemon, die Briefe des Petrus (פעטרי) und des Johannes (יוהניס). Schon in den petrinischen Briefen zeigt sich regere innere Betheiligung — die Schriftstellen sind hier nach ihrem alttestamentlichen Wortlaut wiedergegeben und die Citate am Rande beigeschrieben. Mit dem Hebräerbrief aber, der gegen die sonstige Anordnung nach Luthers Weise auf die des Johannes folgt [3], ist ein gründlicher Umschwung eingetreten; die Ueberschrift lautet: שוב אגרת אל העבריים היא אגרת אשר שלח המזבחר איש אלהי הקרוש שאול בן ארש ימיני מהלמידי רבן גמליאל הנקרא פעולוס עבר רשוע אל אחד המאמינים ע״י הימומיאוס אוחבו מארץ איטליא. „Ferner der Brief an die Ebräer, der Brief welchen der auserwählte gottgelahrte heilige

---

1) יש״ו ist beidemal als Abbreviatur von ימח שמו וזכרו gemeint.

2) Wie in der Clausel hinter שמט פיבא ביד אמונים die Worte כמו פרעה (treu in pharaonischer Weise).

3) Bekanntlich war es Luther, welcher Hebräer, Jacobus, Judas und Offenbarung so an das Ende stellte, weil er diese vier Bücher nicht als den andern vollkommen ebenbürtig ansah.

Mann Saul der Benjaminit, ein Schüler Rabban Gamaliels, genannt Paulus, Knecht Jesu, an einen der Gläubigen durch seinen lieben Timotheus von Italien her abgesandt hat." Dann folgen wie in der Lutherbibel die Briefe des Jacobus (יעקב) und am Ende יאקבוס) und Judas (יודס), mit denen dieser Cod. I abschließt. In Cod. II ist Alles in Nr. 1 von der ersten Hand, die Apokalypse aber von dieser späteren. Indem das Heft Nr. 1 die hier fehlenden Schriften registrirt, folgt es nicht der Lutherbibel, sondern stellt den Hebräerbrief an das Ende der paulinischen Briefe und läßt dann die katholischen folgen, von denen aber der des Judas vergessen wird. Der Rand der Uebersetzung der Apokalypse ist voll von Ausrufen: Gut! (טוב) Schwer! (קשה) Schwer vereinbar mit . .! Ein überzeugungskräftiges Capitel! u. dgl.

Ein Aufsatz: Die Hallischen Missionare und die Juden" in Jahrgang 2 der von Pastor Becker und mir redigirten Zeitschrift „Saat auf Hoffnung" von dem früheren ostindischen Missionar W. Germann, jetzt Pfarrer in Spechtbrunn im Meiningischen, setzt uns über die Person des Uebersetzers und seines Mitarbeiters außer allen Zweifel. Der Angesehenste unter den weißen Juden in Ober-Cochin um die Mitte des vorigen Jahrh. war Ezechiel, dessen Vater von Aleppo dorthin gekommen war.[1] Er correspondirte in portugiesischer Sprache mit den Missionaren in Trankebar. Die alten Berichte derselben erwähnen ihn öfter. Auf einen Brief der Missionare vom Febr. 1742, in welchem sie aus dem Traktate אור לעת ערב (Licht am Abend) einige altsynagogale Zeugnisse dafür, daß der Messias für die Sünden der Menschheit leiden würde, angeführt hatten, macht er Ende August seine Einwendungen, wünscht aber doch ein Exemplar des Traktats und erbietet sich zu fortgesetztem Gedankenaustausch. Er ist Liebhaber von Büchern, besitzt die Bibel in 7 Sprachen, also eine Polyglotten-Bibel (vielleicht die Walton'sche), kann auch Tamulisch und Warugisch (Telugu) sprechen, aber nicht lesen und schreiben und soll die in Trankebar gedruckte tamulische Bibel[2] in seinem Hause haben. Im September ward ihm das „Licht am Abend" und der Brief an die Hebräer in hebräischer Uebersetzung zugesandt. Er fragte an, ob er nicht in hebräischer Sprache schreiben dürfe, weil sein portugiesischer Schreiber seine Meinung nicht recht fassen könne oder auch dieselbe niederzuschreiben sich Scrupel mache. Ungeachtet seiner Einwendungen bezeugte er im Mai 1743, daß „die Epistel an die Ebräer in

---

1) Er wird auch bei Jost, Allgemeine Gesch. des israel. Volkes 2, 408., genannt und hatte im vorigen Jahrh. europäischen Ruf. Aus der Prager Ausgabe von Abraham Farissols ארחות עולם und verwandten Schriften mit Beigaben von Naftali Wessely (1793. 8.) erfahren wir den Familiennamen dieses Ezechiel. Er hieß יחזקאל ראבבי (s. dort 15b. 23a) *Jechezkel Râkibî.*

2) Die Ausgabe von Ziegenbalg, welche 1714—15 erschienen war und von welcher jetzt in ganz Ostindien kein Exemplar mehr aufzutreiben ist. Von der Ausgabe von Fabricius 1758 hat *D*. Blomstrand sich Ein Exemplar zu verschaffen gewußt, auch sie ist verschwunden, aber in Madras wieder aufgelegt worden (Mittheilung des Direktors Hardeland).

ebräischer Sprache ihm sonderlich lieb wäre", weshalb man im September ihm noch die erste Hälfte des hebräischen Evangeliums Lucä nachsandte. Nur noch einmal finden wir ihn dann erwähnt. Im Oct. 1754 kam Jacob Suriano aus Cochin, ein aus Spanien stammender Jude, nach Trankebar, dem man einen Brief an „Rabbi Ezechiel, welcher auf Cochin wohnet" mitgab.

Dieser Rabbi Ezechiel in Ober-Cochin, er und kein Anderer, ist Verfasser der Uebersetzung vom Matthäus-Evangelium bis zu den Aufschriften des Briefes an die Philipper (פיליפיסירה אצל), an die Colosser (לוה קולוסיה) und des ersten an die Thessalonicher (לוה תיסלוניקא), und auch der Text, an welchen er sklavisch sich anschließt und aus welchem beispielsweise jenes לוה (אצל) stammt, ist sicher bestimmbar: es ist der syrische Text (Peschitto) seiner Polyglotte.

Vom Philipperbrief an aber ist es ein Anderer, welcher die Arbeit des Rabbi Ezechiel weiter führt. Die Aufschriften, die dieser bereits entworfen, beibehaltend läßt er dennoch alsbald das syrische לוה (אצל) fallen. Er arbeitet für Rabbi Ezechiel, denn die 4 ersten Zeilen des ersten Thessalonicherbriefs schreibt dieser mit eigner Feder, und man erkennt sofort an den Anfangsworten פולוס וסילוואנוס וטרמוטיאוס לעדת תיסלוניקא בשם אבא den Nachtreter der Peschitto. Aber er arbeitet insofern selbstständig, als er nicht aus dem syrischen, sondern aus dem deutschen Texte nach Luther übersetzt. Der deutsche Jude verräth sich durch die Schreibungen פוילוס (Paulus), רוים (Raum = Rom), אטהיני (Athene) u. dgl., und der Uebersetzer aus der Lutherbibel durch die Aufeinanderfolge der Bücher, durch die verkannten *casus obliqui* פעטרי (für: Petrus) יָהָנְנִיס (für: Johannes) und גָיָא הזקן (der Aelteste Gajo für: Gajus), aber auch durch sklavische Wörtlichkeit, wie z. B. 1 Tim. 1, 1 פוילוס אחד שליח מישו המשיח ("Paulus ein Apostel Jesu Christi") und in der Clausel ראש העיר (für „Hauptstadt"), und durch komische Mißverständnisse wie z. B. in der Clausel des Titusbriefs כתוב ע"י ניקופלי ("geschrieben von Nikopolis", welches durch ע"י = על ידי zu einer Person gemacht wird), und in der Aufschrift der Apokalypse אלה הסודות נגלה ע"י יוחניס לעדת טילאגון dies die Offenbarung Johannes an die Gemeinde (לחצרה incorrect für לעדת) *Theologen*.

Wer ist dieser Uebersetzer? Auch ihn können wir, obwohl nicht nennen, doch ziemlich sicher erkennen. Ein Zeitgenosse des Rabbi Ezechiel in Ober-Cochin war, wie die Hallischen Berichte sagen, „einer aus Frankfurt, der die meisten europäischen Sprachen versteht und als ein Europäer gekleidet geht." Diese zwei Menschen ohne Gleichen in Ober-Cochin müssen sich wechselseitig angezogen haben, und die vorliegenden Handschriften zeigen, daß sie sich, angeregt durch die aufsehnerregende Erscheinung der jungen malabarischen Heidenmission, in dem Interesse, das Christenthum aus seinen Urkunden näher kennen zu lernen, begegneten. Der Frankfurter führte die Uebersetzung des Rabbi Ezechiel weiter, aber für diesen, denn in Heft 1 des Codex II bezeichnet Rabbi Ezechiel die Niederschrift auch der Briefe an die Thessalonicher und weiter als die seinige. Wir dürfen hienach annehmen, daß die aus diesen Handschriften ersichtliche Befreundung mit dem Christenthum den inneren Gang des Rabbi Ezechiel abspiegelt, welcher, wie Buchanan erzählte, Christ geworden und als Christ gestorben ist. Die Stellung seines deutschen Mitarbeiters zum Christenthum mag von Anfang eine freundliche gewesen sein und viel dazu beigetragen haben, den anfänglichen Haß Ezechiels zu ermäßigen. Indeß sind das nur Vermuthungen.

Noch einen dritten sichern Aufschluß können wir über diesen missionsgeschichtlich denkwürdigen Schatz in Cambridge geben. Der Cod. I enthält den hebräischen Hebräerbrief, welchen Ezechiel von Trankebar zugeschickt bekam. Wenn er den Missionaren meldete, daß „diese Epistel an die Ebräer in ebräischer Sprache ihm sonderlich lieb" sei: so bewahrheitet sich dies dadurch, daß er sie seinem Uebersetzungswerk einverleibt hat. Es ist die Uebersetzung der אגרת אל העבריים von dem Proselyten Friedrich Albert Christian*, welche wir oben S. 20 erwähnt haben. Diese Uebersetzung enthält Cod. I in buchstäblicher Abschrift. Die ausführliche Prädicirung des Apostels ist dem Titelblatte entnommen und während Ezechiel den Apostel mit seinem Syrer פולים oder פולום Paulos oder Pawlos schreibt (tamulisch heißt er Pawul), und sein Mitarbeiter das deutsche Paulus durch פוילום wiedergibt, lesen wir hier das von Christian beliebte פעולום, welches darin seinen Grund hat, daß er meinte, der Name Paulus sei von einem mit שָׁאוּל zusammenklingenden פָּעוּל abzuleiten — der Vorläufer des פָּאוּל der Londoner Uebersetzung.

Die Uebersetzung des Römerbriefs fällt in die Zeit, wo ihr Verf. dem Christenthum noch feind war. Wir geben den Text nach *MS. Oo* 1. 16 und dazu in eckigen Klammern die Varianten in *MS. Oo* 1. 32. Die Weglassung des הטמא in dieser jüngeren Schrift zeigt, daß das Verhältniss des Verf. zum Christenthum unterdeß sich gebessert hat.

[רימנים]

בשם [הטמא] ישׁו איגרת של פולום [פוילום] אצל רומים[1]

פרק א [1] פולום [פוילום] עבד של ישׁו משיח חנקרא שליח המפרש[2] צאן [אין][3] גליון של אלקים. 2 מן קודם מלך[4] ה' ביד נביאים קדושים. 3 על

---

*) Nicht Christiani, denn in dem Berichte über die Taufhandlung gibt er auf die Frage: Wie willst du inskünftige genannt werden? die Antwort: Friedrich Albrecht, *Cognomine* Christian.

1) Hier gut hebräisches רומים statt des romanischen *Romanos*; das unhebräische אצל will das syrische ܠܘܬ wiedergeben.

2) Hier fehlt das ל des Zweckes.

3) Die Schreibung mit ע = E scheint gegen die andere mildernd; doch behält die Schreibung als Doppelwort einen üblen Beischmack.

4) D. i. מֶלֶךְ. Dieses Verbum hat der Uebersetzer aus der syrischen Uebersetzung in seiner Polyglotte.

בן הוא דמתילד 5 בבשר מן זרע בית דוד. 4 ונודע בן אלהים בחיל וברוח קודש שקם מן המתים ישו משיח מרן. 6 5 ובו לקחנו טובות ושליחות בכל העמים איך שישמעו לאמונת שמו, 6 ואף אתם מהם נקראים בישו משיח [מסיח 7]. 7 לכל הרומים חביבים של אלהים לקרא וקדישים שלום וטובות עמכם מן אלהי אבות ומן אדון ישו. 8 בקודם אני מודה לאלהי ובישו על פני כולכם ואמונתכם נשמעי בכל העולם. 9 עד הוא לי אלהים ולו משמש אני ברוח הסברה 8 של בנו בלא ספק בכל זמן וזוכר אני לכם בהפילתי. 10 ומתחנן אני אם מן עכשיו יפתח לי הדרך ברצון אלהים שיבא אצליכם [אצלכם]. 11 בשביל הרבה מתאיה אני לראותכם ואתן לכם מתנת הרוח ובו התגדלון. 12 וביחד נבוא בחיצונה שלכם ושלי. 9 13 רוצה אני זה שתדעו אחי שזמן הרבה רציתי שאבא אצליכם ומניעתי עד עכשיו בתאוה שאף בכם יהיה לי הפירות כמו בתוך הגויים. 14 יונים וברברים חכמים ושכלים 10 ולכל אדם חייב אני מכריז. 15 וכן מתמהר אני שאף לכם ברומה אסביר. 16 לא כי אני בוש בזה עון [און] גליון בשביל דכח אלהים הוא לחיים וכל מאמינים בו אם מן יהודים בקודם [בְּקָדָם marg.] ואם ומן [מן] רומים. 11 17 וצדקותיו של אלהים בו מהגלה מן אמונה לאמונה כמו דכתיב וצדיק באמונתו יחיה. 18 גלוי כי 12 רוגז אלהים מן השמים על כל עול ורשע של בני אדם שהם באמת בעולה אוחזים. 19 בשביל ידיעות אלהים גלוי בהם אלהים כי מגלה בהם. 20 כיסוי כי של אלהים בטרם טעולה נברא בסכלות נראה [יראה] ובכח ואלהותי לעולם יהיה שלא מוציא ברוחו. 21 בשביל שרידיו לאלהים ולא כמו אלהים שבחוהו הודו לו אלא נדבך 13 מהשבנותם ונחתשך לבם בלא שכל. 22 וסוברין בעצמם שחכמים הם והם טוטים. 23 וחלפו [וחילפו] תושבחות אלהים שאיני נחבל ברמות הצלם דאדם הנחבל וגם בדמות טופות ושל ד' רגלים ורמש הארץ. 24 בשביל זה משלם להם אלהים למחשבת הטומאה שבלבים שיצטערו חגופם בהם. 25 וחלפו שרירת אלהים בכזב ופחדו ושמשו לנברא יותר מן הבורא ולו צריך תשבחות וברכות לעולמי עולמים אמן. 26 בשביל זה משלם אלהים לכאב ולצער וגם הנשים חלפו מנהגם הנהוגים 14 המה. שאין ראוי להם עשר. 27 ושוב אף הזכרים כך

---

5) D. i. הִמְתִילֵד, gleichfalls nach dem Syrer.

6) D. i. מָרָן, gleichfalls nach dem Syrer; der Uebersetzer folgt diesem auch weiterhin sklavisch.

7) מסיח ist Carrikirung des משיח in der Bed. *fabulator*.

8) הַסְבָרָה nennt dieser Uebersetzer das Evangelium nach dem syrischen s^ebarto Verkündigung; hebräisch gedacht bedeutet es Ansicht, Meinung.

9) נביא ist Wiedergabe des mißverstandenen ܐܢܒܝܐ (getröstet werden) des Syrers.

10) Incorrekt für סכלים Unverständige (nach dem Syrer) wie סכלות v. 20 für שכלות.

11) Quidproquo für ܐܦ݁ܠܐ des Syrers.

12) Auch diese unhebräische Nachstellung des כי wie v. 20 folgt der Stellung des syrischen ܓܝܪ (γάρ).

13) נסבך = נדבך (es ist verwirrt geworden).

14) Sinnlos, es sollte הנהוג (den üblichen) heißen.

עזבו מנהגם כמו הנקיבות ונתרבו ברוגזם א' על א' 15 וזכר על זכר בבושה עשו
ופורענות הישר הוא לטעיותם בקנאה לקבלם. 16 28 וכמו שלא דנו על עצמם שידעו
לאלהים משלם זה אלהים להודיעם חוזקם 17 שיהוא עושים ממה שלא שוה.
29 כיון שמלא כל עָוְלָה וזנות ומרירות ורעות ועלובין וקנאה והריגה ואף מחשבה
רעה. 30 ומלשינות ושקרים ושינאת אלהים מצעירים וגסי הרוח וגאוה מוצא רעות
[דעות] חסרי דעת ולאביהם ולאימם לא מכירים. 31 וקיום דבר לית להם ולא
חובת אדם ולא שלום ולא רחמים יש בהם. 32 אלו כיון שיודעין דין אלהים
ואיך אלו שעושין דבר מות ולא בלבד עושין להם אלא אף לחבריריהם 18 של
אלו עושין.

---

15) D. h. sie überboten sich (von רבה) in ihrer Brunst einer gegen den andern ('א = אחר).

16) Sinnlose Wiedergabe des syrischen ܣܒܠܘܢܗܘܢ ܒܓܠܗܘܢ (empfingen sie an ihnen selber).

17) Soll das heißen: ihnen zu erfahren zu geben ihre Verstockung? Der Uebersetzer hat auch hier den Syrer nicht verstanden.

18) Widersinnig; der Uebersetzer hat sich im syrischen Text nicht zurechtgefunden.

III.

Glossar

über die nachbiblisch hebräischen Wörter in unserer Uebersetzung des Römerbriefs.

אֵבֶר (unpunktirt איבר) Glied 6, 13. 19. 7, 5. 23. 12, 4. 5., s. die Erläuterungen zu 6, 13.

אָדַק (chald. אֲדַק) fest verbunden s., fest an etwas haften 16, 7.

אֶלָּא (aus אִי = אִם, dialektisch אִן in, en, und לָא = לֹא) aber, sondern, zufällig mit ἀλλά zusammenklingend 3, 31. 7, 7. 13. 9, 24. 11, 11. 12, 19. 15, 3. 21.

אֱלָהוּת Gottheit 1, 20.

אֲסִיפָה An- und Aufnahme 11, 15.

אֶפְשָׁר möglich 5, 7. 12, 18. mit אִי (= אַיִן, אֵין), nicht אִי (wie Geiger und Dukes gegen die überlieferte Aussprache punktiren): es ist nicht möglich 8, 8.

אָרַח Pi. beherbergen 16, 23.

אִשּׁוּר Seligpreisung 4, 6.

בּוֹשׁ Hithpa. הִתְבַּיֵּשׁ sich schämen 1, 16.

בְּחִירָה Erwählung 9, 11. 11, 5. 28.

בָּטֵל Pi. außer Wirksamkeit setzen, aufheben 3, 31. Hithpa. in Passivbed. 6, 6.

בָּטֵל unwirksam, müßig 4, 14.

בִּלְבַד allein μόνον 5, 3. 11. 9, 10.

בִּפְנֵי עַצְמוֹ an und für sich 14, 14.

בְּעִילָה fleischliche Vermischung 13, 13.

בְּקִיאוּת Erfahrung, Bewährung 5, 4.

בְּרִיאָה Creatur, Naturwelt 8, 19—22.

בְּרִיָּה jüngere Form: Geschöpf 1, 25. 8, 39. Naturbeschaffenheit 11, 24.

גּוּפָנִי leiblich 15, 27.

גִּלּוּי Offenbarung 16, 24.

גִּעוּל Verwerfung 11, 15.

(הוּן) דִּין Ni. mischnisch נִדּוֹן gerichtet w. 2, 12.

(וְהֶבְדֵּל) הַבְדֵּל Unterschied 3, 22 (s. die Erläuterungen) 10, 12.

הַבְטָחָה Verheißung 4, 13. 14. 16. 20. 9, 8. 9. 15, 8.

הֹוֶה Seiendes, Gegenwärtiges 8, 38.

הוֹרָאָה Lehre, Lehrberuf 12, 7.

הַכְנָסָה Hereinführen (von Gästen = Gastfreundlichkeit) 12, 13.

הַכְרָזָה Predigt praeconium 16, 24.

הֲנָאָה (v. הָנָא) Genuß (Genieß), Befriedigung 15, 1—3.

הַצְרָפָה Ueberströmung, Ueberfluß, Fülle 5, 17.

הִתְנַצְּלוּת Entschuldigung 2, 1.

Die nichtbiblischen Wörter unserer Uebersetzung. 111

זוֹלְלוּת Schlemmerei 13, 13.

זָכָה mit לְ einer Sache würdig w. 5, 18.; *Pi.* rein und würdig (vor Gott) machen 5, 16.

זְכוּת Verdienst δικαίωμα 5, 18.

זָקַק fesseln, binden 7, 2.

חָבִיב geliebt 1, 7. 11, 28. 12, 19. 16. 5. 8. 9. 12.

חָבַר *Nithpa.* in Gemeinschaft, Mitgenuß gesetzt w. 11, 17.

חִדּוּשׁ Erneuerung, Neuheit, neues Wesen 7, 6.

חוּב (*Pi.* חִיֵּב wie Dan. 1, 10 anschuldigen, verurtheilen 2, 1. 15. 5, 16) *Pu.* von Pflichtschuldigkeit 1, 14.; *Hithpa.* in Strafschuld gerathen 5, 18.; *Nithpa.* schuldüberführt, der Strafe verfallen s. 14, 23.

חוֹב Schuldigkeit 4, 4.

חוֹבָה Schuld, Pflicht 13, 7.

חַיָּב schuldig (vom Debitor) 13, 8. 15, 27.

חֻלְשָׁה Schwäche 6, 19. 8, 26. 15, 1.

חִמּוּד Gelüsten 7, 7. 8.

חֵרוּת Freiheit 8, 21.

טְבִילָה Taufe 6, 4.

יְדִיעָה Erkenntnis 3, 20.

יֹשֶׁן Alter, Veraltung, altes Wesen 7, 6.

(פְּאֵי צַד =) פִּרצַד Fragwort: welchergestalt, auf welche Weise 4, 10.

כָּנַס *Ni.* hereinkommen 5, 20.

כְּפִי gemäß 2, 29 wie z. B. Ex. 16, 21.; mit אֲשֶׁר demgemäß daß 11, 13.

כָּתוּב mit dem Artikel: die Schrift γραφή 4, 3. 9, 17. 10, 11. 11, 2.

לִפְרָקִים abschnitts-, stellen-, theilweise 15, 15.

מִילָה (v. מוּל = מָהַל 4, 10) Beschneidung 2, 25 — 29. 3, 1. 4, 11. 15, 8.

מִיתָה Tod, Erstorbenheit 4, 19.

מָנָה *Nithpa.* eingesetzt s. 13, 1.

מֵעַתָּה sonach (im jerus. wie babyl. Talmud = אם כן) 4, 1.

מִקְצָה Einige 3, 3. 11, 14. 17. mit לְ theilweise ἐκ μέρους 11, 25.

מִחוּץ nach dem Sprachgebrauch der Mischna = ἐκ 5, 16. 9, 30. 10, 5 f.

נֶגֶד *Hithpa.* sich entgegensetzen 13, 2.

נָהַג *Hi.* leiten, vorstehen 12, 8.; *Hithpa.* sich aufführen (von der Lebensweise) 13, 13.

נָטַל *Pu.* auferlegt s., obliegen 15, 27.

נָצַל *Hithpa.* sich entschuldigen 1, 20.

סִבָּה Anlaß, Ursache 7, 8. 11.

סַבְלָנוּת Ausdauer, Geduld 5, 3. 4. 8, 25. 15, 4. 5.

סַכָּנָה Gefahr 8, 35.

סָפַק *Hithpa.* zweifeln 4, 20. 14, 23.

עֶבֶד *Schafel* שַׁעְבֵּד knechten. Davon שֻׁעְבַּד geknechtet w. 6, 22. הִשְׁתַּעְבֵּד sich unterwerfen 8, 7. נִשְׁתַּעְבֵּד unterworfen w. 6, 18.

עֲבֵרָה Uebertretung 4, 15.

עוֹלָם Welt κόσμος 1, 8. 20. 3, 6. 19 u. ö.

עַזּוּת Kühnheit 15, 15.

עַל־אַחַת כַּמָּה וְכַמָּה *quanto magis* 11, 12. 24 (s. oben S. 14).

עִנּוּי Leiden πάθημα 8, 18.

עִנְיָן (schon im Buch Koheleth) Bewandtnis 5, 15. Angelegenheit 8, 5.

עִסָּה Teig *massa* 11, 16.

עֶצֶם selbst *ipse* 15,1.3 (vgl. oben unter בִּפְנֵי).
עַצְמוּת Wesenheit 1,20.
עָתִיד Zukünftiges, Zukunft 8,38.

פָּטַר erledigen 7,2.; *Ni.* erledigt, quitt werden 7,6.
פָּסַד verderben *Ni. part.* vergänglich 1,23.
פִּרְסֵם veröffentlichen; *Nithpa.* offenkundig geworden s. 16,25.

צָלַב kreuzigen 6,6.
צָרִיךְ bedürftig 16,2.

קֹדֶם כֹּל (לַכֹּל) vor allem, allererst 1,8.
קְדֻשָּׁה Heiligkeit 1,4. 6,22.
קִיּוּם Bewerkstelligung, Erfüllung 13,10.
קַיָּם feststehend 11,20.

רָאוּי ersehen (vgl. Est. 2,9) d.i. gebührend, pflichtmäßig, schicklich 1,27. 2,18. 8,26. 12,3. 16,2.
רוּחָנִי geistlich 7,14. 15,27.
רָכַב aufsitzen; *Ho.* auf- oder eingepfropft w. 11,17.23.24.
רִצּוּי Versöhnung *reconciliatio* 5,11. 11,15.
רָצוֹן Intention, Meinung, Sinn in der Redensart הָרָצוֹן בּוֹ (= רָצָה לוֹמַר will sagen) 9,8. 10,6.7.

רְשׁוּת Macht ἐξουσία 9,21.
רְשׁוּת Obrigkeit ἐξουσία 13,1.3 (s. über die Punktation die Erläuterungen).

שִׂכְלִי geistig *intellectualis* 12,1.
שְׂרָרָה Herrschaft 8,38.

שֶׁבַח Lob 13,3.
שִׁחֲרַר (*Schafel* von חָרַר, vgl. חֵרוּת) befreien 8,2.; Passiv שֻׁחֲרַר befreit worden s. 6,18.22.
שֶׁל- als Umschreibung des Genitivs 8,15. 14,4. 16,10.11.
שָׁלִיחַ (nach der Form מָשִׁיחַ) Gesandter, Delegat, Apostel 1,1. 11,13. 16,7.
שְׁלִיחוּת (vgl. *Bathra* 25ᵃ) Apostolat 1,5.
שַׁמֵּשׁ dienen διακονεῖν 16,1.
שִׁעְבֵּד s. unter עבד.
שָׁעָה Stunde ὥρα 13,11.
שְׁקִידָה Wachsamkeit, Eifer 12,8.
שֵׁרוּת Dienst 12,7.
שָׁיָּה *Hithpa.* sich betheiligen 12,13.

תְּחִיָּה Wiederbelebung (Auferstehung) 1,4. 6,5.
תְּשׁוּבָה Buße μετάνοια 2,4.
תַּשְׁמִישׁ Beiwohnung 1,26.

IV.

Erklärendes Verzeichnis der angezogenen jüdischen Schriftwerke.

[A = א, ʿA = ע]

ʿ**Aboda zara** (עבודה זרה), abgekürzt (ע״ז), talmudischer Traktat vom Götzendienst und überhaupt vom Heidenthum.

Aboth de-Rabbi Nathan, eine an die Mischna *Aboth* (s. unter *Pirke aboth*) sich anschließende Sentenzen-Sammlung aus nachtalmudischer Zeit, nach R. Nathan, dem Zeitgenossen des Mischna-Redaktors R. Jehuda, benannt.

Aggada, aramäische Form für *Haggada*, s. dieses.

ʿ**Aruch**, Titel des Lexikons zur Talmud- Targum- und Midrasch-Literatur von Nathan b. Jechiel aus Rom (gest. 1106), einem Schüler des Mose ha-Darschan.

Bathra, vollständig *Baba bathra* (der Bed. nach die letzte Pforte oder Abtheilung, nämlich des dreitheiligen Gesammtwerks *Nezikin* d. i. Schädigungen) talmudischer Traktat von den im Gesellschaftsleben einflußreichsten bürgerlichen Rechtsverhältnissen.

Berachoth, der den Talmud eröffnende Traktat von den Segenssprüchen und Gebeten.

Bereschith rabba, erster Theil des *Midrasch rabba* (s. unter *Rabboth*). Ebenso heißt ein noch ungedruckter Midrasch, aus welchem Raymundus Martini in seinem *Pugio Fidei* (vom J. 1278) merkwürdige Mittheilungen macht, von R. Mose ha-Darschan (dem Prediger) aus Narbonne (um 1070).

Biccurim, talmudischer Traktat von Darbringung der Erstlinge des Landbau's.

Challa (חלה), talmudischer Traktat von der Teig-Hebe (dem 24tel beim Backen für den Hausbedarf, dem 48tel beim Backen für den Verkauf), welche während des Tempelbestandes den Priestern gegeben wurde, jetzt aber verbrannt wird.

Choboth ha-lebaboth (die Pflichten der Herzen, arabisch *farâid el-ḳulûb*), Titel der zu 5,3 citirten Ethik von Bachja (oder Bechaji, die Aussprache ist fraglich) b. Joseph aus Saragossa (nach 1050). Die beste neuere Ausgabe (hebräischer Text mit deutscher Uebersetzung und hebräischen Anmerkungen) ist von M. E. Stern, Wien 1856. 8.

Demai (דמאי), talmudischer Traktat von den Früchten, deren Verzehntung, ob sie geschehen oder nicht, zweifelhaft ist.

Derech erez, Name zweier außertalmudischer Traktate, eines größeren (*rabba*) und kleineren (*zuta*) über Landesweise d. i. gute und feine Sitte.

[E = א, ʿE = ע]

ʿEdijoth (der Bed. nach Zeugnisse), talmudischer Traktat (ohne Gemara), enthaltend Satzungen, welche an dem Tage der Erhebung Eliezer b. Azarja's zum Schuloberhaupt bezeugt und bekräftigt wurden.

Elijahu rabba (vollständig *Seder Elijahu rabba*), die erste Abtheilung des Werkes über frommes und sittiges Leben, welches den Gesammttitel *Tana de-bê-Elijahu* (Belehrung aus der Schule Elia's) führt und in Babylonien vor dem J. 1000 gesammelt ist.

ʿErubin (עירובין), talmudischer Traktat von Verbindung getrennter Räumlichkeiten für den Zweck freierer Bewegung am Sabbat.

Gemara, Auslegung oder Ausbau der Mischna, der den einzelnen Mischnen sich anschließende größtentheils aramäisch (im jerusalemischen Talmud palästinisch-aramäisch, im babylonischen babylonisch-aramäisch) geschriebene juridische Commentar darüber (von גְּמַר vollenden, denominativ: die Gemara lernen und überh. lernen). *Talmud* im engeren Sinne (im Unterschiede von der Mischna) ist immer die Gemara.

Gittin (גטין), talmudischer Traktat vom Scheidebrief (גט) und dem was in der Ehescheidung Rechtens ist.

Haggada הַגָּדָה (der Bed. nach *enarratio*), Belehrung über Gegenstände des Glaubens und Lebens in Geschichten, Gleichnissen und denkwürdigen Aussprüchen. Haggadisch nennt man den dogmatisch-ethischen Bestandtheil der Ueberlieferung und des Codex. Im Ganzen und Großen repräsentirt der Talmud die Halacha, der Midrasch die Haggada, jedoch ist weder der Talmud ohne haggadische noch der Midrasch ohne halachische Beimischung.

Halacha הֲלָכָה (der Bed. nach Herkommen, aber nicht in dem Sinne von *consuetudo*, sondern *jus a majoribus traditum*), das als gesetzlich gültig Ueberlieferte. Halachisch nennt man den juridischen Bestandtheil der Ueberlieferung und des Codex.

Halachoth gedoloth, eine rubricirte Sammlung der im Talmud discutirten und entschiedenen Gesetzbestimmungen.

Horajoth (der Bed. nach Entscheidungen), talmudischer Traktat von unvorsätzlichen Vergehungen, die durch irrige Entscheidungen des Synedriums herbeigeführt werden, und von unvorsätzlichen Vergehungen des Hohenpriesters und Fürsten.

Bibliographisches Glossar: *J—M.* 115

Jadajim, talmudischer Traktat (ohne Gemara) von der Verunreinigung und reinigenden Waschung der Hände.

Jalkut (von לָקַט sammeln), midrasisches Sammelwerk nach Art der patristischen Catenen, welches die biblischen Bücher fortlaufend in Auszügen aus der älteren Midrasch- und Talmudliteratur commentirt. Das älteste ist der *Jalkut Schim'ôni* von R. Simeon ha-Darschan (nach Zunz aus dem Anfange des 13. Jahrh.). Ein junges Machwerk ist der aus der Sohar-Literatur compilirte *Jalkut chadasch* (zuletzt Lemberg 1868. 8.).

Jebamoth, talmudischer Traktat von der Levirats- oder Schwagerehe.

Joma, talmudischer Traktat von dem Tage d. i. dem großen Versöhntage.

[K = כ, Ḳ = ק]

Ḳamma, vollständig *Baba kamma* (s. oben unter *Bathra*), talmudischer Traktat von den Rechtsfolgen der mannigfachen Arten von Schädigung des Einen durch den Andern.

Kethâb Emeth (citirt zu 1, 4), eine durch meinen Freund, den Missionar Hefter (in Memel), mir mitgetheilte Handschrift, in welcher ein- vornehmer und gelehrter polnischer Israelit einem Schüler in Briefform seinen Glauben an Jesus als den Messias ausspricht.

Kethuboth, talmudischer Traktat von den Ehepakten.

Kidduschin, talmudischer Traktat vom Verlöbniß (den Sponsalien).

Kilajim (כִּלְאַיִם), talmudischer Traktat von der widergesetzlichen Mischung des Heterogenen im Bereich der Thiere, der Pflanzen und der Kleidung.

Maccoth, talmudischer Traktat von der Strafe der Geißelung.

Machschirin (der Bed. nach tauglich machend), talmudischer Traktat (ohne Gemara) von den Flüssigkeiten welche auf Früchte fallend sie zur Unreinigkeitsannahme oder nicht dazu qualificiren.

Masora oder nach hebräisch correcterer Aussprache *Massora* (*Massoreth* nach der Form מָסֹרֶת), Ueberlieferung, nämlich über die äußere Textgestalt. „Kleine Masora" nennt man die kurzgefaßten textkritischen Bemerkungen zur Seite der Textcolumnen. Die „große Masora" steht in Langzeilen oben und unter dem Texte, oder sie folgt in selbstständigen Abschnitten dahinter (*Masora finalis*).

Massecheth (d. i. Traktat) **Gerim**, eine der sieben zuerst von Kirchheim 1851 herausgegebenen sieben kleinen Traktate des jerusalemischen Talmud über die Proselyten, ihre Aufnahme und das Verhalten gegen sie.

Mathnoth Kehunna (citirt zu 8, 3), Commentar zu den *Rabboth* (s. dort) von Issachar Bär aus Szczebrszyn bei Zamosc.

Megilla, talmudischer Traktat vom Lesen der Rolle d. i. des Buchs Esther und überhaupt von der Feier des Purimfestes.

Menachoth, talmudischer Traktat von den Speisopfern.

Mezia (מציעא), vollständig *Baba mezîa* (die mittlere Pforte, s. oben unter *Bathra*), talmudischer Traktat von Klagen und Forderungen, besonders in dem Verhältnisse des Abmiethers zum Miethsherrn, des Arbeiters zum Arbeitsgeber, des Entlehners zum Leiher.

Midrasch (der Bed. nach *disquisitio* und ungefähr s. v. a. *commentarius*), Auslegungswerk, welches dem Texte des betreffenden biblischen Buches folgend ihn durch Vorführung der von namhaften Lehrern ausgegangenen Aeußerungen darüber erläutert.

Midrasch Agadath Bereschith, Auslegung der Genesis, angeblich von Rab, dem Freunde Samuel Jarchinaah's (erste Ausgabe Venedig 1618, dann von Naftali Wessely 1804. 8.). Rab (Abba Areka) und Samuel, der als Himmelskundiger den Beinamen ירחיני erhielt, sind berühmte Talmudlehrer zu Nehardea in Babylonien am Ende des 2. und zu Anfang des 3. Jahrhunderts.

Mischna, das Corpus (die Sammlung) des im 3. Jahrh. in Palästina schriftlich gemachten secundären d. i. traditionellen Gesetzes (von שָׁנָה wiederholen δευτεροῦν, denominativ: das traditionelle Gesetz lehren). Mischnisch heißt das Hebräisch der Mischna.

Nedarim, talmudischer Traktat von den Gelübden.

Nidda, talmudischer Traktat von den Unreinigkeiten des weiblichen Geschlechtslebens.

Othijoth de-Rabbi Akiba, ein alter pseudonymer Midrasch über die Geheimnisse der Buchstaben.

Para, talmudischer Traktat (ohne Gemara) von der rothen Kuh zur Entsündigung der Leichenunreinen.

Peah, talmudischer Traktat (ohne Gemara) vom Ackerwinkel und überhaupt dem Anrecht des Armen an den Bodenertrag.

Perek schalom, ein haggadisches Mosaik von Lobsprüchen des Friedens, ein Anhang der Traktate *Derech erez* (s. dort).

Pesachim, talmudischer Traktat von der rechtzeitigen und der nachträglichen Passafeier.

Pesikta (der Bed. nach *sectio*), eine Klasse von Midraschwerken, welche keinen fortlaufenden Commentar zu einem biblischen Buche enthalten, sondern in mehr rhapsodischer Weise einzelne Perikopen erläutern. Zu dieser Midrasch-Klasse gehören 1. *Pesikta de-Rab Cahana* aus der Zeit des palästinischen Talmud, benannt nach dem aus Babylonien nach Palästina gewanderten Cahana, der ihn seinem Grundstock nach redigirt hat; 2. *Pesikta rabbathi,* welche wie sie uns vorliegt das J. 845 unserer Zeitrechnung an der Stirn trägt. Die *Pesikta zutarta,* ein compilatorisches Werk über den Pentateuch und die fünf Megilloth, von R. Tobia b. Eliezer in Mainz, welches der Judenverfolgung während des ersten Kreuzzugs gedenkt, führt den Pesikta-Namen nur mißbräuchlich.

Pilpul פִּלְפּוּל (von der Wurzel פָּלַל spalten), dialektisch scharfe Erörterung gesetzlichen Fragen mit ihrem *pro* und *contra*.

Pirke aboth (der Bed. nach *capitula patrum*), ein Mischna-Traktat ohne Gemara, welcher denkwürdige Aussprüche der Väter enthält und chronologisch von den Männern der großen Synagoge und den ältesten Häuptern des Synedriums beginnt, auch *Mischna Aboth* oder schlechtweg *Aboth* genannt.

Pirke de-Rabbi Eliezer, ein nach R. Eliezer b. Hyrcanus (aus dem 1. Jahrh. unserer Zeitrechnung) benanntes, aber nicht früher als im 8. Jahrh. verfaßtes haggadisches Werk, welches dem Gange der heiligen Geschichte folgt.

Rabboth, die im Mittelalter gesammelten und zu Einem Thesaurus vereinigten großen Midraschim zum Pentateuch und den fünf Megilloth (Hoheslied, Ruth u. s. w.). Hienach ist z. B. *Wajikra rabba* der Midrasch dieser Sammlung über den Leviticus; *Schir ha-schirim rabba* der über das Hohelied; *Koheleth rabba* der über den Prediger Salomo.

Sanhedrin (so, nicht *Synhedrin* ist sprechen), talmudischer Traktat von dem obersten Gerichtshof, dem Synedrium.

Schaʿare ha-jirʾah (der Bed. nach die Pforten der Gottesfurcht) oder *Sefer ha-jirʾah*, Titel eines Werks von Jona b. Abraham Girondi d. i. aus Gerona (um 1250) über gottgefälligen Wandel.

Schabbath, talmudischer Traktat von der Sabbatfeier.

Schebiʿith, talmudischer Traktat vom Sabbatjahre.

Schekalim, talmudischer Traktat von der Halbsekel- oder Didrachmen-Steuer (vgl. Mt. 17, 24); die Gemara dazu ist aus dem jerusalemischen Talmud.

Schocher tob (citirt zu 14, 3), Benennung des Midrasch über die Psalmen nach dem Citate Spr. 11, 27 in dessen Eingang.

Sefer Thora, einer der zuerst von Kirchheim 1851 herausgegebenen sieben kleinen Traktate des jerusalemischen Talmud über regelrechte Schreibung der Thora.

Selichoth (von סָלַח verzeihen, vergeben), gereimte oder reimlose litaneienartige Klag- und Bittgebete für die Buß- und Festtage, voran den großen Versöhntag.

Siddur (der Bed. nach *ordo*, nämlich *precum*), Zusammenstellung der Morgen- Vesper- und Nachtgebete für die Werktage, den Sabbat und die Feiertage des ganzen Jahres.

Sifri oder *Sifre* (d. i. Bücher), Midrasch über Numeri und Deuteronomium aus dem Mischna-Zeitalter, wie **Sifra** (d. i. das Buch, vgl. *Joma* der Tag = Versöhnungstag) über Leviticus und **Mechilta** (der Bed. nach Maß, Regelrichtigkeit) über Exodus.

Sofrim, nachtalmudischer Traktat über Schreibregeln und Synagogenriten.

Sota (סוטה), talmudischer Traktat von dem des Ehebruchs verdächtigen Weibe.

Taʿanith, talmudischer Traktat von den Fast- und Trauertagen, beginnend von dem Fasten in regenloser Zeit; der Name *Taʿanijoth* bezieht sich auf den 2. u. 3. Abschnitt dieses Traktats.

Talmud (der Bed. nach *doctrina, institutio*), der Codex des traditionellen Gesetzes, welcher uns in einer zwiefachen Redaction, einer palästinischen (jerusalemischer Talmud) und einer in den Ländern des neupersischen Sassaniden-Reichs veranstalteten (babylonischer Talmud) vorliegt.

Tamid, talmudischer Traktat vom täglichen Morgen- und Abendopfer.

Tanchuma, der älteste uns bekannte stetige Midrasch über den Pentateuch, von der in ihm beliebten Formel ילמדני רבנו (es belehre uns unser Lehrer) auch *Jelamdenu* genannt, nach Zunz um 850, vielleicht in Süditalien, verfaßt oder vielmehr zusammengestellt.

Tosafoth (der Bed. nach *additamenta*), Erläuterungen der einzelnen Traktate des babylonischen Talmud, zumeist auf den halachischen Theil seines Textes bezüglich und aus den französischen Rabbinen-Schulen des Mittelalters stammend. Sie sind dem Texte gegenüber dem Commentare Raschi's (R. Salomo Isaaki's) beigedruckt.

Tosefta oder *Tosifta* (der Bed. nach *additamentum, supplementum*, nämlich der Mischna), nicht zum Codex gehörige Traktate talmudischen Inhalts und gleicher Fassung; wir besitzen deren 52.

V.
Ueber einige Textpunctations-Fragen.

Auf Accentuation des Textes haben wir verzichtet; nur *Silluk* und *Athnach* haben wir da gesetzt, wo wir am Ende des Verses oder der Vershälfte eine Pausalform in Anwendung gebracht haben z. B. 1, 11 תִּזְרָקוּ (vgl. Ez. 7, 13); 2, 1 נָפֶשׁ, indem wir von der Voraussetzung ausgingen, daß diese Hervorhebung des Vokals im Schlußfall der Rede auch abgesehen vom Accentuationssystem ihr Recht hat.

Auf die Anwendung des *Metheg* aber in seinem ganzen Umfange hatten wir zu verzichten, indem wir auf die Accentuation verzichteten. Das sogenannte gewöhnliche Metheg (מתג פשוט), welches die Gegentonsylbe im Verhältnis zur Tonsylbe anzeigt, haben wir weggelassen und z. B. 1, 7 וּמְקְרָאִים geschrieben, wo bei accentuirter Tonsylbe וּמְקֹרָאִים zu schreiben war. Aber unveränßerlich erschien uns 1. das sogenannte feststehende Metheg (מתג תמיד), welches die Verwechselung des *Kamez* mit *Kŏmez* verhütet z. B. 1,21 חֶלְבּוּ (*hălchu*); 2. das feststehende Metheg vor *Chatef* z. B. 1, 3 וַיֹּאשֶׁר; 1, 5 הָאֲמִינָה, welches den vollen Vocal gegen den folgenden Halbvocal abhebt und in der Schreibung dermaßen mit dem *Chatef* verwachsen ist, daß sein Fehlen stören würde; 3. das feststehende Metheg vor הֱ und הַ aller Formen von היה und היה, welches dem ersten Stammbuchstaben dieser Verba seine deutliche Aussprache sichert z. B. 1,1 לִהְיוֹת *lih°joth*, nicht *lihjoth*; 1,17 יִהְיֶה *jich°je* (obwohl der Accentsetzung dieses *Schebâ* nicht als lautbares, sondern als ruhendes gilt, weil ihr der Begriff des zwischen Lautbarkeit und Ruhe schwankenden *Schebâ medium* fremd ist); 4. das feststehende Metheg der activen Participien z. B. 1,25 בֹּרְאָה. Wir leugnen nicht, daß dieses letzte Metheg auch wegbleiben konnte, aber das Particip sofort als solches kennzeichnend kommt es doch dem Verständnis zu Hülfe. Uebrigens haben wir בְּרֹאת, nicht בּוֹרְאָה geschrieben und überhaupt die *plena scriptio* nur da bevorzugt, wo sie die correktere, wie 1, 8 in מוֹדָה und zudem wie 1, 30 in הוֹלְלִים (nicht הֹלְלִים) die typographisch weniger riskante, oder auch wie 1, 30 in וְחוֹשְׁבֵי (nicht וְחֹשְׁבֵי) die für das Auge bequemere.

Große Schwierigkeit und viel Nachdenken verursacht das *Dagesch lene*. Bekanntlich werden die 6 *tenues* (בגדכפת) im Wortanlaut immer als *mutae* gesprochen und demgemäß dagessirt, wenn das vorhergehende Wort consonantisch schließt, dagegen als *aspiratae* gesprochen und also ohne Dagesch geschrieben, wenn das vorhergehende Wort vocalisch auslautet und (dies die Bedingung, welche hinzukommen muß) in engem Zusammenhange mit dem folgenden steht. Hätten wir uns in diesem Punkte streng an das Vorbild des masoretischen Textes halten wollen, so hätten wir jeden Vers im Geiste accentuiren und überall da die anlautende Tenuis dagessiren müssen, wo das vorhergehende Wort einen trennenden, und aspiriren, wo es einen verbindenden Accent zu bekommen hat.

Einige Beispiele mögen dies erläutern. Wir haben 2,12 geschrieben: כִּי כָּל־אֲשֶׁר חָטְאוּ בְּלִי תוֹרָה גַּם בְּלִי־תוֹרָה יֹאבֵדוּ, haben also sowohl כֹּל als das erste בְּלִי aspirirt. Bei vollständiger Accentuation aber würden beide zu dagessiren sein: כִּי כָּל־אֲשֶׁר חָטְאוּ *בְּלִי תוֹרָה גַּם בְּלִי־תוֹרָה יֹאבֵד — 2, 15 גַּם מִזָּפוֹת אוֹ mit aspirirtem גם, aber mit dagessirtem bei der erforderlichen Accentfolge וּמִתְשׁוּבָתָם בְּקִרְבָּם מְחִיבוֹת זֹאת אִי־זֹאת אוֹ גַּם־מִזָּפוֹת, denn hier kommt גם nach dem Trenner *Tifcha* zu stehen. — 3, 3 עוֹלָתֵנוּ תְּרוּמֵם. Versehen wir den Vers mit Accenten, so gliedert er sich folgendermaßen: וְאָמַר־כֵּן הוּא אֲשֶׁר עוֹלָתֵנוּ תְּרוּמָם אֶת־צִדְקַת הָאֱלֹהִים, hienach stellt sich תרומם näher zum Objekt als zum Subjekt und hat also mit Dagesch anzulauten. — 4, 19 בְּרִיּוֹתוֹ כְּבֶן־מֵאַת שָׁנָה mit aspirirtem כבן, aber anders wenn man dieses Satzglied in das accentuologische Netz hineinstellt בריתו כבן־מאת שנה, das vorausgehende *Paschta* fordert dann Dagessirung. — 8, 25 נִיַּחֵל לוֹ בְּסַבְלָנוּת, aber bei Accentuation des Textes

---

*) Es ist auch כִּי כָּל־אֲשֶׁר חָטְאוּ möglich, aber auch so vernothwendigt sich בְּלִי statt בְּלִי.

בְּסִבְלוֹנוֹת, weil לוֹ *Tifcha* bekommen muß. — 8, 26 חוֹמָךְ בְּחֶלְשָׁתֵנוּ אוֹתָנוּ חוֹמָךְ,
aber mit Accenten אָמַרְתָּ לֹא תִגְנֹב וְאַתָּה גוֹנֵב — 2, 21 תּוֹמֵךְ אוֹתָנוּ בְּחֶלְשָׁתֵנוּ,
aber accentuirt אָמַרְתָּ לֹא תִגְנֹב וְאַתָּה גוֹנֵב, mit dagessirtem גוֹנֵב, weil dieses Wort zu kurzsylbig ist, um vorausgehendes *Tifcha* zu leiden; das *Mercha* aber zieht *Gimel raphatum* nach sich.

Wir haben dieses Beispiel absichtlich zuletzt gestellt, um zu zeigen, daß wir uns in diesen Fällen lediglich durch logische Motive bestimmen lassen zu müssen glaubten, während in der Accentuation sich musikalische und logische verschränken. Ich würde 2, 21., deutsch übersetzt, so interpungiren: du sagest, man solle nicht stehlen, und du selber — stiehlest und habe גוֹנֵב dagessirt in der Meinung, daß das Subjekt וְאַתָּה mit gehobener und etwas innehaltender Stimme zu sprechen sei.

VI.
Berichtigungen und Zusätze.

Trotz der Sorgfalt, die ich auf die Correktur des Römerbrief-Textes verwandt habe, sind einige Fehler stehen geblieben, was abgesehen von menschlicher Unvollkommenheit sich durch die Unruhen des Krieges entschuldigen mag, in welche der Druck des Buches hineinfiel. Vollständige Correktheit eines punktirten hebräischen Text ist überhaupt nur bei Stereotypirung zu erreichen. Die Londoner Ausgabe erfreut sich dieses Vortheils, der für mich in Einem Falle recht vexirend geworden ist. Ich habe es S. 36 gelobt, daß sie 7, 2 richtig קְבוּרָה הִיא mit Ultimabetonung* schreibt: aber diese richtige Accentuation in der Ausgabe 1866 ist aus der Ausgabe 1867 verschwunden, indem unterdeß fehlerhaftes קְבוּרָה הִיא in die Stereotyp-Platte hineincorrigirt ist.

Wir unsererseits haben folgende Irrungen zu beklagen:

1, 16 אִירְגֵּנִי für אִירְגֵּנִי
2, 21 אֶת־אֲחֵרִים für אֶת־אֲחֵרִים (der einzige Buchstabenfehler)
6, 21 אַחֲרִיתָם für אַחֲרִיתָם
10, 9 וְתַאֲמִין für וְתַאֲמִין
12, 3 חֻפְּתָן für חֻפְּתָן
13, 1 נִתְמְצוּ für נִתְמְצוּ
13, 6 הַשְּׁקֻדִים für הַשְּׁקֻדִים
14, 8 שְׁפְחִיָה für שִׁפְחִיָה.

Außerdem sind hie und da Vocale abgesprungen: 3, 9 הנצדק; 7, 23 הלחמת; 14, 21 ולא; 15, 5 ואלחי. Die falsche Stellung des *Cholem*-Punktes in תאוֹתִיו 6, 12 bedarf kaum der Bemerkung.

Zu den Prolegomenen und Beigaben ist Folgendes zu bemerken.

S. 11 unten ist hinzuzufügen, daß wie LXX מַדָּע Koh. 10, 20 durch

---

*) Lies S. 36 Z. 7 nicht als נסוג אחור (d. h. Wort mit Tonrückgang).

Berichtigungen und Zusätze. **121**

συνείδησις übersetzt, so die Peschitto einmal, nämlich 2 Cor. 5, 11 συνείδησις durch ܥܽܡܳܐ wiedergibt.

S. 22 Anm., s. zur Zurechtstellung den durch die Mittheilung des *D.* Schiller-Szinessy in Cambridge ermöglichten Anhang II über die Uebersetzung aus Cochin.

S. 26. 27. Erst jetzt bin ich eines Exemplars der als Manuscript für die Committee-Mitglieder gedruckten *Correspondence on the proposed Revision of the London Society's Edition of the Hebrew Version of the New Testament* (1856) habhaft geworden. Die nordafricanischen Missionare beklagten sich, wie hieraus ersichtlich, daß die Bibelgesellschaft einen anderen Uebersetzungstext des N. T. (nämlich die Bagster'sche Ausgabe) als die Missionsgesellschaft verbreite. Als die zwei Gesellschaften deshalb in Verhandlung traten, stellte die Bibelgesellschaft als Bedingung der Annahme der anderen Uebersetzung, daß alle alttest. Citate, wo sie von unserem alttest. Texte abweichen, genau nach dem griechischen Wortlaut wiedergegeben werden müßten, weil die neutestamentliche Schrift nicht minder inspirirt sei als die alttestamentliche. Reichardt erwehrte sich eine zeitlang dieses Uebersetzungsprincips, aber durch Beschluß vom 10. Dec. 1855 wurde es acceptirt und am 16. Jan. 1856 eine Revision der Uebersetzung beschlossen, mit welcher M'Caul und Reichardt unter Zuziehung Biesenthals beauftragt wurden. — Die Antworten der Missionare lauteten übrigens meist dahin, daß die Juden mit der Uebersetzung ganz zufrieden sein; am bestimmtesten wurde das Bedürfnis einer Revision von R. Bellson anerkannt.

S. 41 Anm. Rab Joseph wird geradezu סיני genannt z. B. *Moëd katan* 12ᵃ אמר סיני Sinai (d. i. Rab Joseph) hat gesagt — aber abgesehen von dieser symbolischen Verwendung findet sich סיני in der talmudisch-midrasischen Literatur nirgends als Eigenname. Zwar erscheint סיני in späterer Zeit als Eigenname sowohl von Frauen als von Männern (s. das Namenregister in dem über die Urkunden des Eheschlusses und der Ehescheidung handelnden Werke *Nachalath schib‘ah*). Aber ספר סיני oder schlechtweg סיני bedeutet, wie die Benennung anderer solcher Musterhandschriften nach ihren Stammorten zeigt, gewiß nichts anderes als eine vom Sinai oder aus der Wüste Sinai stammende Handschrift; der tiberiensische Masoretiker Sinai, nach welchem der Verf. des masoretischen Werkes מבריך חידות (zu Ex. 18, 1) diese Handschrift benannt sein läßt, ist eine eben nur aus diesem Handschriften-Namen gemuthmaßte Person.

S. 76 zu II, 14 „Ich übersetzte demgemäß" .. Die Stelle fehlt, nämlich 11, 24.

S. 78 zu III, 9. Hier zeigt der Text in Widerspruch mit der Anmerkung, daß ich lange hin und her schwankend doch zuletzt הַנִּצָּבֶק נַפְשֵׁנוּ als Uebersetzung von προεχόμεθα bevorzugt habe.

S. 82 Z. 12 יצר ורע, lies יצר הרע [*concupiscentia prava*].

S. 95 zu XIII, 1 חללה של מלכות das Lob der Obrigkeit. Die über-

8

lieferte Lesart ist חללות של מלכות den Machtbereich der Obrigkeit, von
חָלָל das Hohle, der Raum, die Ausdehnung, nach dem öfter vorkommenden חללו של עולם der Raum oder Umfang der Welt.
    S. 96 zu XIII, 9. Die Hervorhebung des 6. Gebotes vor dem 5ten hat, wie aus Mr. 10, 19. Lc. 18, 20 ersichtlich, keinen zufälligen Anlaß: sie ist hellenistisch (LXX Ex. c. 20) und findet sich ebenso auch bei Philo.
    S. 98 zu XIV, 21 Ende: der Montag und der Donnerstag. In einigen Abzügen heißt es irrthümlich: der Dienstag und der Donnerstag. Der Dienstag galt allerdings wegen des doppelten כי־טוב Gen. 1, 9 – 13 als Glückstag, der Montag und Donnerstag aber waren die pharisäischen Festtage und wurden auch in anderer Weise ausgezeichnet.
    S. 101 Uebers. von Röm. I, 8. מוֹדֶה. So die Abschrift. Man erwartet מוֹדֶה אֲנִי.
    S. 108 Z. 4 נקרא וקדישים. Die Vermuthung, daß R. Ezechiel נקראו קדישים geschrieben habe, liegt nahe, aber er hat auch hier die Peschitto, der er sklavisch folgt, mißverstanden. Diese übersetzt: ܩܪܝܐ ܘܩܕܝܫܐ d. h. Berufene und Heilige.
    S. 109. In der Bibliothek des *D.* Herrmann Lotze in Leipzig befindet sich der handschriftliche Entwurf einer gegen die christlichen Glaubenssätze gerichteten Schrift הוראת בעל דין von Don David Nasi auf Candia, Bruder des Don Joseph Nasi, Fürsten von Naxia (Naxos), geschrieben für seinen durch ihn am Christenthum irre gewordenen Herrn und Freund Francesco Bentivoglio. Die darin vorkommenden Stellen des Römerbriefs sind nicht schlecht übersetzt: 5, 14 מלאך המות מלך מאדם עד משה גם על בלתי חוטאים בדמיון אדם הראשון, wozu irrig bemerkt wird, daß hienach das Gesetz vom Sinai der Herrschaft des Todesengels ein Ende gemacht habe; 7, 12 התורה באמת קדושה היא ואפילו כן בכל ישראל נשמר כאשר כתוב ובא לציון; 11, 26 והמצית קדושה היא גואל ויסיר פשע מיעקב, wozu bemerkt wird, daß der Apostel hier zwar die Schriftworte willkürlich modele (מהפך דברי אלהים חיים), aber doch wider Willen bezeuge, daß der rechte Messias noch zukünftig sei. Was die Modelung betrifft, so vergleiche unsere Erläuterung zu 11, 26 und was ביאת משיח זולתו (das Kommen eines andern Messias als des in Jesu erschienenen) betrifft, so weiß Don David nicht oder will es nicht wissen, daß die neutestamentliche Schrift, hierin mit der alten Synagoge selber in Einklang, ein doppeltes Kommen des Messias, ein unscheinbares zu sühnhaftem Leiden und ein herrliches zu Sieg und Gericht, unterscheidet.

Abbreviaturen.

    In Citaten wie *Schabbath* XVI, 1 bedeutet XVI, 1 die erste Mischna des sechzehnten Perek (Abschnitts). Durch vorgesetztes *b.* und *j.* (*jer.*) wird der babylonische und jerusalemische Talmud unterschieden; Benennung des Traktats schlechtweg zielt immer auf den babylonischen Talmud. Verschieden von jenem *b.* ist das *b.* in Personnamen z. B. Nathan b. Jechiël, welches *ben* (Sohn) bedeutet.

VII.
Uebersicht des Inhalts.

                                                                                        Seite

Vorbericht zu der neuen Uebersetzung des Neuen Testaments in das Hebräische 5

I. Der praktische und wissenschaftliche Zweck 7
II. Rückblick auf die Vorarbeiten vom ersten bis ins neunzehnte Jahrhundert 16
III. Geschichte der Londoner Uebersetzung 21
IV. Kritik der letztrevidirten Londoner Uebersetzung von Röm. c. I 29
V. Kritik der Accentuation und Punktation der Londoner Uebersetzung 33
VI. Die zu Grunde zu legende Textgestalt des Neuen Testaments 39
VII. Regeln in Betreff der Citate aus dem Alten Testament . 44

אגרת פולוס השליח אל הרומיים . . . . . . כד—א (45—72)

Erläuterungen des paulinischen Textes und der hebräischen Uebersetzung desselben 73

Anhänge:

I. Das erste Capitel des Römerbriefs in der Uebersetzung Johannes Kempers 101
II. Das erste Capitel des Römerbriefs in der Uebersetzung aus Cochin 103
III. Glossar über die nachbiblisch hebräischen Wörter in unserer Uebersetzung des Römerbriefs 110
IV. Erklärendes Verzeichnis der angezogenen jüdischen Schriftwerke 113
V. Ueber einige Textpunktations-Fragen 118
VI. Berichtigungen und Zusätze 120